Mahallenin En Mutlu Yumurcağı

Beni her gün tarih öncesi dünyalarına kabul eden çocuk hastalarıma!

YAZAR HAKKINDA

Doktor Harvey Karp, UCLA Tıp Fakültesi Pediatri Bölümü'nde asistanlık yapmaktadır. Mahallenin En Mutlu Yumurcağı kitabının yazarı olan Doktor Karp, çocuk gelişimi, çocuk sağlığı-çevre ilişkileri ve ana sütü konusunda ülke çapında ün yapmış bir uzmandır. Karısı ve kızıyla birlikte Califronia'da yaşamaktadır.

Dr. Karp ve
"Mahallenin En Mutlu Yumurcağı"
için ne dediler?

"Keyifli bir macera... Her sayfası bilgelikle ve incilerle süslü."

Dr. Morris Green, Indiana Üniversitesi Çocuk Hastanesi Pediyatri uzmanı;
Pediatrics Diagnosis kitabının editörü

"Dr. Karp'ın yaklaşımı inanılmaz... Ve eğlenceli!"

Dr. Martin Stein,
California Üniversitesi San Diego Çocuk Hastanesi Pediyatri uzmanı

"Anne-babalar, çocuklarıyla iletişim kurabilmelerini sağlayacak bu akıllı yaklaşıma bayılacak. Bu kitap sayesinde dünyayı çocukların gözünden görmeye başlayacağız."

Dr. Janet Serwint, Pediyatri uzmanı,
Johns Hopkins Tıp Fakültesi ve Harriet Lane Çocuk Kliniği yöneticisi

"Dr. Karp'ın kitabı çocuk psikolojisi konusunda yaratıcı, benzersiz ve çok keyifli bir kılavuz niteliğinde!"

Dr. Donald Middleton,
Pittsburg Üniversitesi Tıp Fakültesi Aile Hekimliği uzmanı

"Dr. Karp, anne-babaların sıkıntılarını mutluluğa dönüştürüyor. Bu kitap çocuklar hakkındaki düşüncelerimizi değiştirecek!"

Dr. Roni Cohen Leiderman, Nova Southeastern Üniversitesi,
Mailman Segal Çocuk Araştırmaları Enstitüsü Dekanı

"Gerçekten işe yarıyor! Dr. Karp, nasıl mutlu bir çocuk yetiştirilebileceğini eğlenceli ve şefkatli bir şekilde gösteriyor."

Gabrielle Redford, AARP Dergisi editörü ve
17 aylık bir yumurcağın annesi.

Çocuk Gelişimi: 19
5. Baskı: Haziran 2016
ISBN: 978-975-8809-73-3
Yayıncı Sertifika No: 16238

Mahallenin En Mutlu Yumurcağı

Yazar: Dr. Harvey Karp
Çeviri: Pınar Ersoy
Yayın Yönetmeni: Ender Haluk Derince
Görsel Yönetmen: Faruk Derince
Yayın Koordinatörü: Tanıl Yaşar

BASKI
Sonsuz Matbaa Kağ. Müc. Hizm. San. ve Tic. Ltd. şti.
Davutpaşa Cad. Yılanlı Ayazma Sk. No: 8/G Zeytinburnu / İstanbul
Tel: 0212 674 85 28 sonsuzmatbaa@gmail.com Sertifika No: 28487

YAKAMOZ KİTAP / SONSUZ KİTAP
Gürsel Mah. Alaybey Sk. No: 7/1 Kağıthane/İSTANBUL
Tel: 0212 222 72 25 Faks: 0212 222 72 35
www.yakamoz.com.tr / info@yakamoz.com.tr
www.facebook.com/yakamozkitap
www.twitter.com/yakamozkitap

İÇİNDEKİLER

Bu kitap, bir-dört yaş arası çocukların bakımıyla ilgili tavsiye ve bilgiler içerir. Tıbbi tavsiyenin yerine geçmesi için değil, çocuk doktorunuzun tavsiyelerine destek olması amacıyla yazıldı. Her çocuk farklıdır. Bu nedenle çocuğunuzla ilgili özel sorunları mutlaka doktoruyla görüşmeniz gerekir.

TEŞEKKÜRLER

"Olaylar değiştikçe daha da aynı kalıyorlar."

Alphonse Karr, 19. yüzyıl Fransız gazetecisi

Çocukluğumdan beri kurbağalar, böcekler ve dünyamızdaki her şeyin nasıl tam bir uyum içinde olduğunu görmek beni çok etkiledi. Doğanın nasıl kendi içinde bir devinimle dönüp durduğunu, çevresine saldırdığını, sonra da beklenmedik ve olağanüstü bir şekilde nasıl her seferinde mükemmel bir armoni yakaladığını görmek beni âdeta baştan çıkardı.

Ailelerle çalıştığım otuz yıl içinde küçük çocukların da aslında daima "tam bir uyum içinde" olduklarını anlamaya başladım. Kendi içlerinde bir devinimle dönüp duruyorlar, çevrelerine saldırıyorlar; ama eğer siz garip ve beklenmedik yöntemleri biliyorsanız mükemmel bir armoni durumuna dönmelerini sağlayabiliyorsunuz. Muayeneme tabi olan bir-dört yaş arası çocuklarla iletişimimde ben bu garip ve beklenmedik yöntemleri her gün kullanıyorum. Şimdi ise, daha önce keşfedilmemiş topraklardan dönen bir maceraperest gibi öğrendiğim sırları ebeveynlerle, büyükanne ve dedelerle, eğitmenler, meslektaşlarım ve küçük çocukları seven herkesle paylaşmak için sabırsızlanıyorum.

Araştırmalarımda bana yol gösteren ve bu çocukluk döneminin eğlenceli, güzel yanlarını daha da iyi görmemi sağlayan birçok kişiye teşekkür borçluyum. SUNY Buffalo Üniversitesi'ndeki embriyoloji profesörüm Gordon Swartz (öğretme arzusuyla dolup taşan eski bir boksördü); UCLA'daki çocuk gelişimi profesörüm Arthur H. Parmelee Jr.'a (çocukları çok iyi anlayan, müthiş nazik bir insandı) ve önemli makalelerin yazarları olan Carl Rogers, Haim Ginott, Thomas Gordon, Frances Ilg, Louise Bates Ames, Adele Faber, Elaine Mazlich, Stephanie Marston, Hans Miller gibi birçok isme teşekkür ediyorum.

Taslak üzerinde yaptığı hayati düzeltmeler ve uzun süren çalışma saatlerim boyunca bana gösterdiği sevgi ve sabır için ruh ikizim ve değerli eşim Nina'ya; bana yıllar önce Alphonse Karr'ın sözlerini öğreten, böylece bu kitabın iskeletinin oluşması için ilk adımı atan annem Sophie'ye; beni daima seven babam Joe'ya; bana kalbinde büyük bir yer ayırdığı için gayri resmi üvey annem Celia'ya; mükemmel organizasyon ve yazı yetenekleri olan Paula Spencer'a; illüstrasyon zekası için C.A. Nobens'e; bana verdikleri destek ve fikirler için Tenth Street Pediatrics'teki meslektaşlarıma ve ortağım Julie Carson May'e; bu proje yok olmak üzereyken yardımıma koşan menajerim Suzanne Gluck'a ve dürüst yorumlarıyla bu kitaba büyük katkıda bulunan, benim sorularımı ve itirazlarımı daima büyük bir sabırla yanıtlayan editörüm Beth Rashbaum'a teşekkür ediyorum.

Değerli fikrilerini ve birikimlerini paylaşarak bu kitabı ebeveynler için daha faydalı ve net hale getirmeme yardımcı olan aşağıdaki meslektaşlarıma da minnettarım: John Baranowski, Morris Green, Debbie Glasser, Barbara Howard, Lewis Leavitt, Roni Leiderman, Donald Middleton, Karen Miller, Arthur H. Parmelee, Kyle Pruett, Gabrielle Redford, Janet Serwint, Steven Shelov, Marty Stein ve Jim Varga.

Son olarak; çocuklarının doktoru olmam için bana güvenen, böylece bir-dört yaş arası çocuklarının tarih öncesi dünyalarında dolaşmama imkân sağlayan ebeveynlere şükranlarımı sunuyorum. Sizlerin yardımı olmadan bu kitabın yazılması mümkün olamazdı.

GİRİŞ

Yumurcaklarla başarılı iletişim kurmanın sırrını nasıl keşfettim?

"Keşfin gerçek yolu, yeni topraklar aramaktan değil, yeni bir bakış açısına sahip olmaktan geçer."

Marcel Proust

Bebeğiniz nereye kayboldu? Daha dün kucağınızda yeni doğmuş bir bebeği sallıyordunuz, ebeveyn olmanın sorumlulukları henüz başlıyordu. Sonra fark etmeden kendinizi bambaşka bir yaratıkla yaşarken buldunuz; hiç olmadığı kadar tatlı ama bir o kadar inatçı, dik başlı ve hızlı değişen bir yaratık. Erken çocukluk dönemine hoş geldiniz?

Bebeklerin yeni yürümeye başladığı erken çocukluk diye adlandırabileceğimiz bu dönem ebeveynliğin en güzel aşamalarından biridir. Dünyanın farklı ve güzel yanlarını görmenizi hiçbir şey bir, iki veya üç yaşında bir çocuktan daha iyi sağlayamaz. Çimenlerin arasındaki karıncalar... Bulutların şekli... Kumdan kaleler... Bu yaş dönemindeki çocuklar merak, heyecan ve karşı konulamaz bir cazibeyle dolup taşarlar.

Ancak hepimizin bildiği gibi bu dönem yalnızca eğlence dolu da değildir. Hatta üçte ikisi bir boks maçına, kalanı ise vahşi bir safariye çıkmaya benzetilebilir. Peki bu dönem neden bu kadar vahşidir? Çünkü insan hayatındaki en büyük, en etkileyici değişiklikler bir-dört yaş arasındaki bu kısa üç yıl içinde meydana gelir! Emekleme sonrası dönemdeki çocuklar yürümekten konuşmaya, arkadaş edinmeden problem çözmeye kadar insanı insan kılan tüm deneyimlerini bu yıllarda yaşıyor. Çocukların bir-dört yaş arasında, çaresiz maymun benzeri bebeklerden şarkı söyleyen, şaka yapabilen, düşünebilen genç insanlara dönüştüğünü söylemek abartılı olmayacaktır.

İlerlemenin Bir Bedeli Var!

Bu müthiş ilerlemeyi kaydetmenin bir bedeli olduğu muhakkak. Bu bedel genellikle sabrınızın tükenmesi, hatta fiziksel ve zihinsel sağlığınızın zarar görmesi anlamına geliyor. Bu yaştaki çocuklarla yaşayan herkes duygusal ortamın ne kadar hızlı değiştiğini bilir. Bir an her şey güllük gülistanlıkken gözünüzü kırptığınız anda huysuzluk yapmaya, bağırıp çağırmaya, ağlamaya başlalar. Üstelik bu nöbetler genellikle restoran ve benzeri gibi en olmaması gereken yerlerde meydana gelir. Tüm çabalarınıza rağmen ağzınızdan çıkan laflar "Hayır!", "Dur!" ve "Dokunma!" gibi ünlem cümleleri olacaktır ve bu kesinlikle ne sizin, ne de çocuğunuz için eğlenceli olur.

Dolayısıyla çocuk doktorlarının en çok bu yaş dönemindeki çocukların davranışlarıyla ilgili şikâyet alması çok da şaşırtıcı değil. Üstelik onlarca kitap ve binlerce makale bir-dört yaş arası çocuğunuzla sorun yaşıyorsanız yalnız olmadığınızı gösteriyor.

Yüzyıllardır ebeveynler küçük çocuklarını, düzgün hareket etmeleri için nasıl eğitebileceklerini bulmaya çalışıyor. Dövmek, odaya kilitlemek veya ciddi yasaklar koymak saygısız çocuklar ve isyankar gençler yetiştirmenin önüne geçmek için tek yol olarak görülüyordu. 1900'lü yıllarda bile otoriteler ebeveynleri çocukları fazla öpmenin ve şımartmanın zararlarıyla ilgili uyarıyordu. Daha ben küçükken bile ağlayan çocuğuna "Kapa çeneni yoksa seni gerçekten ağlatmasını bilirim" diye bağıran anneler duyuyordum.

Neyse ki, geçen elli yılda yapılan araştırmalar bize çocukları asıl neyin etkilediğiyle ilgili önemli ipuçları verdi. Bugün çocuğu kendinden uzak tutmanın ya da ona karşı yaralayıcı sözcükler kullanmanın ne kadar yıkıcı olduğunu biliyoruz ve çocuklarımızın yaşadığı zorlukları sevgiyle aşmamız gerektiğiyle ilgili sürekli uyarılıyoruz. Ancak şaşırtıcı bir durum var: Daha büyük çocuklarla duygu ve davranışlar üzerine sabırlı bir şekilde konuşmak ve tartışmak çok etkili oluyorsa da; bu mantıklı yaklaşım bir-dört yaş arasındaki huzursuz bir çocuğu sakinleştirmek için hiç işe yaramıyor.

Bana Güvenin Bebeğiniz Minyatür Bir Çocuk Değil

Elbette yürümeye yeni başlamış bebekler, *küçük* çocuklardır. Ancak onları, altı-yedi yaşlarındaki veya daha büyük çocukların minyatür versiyonları gibi görmemek de gerekir. Çünkü bir-dört yaş arası çocukların düşünce sistemleri çok daha ilkel ve az esnektir. Bu fark benim için yıllarca çocuk doktorluğu yaptıktan sonra belirginleşmeye başladı. Kariyerimin başlarında kitaplardaki tavsiyeleri uyguladım ve sabırla muayene ettiğim çocukların duygularını anlamaya, buna göre hareket etmeye çalıştım. Bu yöntem daha büyük çocuklarda kusursuz biçimde işe yaradı, ama muayene olmanın rahatsızlığını yaşayan küçükler beni tam anlamıyla ezip geçiyordu. Dikkatlerini dağıtmaya çalıştım ("Hey, şu eğlenceli oyuncağa baksana!"), güven vermeyi denedim ("Bak gerçekten gıdıklıyor!"), anlayış gösterdim ("Acıdığını biliyorum, ama...") ve saygı gösterdim ("Kulaklarının sağlıklı olup olmadığına bakabilir miyim?"). Ama sanırım Sanskritçe konuşsam ancak bu kadar başarı elde edebilirdim. Tüm çabalarıma rağmen on sekiz aylık bebeklerin muayeneleri, *perişan* bir annenin *çılgına dönmüş* bir çocuğu tuttuğu, *telaş içinde çırpınan* bir doktorun da kontrollerini tamamlamaya çalıştığı bir ortama dönüşürdü. Rahatsız ediciydi!

Söylememe gerek yok, konuştuğum birçok aile de çocuklarıyla iletişim kurmakta ne kadar zorlandıklarını anlatıyordu. Stres içinde ve tüm enerjilerini harcamış olarak karşıma geldiklerinde, bir önceki muayenede onlara tavsiye ettiğim sevgi dolu yaklaşımın çığlık çığlığa ağlayan çocuklarını sakinleştirmekte hiç işe yaramadığını söylüyorlardı. Sonunda, yani bundan on yıl önce anahtarı buldum: Bir-dört yaş arası çocuklar, daha büyükler gibi hareket etmiyor, o hâlde neden onlarla daha büyük çocuklarla konuştuğumuz şekilde konuşalım?

Evet, işte büyük keşif bu oldu! Kızınca ya da üzgün olduğumuz zaman hepimiz daha huzursuz hareket ederiz; gelgelelim küçük çocuklar böyle zamanlarda âdeta tarih öncesi insanlara dönüşüyorlar. İşte birdenbire, bir-dört yaş arası çocuklarla iletişim kurmak için, bizim de *mağara adamı* gibi davranmamız gerektiğini anladım ve onların Taş Devri'nden kalma tutkularına, dil yeteneklerine ve dünyaya bakış açılarına uygun ancak böyle hareket edebileceğimize karar verdim.

Yeni Bir Bakış Açısı: Sizin Tatlı Ufaklığınız... Mağara Adamı mı?

İlk kitabım "Mahallenin En Mutlu Bebeği"nde, dünyayı onların gözünden görmeye başladığınızda en huysuz bebeği sakinleştirmenin bile çok kolay olduğunu yazmıştım. Anne karnındayken bebekler sürekli doyurulur, sakinleştirilir, sallanır ve kucaklanır. Bu arada bebekler anne karnında 7 gün 24 saat boyunca elektrikli süpürgeden daha yüksek bir gürültüyle yaşarlar. Ama doğdukları zaman biz onları neredeyse daimi yalnızlık ve tam bir sessizlik içinde bırakıyoruz. Bu durumda bebeklerin ilk üç ayda dünyaya alışmasının neden bu kadar zor olduğunu anlamak çok da güç değil.

İşte bunu anlamak, ailelerin anne karnındaki ortamı yeniden yaratarak durumu kontrol altına alabileceklerini keşfetmemi sağladı; adını da "sakinleştirici refleks koydum. Bebekler ağlama mekanizmaları açık olarak doğuyorlar; ancak ebeveynler bu sıcak, ses ve ritim unsurlarına sahip olan ortamı yarattıkları taktirde mekanizmayı kapatmış oluyor ve bebeklerini sakinleştirebiliyorlar.

Bu yeni perspektifi kavrayan ve uygulayan ebeveynler, bebeklerini sakinleştirmede yüz kat daha başarılı oluyorlar. Benzer şekilde bir-dört yaş arası çocukları sakinleştirmede de doğru perspektiften hareket etmek, başarıyı yüz kat artırıyor.

Küçük çocuklarla iletişim kurmayı kolaylaştıran unsur, aslında onların birçok açıdan mağara adamlarına benzediklerini görebilmektir. Mağara adamı derken çocuklarınıza hakaret etmiyorum. Tarih öncesi insanların dil yetenekleri çok sınırlıydı. En temel özellikleri dik başlı, negatif, inatçı, sabırsız olmaları ve kolay konsantre olamamalarıydı. Bu tanımlar size de tanıdık gelmiyor mu?

Ben bir-dört yaş arası çocuklara bayılıyorum. Benim için bu dönem çocukluğun en güzel, en büyüleyici yılları. Bu yaştaki çocuklar meraklı, tatlı, neşeli oluyorlar. Ama antropoloji alanında ve çocuk beyni hakkında yapılan son araştırmaları inceledikçe, mağara adamı benzetmesi bana daha da gerçekçi gelmeye başladı. Anne karnındaki bebeğin ve çocuğun gelişimiyle ilgili bildiklerim ve her gün muayenede yaşadığım deneyimler buna eklenince, bir-dört yaş arası çocuklarla iletişim kurabilmenin anahtarının "evrim" olduğuna emin oldum.

Bu fikirleri uygulamaya koymaya başladığımda on sekiz aylıkların muayenelerini dört gözle beklemeye başladım. Onların *eski çağlardan kalma diliyle* konuşmaya başladığımda kuşkucu, korkmuş veya bağıran çocukları birkaç dakika veya çok daha kısa sürede sakinleştirebilir hâle geldim.

"Mahallenin En Mutlu Yumurcağı" kitabının birinci bölümü; modern çağdaki bir-dört yaş arası çocuklarla tarih öncesi ilk insanların benzerliklerini anlatıyor. Elbette en "vahşi" çocuk bile gerçek bir Taş Devri adamı sayılamaz. Ama bu bakış açısını çocuğunuzu daha iyi anlamanıza yardımcı olacak bir pencere gibi görmeye çalışın. Çocuğunuzun mağara adamına ne kadar çok benzediğini anladığınızda, asıl işiniz sizin için de daha belirgin hâle gelmeye başlayacak: Kendinizi 21. yüzyıldan Taş Devri'ne giden bir elçi olarak görmelisiniz!

Bunu yapabilmek için küçük mağara adamınızın nasıl düşündüğünü bilmeniz yeterli değil. Aynı zamanda onun jargonuna da sahip olmanız gerekiyor. İşte kitabın ikinci bölümü size bu "dili" öğretiyor. Ne söyleyeceğinizi, daha da önemlisi, bunu nasıl söyleyeceğinizi öğreneceksiniz. Bu zor değil; yalnızca *farklı* bir deneyim olacak. Birkaç temel konsepti kavradıktan sonra, huysuzluk krizine giren çocuğunuzu kolaylıkla sakin olmaya ve işbirliği yapmaya ikna edebileceksiniz. Tarih Öncesi Ebeveynlik adını verdiğim bu yöntem on denemenin sekizinde, çocuğunuz uğrunda ağladığı şeyi elde edemese bile, işe yarayacak. Çünkü ona tüm kurabiye ve oyuncaklardan daha kıymetli bir hediye vermiş olacaksınız: Anlayabileceği bir dilde sevgi, saygı ve anlayış!

İkinci bölüm, buna ek olarak; başarılı bir konuşma yapmanın, sınırlamalar koymanın ve disiplin sağlamanın ipuçlarını sağlayacak. Çocuğunuzun beynindeki "arka kapıdan" önemli mesajlar almasını, onun kendini güçlü ve özgüvenli hissetmesini sağlayacak; onunla başarılı bir şekilde "pazarlık" yapabilme sanatını öğreneceksiniz.

Son olarak, üçüncü bölüm; Tarih Öncesi Ebeveynlik sistemini belli sorunlara nasıl uygulayabileceğinizi anlatacak. Burada uyku düzeni, tuvalet alışkanlığı, ısırma gibi birçok konuya değinilecek. Bu bölüm, benim yirmi beş yıllık çocuk doktorluğu kariyerimde öğrendiğim birçok ipucu ve taktikle dolu...

Geleceğinize Dönüş

Bu yılların ebeveynler için ne kadar zor olabildiğini biliyorum. Huzurlu, mutlu bir aile hayali kuruyorsunuz ve bu dönem her şeyi altüst ediyor. Bu yüzden bu iniş-çıkışlı yılların daha kolay geçmesini sağlayacak söz konusu yeni yöntem beni çok heyecanlandırıyor. Tarih Öncesi Ebeveynlik yöntemi, çocuğunuzun bir-dört yaş arasındaki yılları daha eğlenceli geçirmesini sağlamakla kalmayıp, zaman tünelinden geçen ufaklığın bugüne vardığında mutlu ve güvenli bir çocuk, genç, yetişkin olmasını da sağlayacak.

Zor durumdaki ebeveynler için önemli not: Eğer zamanınız yoksa veya gücünüzün tükendiğini hissediyorsanız, hemen

İkinci Bölüme geçip, size yardımcı olacak teknikleri öğrenmekten çekinmeyin! Birçok anne-baba bu kitapta anlatılanları uygulamaya başladıktan yalnızca bir hafta sonra yüzde 50-90 ilerleme kaydediyorlar. Yani çocukları sakinleşiyor ve işbirliği yapmaya daha açık hâle geliyor. Fast-Food Kuralı ve Yumurcak-ça dili genellikle çatışmaların oranını yüzde 75 azaltıyor. Bunlar hemen işe yaramadığında biraz ilgisizlik göstermek ise işin kalanını hâllediyor. Üstelik 9 ve 10. konularda anlatılan eğlenceli teknikleri uygulamaya başladığınızda, birçok çatışmanın daha ortaya çıkmadan bastırıldığını göreceksiniz.

Çocuğunuzun davranışları biraz olsun düzeldikten sonra, kitabın birinci konusuna dönerek çocuğunuzun nasıl düşündüğü ve dünyayı nasıl farklı gördüğüyle ilgili hikâyeyi okuyabilirsiniz.

Bu basit yaklaşımın fırtınayı gökkuşağına, sürekli şikâyet eden çocukları mahallenin en mutlu yumurcağına nasıl dönüştürdüğüne defalarca şahit oldum. Ve yakında siz de buna bizzat şahit olacaksınız!

O hâlde *geri* adım atmaya hazırlanın! Bunun çocuğunuzla ileriye doğru sağlıklı ve mutlu adımlar atmanızı sağlayacağına garanti veriyorum!

Dr. Harvey Karp

İki Çocuğun Gerçek Hikâyesi

İkisi de yeni yürümeye başlamış iki çocuğun annesi olan Karen, artık saçlarını yolmaya hazırdı. Kore'de görevli olan asker kocası dokuz ay daha dönemeyecekti. Karen'ın kendi ailesi uzakta oturuyordu ve genç anne iki yaşındaki Akte ve üç yaşındaki Taylor'ın her şeyi yönettiği hissine kapılmaya başlamıştı. Karen bana çocuklarının bazı zamanlar günde yirmi kez kavga ettiğini ya da huysuzluk yaptığını anlatmıştı.

Karen'la telefonda otuz dakika konuştuk. Ona kitabımı ve beraberindeki DVD'yi incelemesini söyledim. Kulağa ne kadar imkânsız gelirse gelsin, çocukları bir hafta içinde daha mutlu ve işbirliği yapmaya daha hazır hale gelmişti. Üstelik kavga sayıları da günde bir ila ikiye düşmüştü!

1. Bölüm

Büyüyen Bebeğiniz

Çocuğunuzu en iyi şekilde anlamak için geriye doğru dev bir adım atın.

1

"İmdat! Mutfağımda Bir Mağara Adamı Var!"

"Bebeğinizin ilk adımına şahit olmak, insanlık tarihinin başındaki küçük, balık benzeri yaratıkların bir anda mağara adamlarına dönüşmesini izlemek gibi bir şey."

Anna Quindlen ve Neck Kelsh, *"Çıplak Bebekler"*

Ana Noktalar:

- Tüm anne-babalar, bir-dört yaş arası çocuklara bakmanın zor olduğu konusunda hemfikirdir.
- Daha büyük çocuklarda çok iyi işe yarayan yöntemler, yürümeye yeni başlayanlarda genellikle işe yaramaz.
- Bebeğinizin çocuk olmaya başladığı bu dönem, beş milyon yıllık insanlık tarihinin gözlerinizin önünde canlanması gibidir.
- Bir-dört yaş arası çocuklar, tarih öncesi atalarımızın evrimine benzeyen dört ana aşamadan geçer.
- Tarih Öncesi Ebeveynlik: Taş Devri'nden kalma yumurcağınıza mükemmel bir elçi olmanızın sırları...

Başlangıçta...

Henüz 14 aylık olan Tara, yeni keşfettiği yürüme yeteneğiyle gurur duyuyor. Fırsat buldukça yürümeye çalışıyor. Ancak şu anda annesi Simone ve benimle birlikte bir muayene odasında kapalı kalmış durumda. Tara kapıya doğru paytak paytak yürüyor, kapı koluna uzanmaya çalışırken "Uhh!" diye bir ses çıkarıyor. Kola ulaşamayınca aynı sesi çıkararak bu kez vücuduyla kapıyı itmeyi deniyor. Yine başaramayınca yalvaran gözlerle bana bakıyor ve kapıya vurmaya başlıyor. Dışarı çıkmak istediği her hâlinden belli!

Simone çaresizlikle, "Olmaz, hayatım! Dışarı çıkmak istediğini biliyorum ama burada biraz daha kalmalıyız. Hadi şu kitaba bakalım!" diyor.

Tara'nın annesi aslında ebeveynlerin en sık kullandığı taktikleri uyguluyor. Kızının duygularını anladığını gösteriyor, sonra da dikkatini kitapla dağıtmayı deniyor. Normalde bunlar çok iyi tekniklerdir. Ancak bu durumda Tara'nın yanıtı yüzünü buruşturup ağzını kocaman açarak camları bile titretebilecek bir çığlık atmak oluyor!

Ne yapacağını şaşıran Simone, bu kez bilinen bir çocuk şarkısını söyleyerek kızını yatıştırmaya çalışıyor. Tara daha da yüksek sesle çığlık atıyor. Bu kez annesi olaya bir nokta koymaya karar veriyor ve "Tara yeter! Bağırmak yok! Şşş! Ya sus ya da gidiyoruz, tamam mı?" diyor. Ama artık Tara tamamen çıldırmış vaziyette. Simone ise utanmış ve rahatsız olmuş bir şekilde küçük volkanını sırtına alıp, bekleme odasındaki diğer anneleri görmezden gelerek muayeneden âdeta kaçıyor!

Çocuğunuzun ilk patlamasını yaşadınız mı?

Çocuğunuz "Hayır!" kelimesini keşfetti mi?

Olmadık yerde patlayan kavgalar sizi çılgına çeviriyor mu?

"Çekiştirme!" ya da "Dur!" sözcüklerini tekrar tekrar söylemekten yoruldunuz mu?

Yeni yürümeye başlayan çocuklara bakmak hem heyecan, hem de küçük mutluluklarla doludur. Ancak birçoğumuz için aynı zamanda ergenlik dönemine kadar yaşayacağımız en büyük zorlukları da beraberinde getirir. Bu nedenle bir-dört yaş arası dönemin kimi zaman "ilk ergenlik" olarak anılması çok da şaşırtıcı değil.

Sizin gibi sevgi dolu ebeveynler yüzyıllardır kendilerine ve doktorlara aynı soruyu soruyor: Küçük çocuklar neden böyle davranıyor? Neden bu kadar mantıksız hareket ediyorlar ve neden disiplin edilmeleri bu kadar zor?

Sizin için bu soruları yanıtlayacağım. Dahası, onları sakinleştirmenin ve evdeki stresi azaltmanın yolunu da göstereceğim. Ama öncelikle resmin tamamını görmek daha faydalı olacaktır.

Ah-ha! Küçük Çocuklara Yeni Bir Bakış Açısı

"Yeni fikirlerle karşılaşan bir beyin asla eski hâline dönemez."

Oliver Wendell Holmes

Çok kısa zaman öncesine kadar bebeklerin karınları ağrıdığı için ağladıkları zannediliyordu. Sonra benim *Mahallenin En Mutlu Bebeği* adlı kitabım, yeni doğanların rahatlama duygusu aradıkları için ağladığını ortaya koydu. Bu bir keşifti.

Yürümeye yeni başlayan çocukların dünyasındaki bu keşfin muadili, onların birer mağara adamı sayılabileceğini anlamamız oldu.

Bunu söylediğimde birçok anne-baba bana garip garip baktı, mağara adamı benzetmesini yadırgadı. Ancak bu benzetmeleri hakaret olarak algılamamanızı rica ediyorum. Bırakın, bu yeni bakış açısının nasıl çocuğunuzla ilişkinizi tamamen değiştireceğini ve atışmaları işbirliğine dönüştüreceğini açıklayayım.

Çocukları Küçük Yetişkinler Sanmak: Sık Yapılan Bir Hata

Meslektaşlarımdan biri kısa süre önce iki yaşındaki kızını kastederek, "Çocuğum bebekti; şimdi tamamen farklı bir yaratığa dönüştü" dedi. Bunu espri olarak yapmıştı, ama çok haklıydı!

Yeni doğmuş bir bebeğe bakmak uykusuz geceler ve yorgunluğun yanı sıra birçok sıkıntıyı beraberinde getirir. Ancak birkaç ay sonra bebeğiniz bu yeni dünyaya alıştıkça daha da tatlı hâle gelir ve her şey rayına oturmaya başlar. Ancak attığı ilk adımlarla birlikte maraton, bu kez daha da sert bir şekilde yeniden başlar! Birkaç gün içinde bebeğinizin bambaşka bir hâle girdiğini göreceksiniz. Ufaklık gücünü sizin üzerinizde deneyecek, siz ise aklınızı yitirmeden onu disipline sokmanın yollarını arayacaksınız.

Çocukluğun bu dönemi ebeveyn olmayı biraz daha zorlaştırır. Bebeğinizin ilk 12 ayında ona istediği her şeyi verdiniz (süt, temiz bez, ninniler...). Ancak şimdi isteklerinin ancak yüzde 90-95'ini karşılayabilirsiniz. Kalan zamanlarda ise ya zararlı, ya tehlikeli, ya da duruma uygun olmayan bir şey istediği için ona "Hayır!" demek zorunda kalacaksınız.

Elbette çocuğunuz bundan memnun kalmayacak!

Peki siz ne yapacaksınız?

Onun duygularını anladığınızı göstermeye çalışacaksınız. Size *çığlık* atarak yanıt verecek.

Mantıklı gerekçeler sunacaksınız. *Çığlık* atacak.

Dikkatini dağıtacaksınız. *Çığlık* atacak.

Onu uyaracaksınız. *Çığlık* atacak.

Mola verip kendi kendine bırakacaksınız. *Çığlık* atacak.

Kısa süre sonra kendinizi de *çığlık* atarken bulmanız işten bile değil!

Peki burada ters giden neydi?

Sık sık yapılan hataların başında çocuklarla küçük yetişkinlermiş gibi konuşmak geliyor. Söylediklerimizin büyük bölümünü anladıkları için, zaman zaman limitleri olduğunu unutuyoruz. "*1, 2, 3 Sihir*" adlı kitabın yazarı psikolog Thomas Phelan buna, "Küçük yetişkin varsayımı" diyor. Haklı da... Bir-dört yaş arası çocuklar küçük yetişkinler değildir. Bu yaş grubu çok özeldir; artık ne bebek sayılırlar, ne de henüz "çocuk" olmuşlardır. Bu nedenle beş-altı yaş ve üzeri çocuklar için tasarlanan yöntemler onlar üzerinde hiçbir işe yaramaz. Tamamen kendilerine has bir yaklaşıma ihtiyaç duyarlar.

İnsanlar size çocuğunuza daha sert ya da daha hoşgörülü davranmanızı tavsiye edecektir. Oysa gerçekten ihtiyacınız olan; içgüdülerine göre hareket eden, dikkatleri çabuk dağılan, düşüncelerini çok iyi ifade edemeyen ilkel yumurcaklar üzerinde işe yarayacak bir yöntem takip etmek.

Önce Geri, Epey Geri Gidelim

"Çocuklar meleklerden çok vahşilere benzer."

C. Gasquoine Hartley, "*Mother and Son*", 1923

İnsanlar bir konuyla ilgili "Tarihte kaldı" dediklerinde, genelde "Artık bunun üzerine düşünmeye bile değmez" demeye çalışırlar. Ama iş bir-dört yaş arası çocuklara geldiğinde tarih öncesini biraz olsun bilmek *mükemmel* bir ebeveyn olmanızın en önemli adımı olur.

Başlangıç noktanız çocuğunuzun *evrimde* nereye geldiği olmalı. Eğer evrim deyince aklınıza dinazorlar ve fosiller geliyorsa doğru yoldasınız demektir! Beynin olgunluğunu ölçen birçok test, bir-dört yaş arası çocukların mağara adamlarıyla hemen hemen aynı seviyede olduğunu gösteriyor. Bunun kulağa garip geldiğinin farkındayım. Ancak 12 aylık bir çocuğun problem çözme ve dil yetenekleri, okul kampına giden ya da ders çalışan bir çocuktan ziyade bir şempanzeninkilere benzer. İki yaşındakiler ise mağara adamlarıyla aynı yeteneklere sahiptir. Üç yaşına gelen çocuklar ise Milattan binlerce yıl önce yaşamış ilk köylülere benzetilebilir.

Doğum anından itibaren çocuğunuz yetişkinliğe doğru çok dramatik bir yolculuğa başlar. Kendi başına hiçbir şey yapamaz bir durumdan Shakespeare şiirleri okuyabilen, resim yapan, ihtiyacı olanlara ilgi gösteren ve yardım eden bir seviyeye ulaşır, ki bu hiçbir hayvanın başaramadığı bir şeydir. İşte bu hayvansal durumdan insanlığa geçiş bir-dört yaş arası dönemde meydana gelir.

Hatta insanları diğer hayvanlardan ayıran beş ana faktörün tamamı bu yıllarda olgunlaşır:

- İki ayak üzerinde yürümek.
- El yeteneklerini kullanarak bir şeyler yapabilmek.
- Ağız ve dili kullanarak kendini sözcüklerle ifade edebilmek.
- Fikirleri mantık düzenine sokmak.
- Girift sosyal ilişkiler kurabilmek.

Çocuğunuzun büyüdüğünün farkındaydınız, ama bu kadarı *gerçekten* fazla, öyle değil mi?

Tüm bu önemli adımları atabilmek çok hızlı bir beyin gelişimini gerektirir. Zaten bir-dört yaş arası çocukların en büyük nimeti de bu hızlı gelişimdir. İnsan ırkının da, kambur yürüyüşünden alet ve sözcükler kullanan bugünkü hâline doğru gelişirken, beyni gittikçe gelişti.

Sonunda anne karnındaki bebeğin beyni doğum kanalından geçemeyecek kadar büyük hâle geldi. Ancak rahat doğum için bebeklerin beyni daha küçük, dolayısıyla daha düşük kapasiteli olmalıdır. Artık bebekler yalnızca emme, işeme, kalp atışını koruma gibi temel ihtiyaçları karşılayabilecek zihinsel kapasiteyle dünyaya geliyor. İşte Doğa, doğumdaki bu düşük kapasiteli sinir sistemini telafi etmek için, ilk yıl beynin büyük bir hızla büyümesini sağladı. Bebeğinizin tombul bacakları ilk adımlarını atmaya hazır olduğunda, beyni de zehir gibi işlemeye başlamış oluyor!

Bu fiziksel ve zihinsel yetenek patlamasını anlamak için ardındaki biyolojik temeli incelemek gerekiyor.

Maymunlardan... Maymunlara

"Ruhumuz bütününde küçük ipuçlarıyla dolu, bir an kendini gösteren sonra sonsuza dek yok olan ipuçları... Bunlar büyük ve unutulmuş bir hayatın, belki yüzlerce jenerasyonun sessiz mırıltıları."

G. Stanley Hall, 1904

Kurbağa yumurtası kırıldığında içinden ne çıkar? Küçük bir kurbağacık? Hayır! Yumurtadan, kurbağadan ziyade balığa benzeyen bir iribaş çıkar. İribaş âdeta kurbağanın evrimsel atalarının bir tarihini gösterir bizlere.

İnsanlar için de durum çok farklı değil. İnsanlık tarihinin tamamı anne karnında tekrar vuku buluyor. Peki bu nasıl mümkün olabilir? 1971 yılında New York'taki Buffalo Üniversitesi'nde öğrenciyken, embriyoloji profesörüm Gordon Swartz beni biyolojinin en büyüleyici yasalarından biriyle tanıştırdı. Çocukların gelişimini anlamam için bana bir yol haritası olan bu yasa, "*Ontogeny recapitulates phylogeny*" ya da ORP olarak biliniyor.

Hemen kaçmayın! Bunun kulağa karışık geldiğinin farkındayım, ama aslında çok basit ve oldukça da eğlenceli!

Önce ORP'yi anlaşılır bir dile çevirelim:

Ontogeny? Bu, çocuğunuzun gelişimini ifade eder. Kısaca onun döllendiği andan itibaren düzenli ve istikrarlı bir şekilde büyüdüğünü anlatır.

Recapitulates? Bu sözcük "tekrarlanır" anlamına geliyor.

Phylogeny? Bu, 1.5 milyar yıl önce başlayan evrim sürecini ifade eder.

Yani *çocuğunuz döllendiği andan yetişkinliğe doğru ilerlerken, insanoğlunun atalarının modern insana dönüşme sürecinde geçirdikleri birçok evreyi tekrarlar.*

Bebeğinizin döllendiği andan liseden mezun olduğu güne kadar geçirdiği zamanı hızlı bir çekimde izleyebileceğinizi düşünün. Böyle bir film görebilseydiniz, dünya üzerinde hayatın nasıl geliştiğini, küçük solucanların nasıl maymunlara sonra da insanlara dönüştüğünü görebilirdiniz.

Döllenmiş yumurta dünya üzerinde ortaya çıkan ilk tek hücreli canlıya (1.5 milyar yıl önce) benzer ve kısa sürede hızla çoğalarak böğürtlen şeklindeki hücrelerden solucan benzeri bir embriyoya dönüşür. Yaklaşık beş haftalıkken cenin yunuslara benzeyen kısa uzuvları ve ensesindeki solungaç benzeri yarıkla "balık" evresine (400 milyon yıl önce) girer. Daha sonra "erken memelilerde" olduğu gibi (180 milyon yıl önce) bebekte dört adet göğüs ucu ve bir kuyruk oluşur. Ancak doğumdan birkaç ay önce bunlar yok olur (bebek de herkeste olduğu gibi iki meme ucu ve kuyruk sokumunda birkaç ekstra kemikle dünyaya gelir). Yeni doğmuş bebeğiniz el ve ayak parmaklarını bir şeyi kavramak için kullanabilir, aynı anda hem nefes alıp, hem de yemek yiyebilir ve belki sırtında, kulaklarında ve alnında ekstra tüylerle dünyaya gelir; yani tıpkı yeni doğmuş maymunlar gibidir (30 milyon yıl önce).

Doğumdan sonra bu süreç hızlanır. Bebeğiniz iki ayağının üzerinde durmayı başardığı anda yürümeye ilk başlayan şempanzelerin evresine ulaşmış oluyor. (5 milyon yıl önce!) İşte bu ilk adımlar aynı zamanda bizim bu kitapta anlattığımız ve daha da büyük gelişmelerin meydana geldiği erken çocukluk dönemini de müjdeliyor. İlk doğum gününde bebeğiniz ayakları üzerinde zorla duruyor olacak ve konuşması anlamsız homurtular ve el-kol hareketlerinden ibaret olacak. Ancak dört yaşına geldiğinde yetenekleri insanoğlunun beş milyon yılda elde ettikleriyle eş değerde olacak. Koşacak, şarkı söyleyecek, konuşacak, çatal veya oyuncak bir çekici rahatlıkla kullanabilecek. Gelişmiş bir espri anlayışına ve adil olmakla ilgili kendine has düşüncelere sahip olacak, üstelik karalama resimleri bile artık anlaşılabilir hâle gelecek! Yani erken çocukluk dönemi dediğimiz bir-dört yaş arası dönemin sonunda minik bebeğiniz okuma-yazma öğrenmeye hazırlanan akıllı bir vatandaşa dönüşmüş olacak. Bunlar, sekiz bin yıl önceki en zeki yetişkinlerin bile sahip olmadığı yetenekler.

Elbette bebeğinizin gelişimi, evrimi birebir kopyalamıyor. Sonuçta ne şempanze, ne de gerçek bir mağara adamına benziyor. Ancak yine de gelişimi atalarımızın geçtiği evreleri çağrıştırıyor diyebiliriz. İşte bu nedenle ORP, çocuğunuzun bebeklikten yetişkinliğe yürüyüşünü anlamanız ve onunla doğru iletişim kurmanız için başarılı ve eğlenceli bir yöntem!

ÇOCUĞUNUZUN GELİŞİMİ GEÇMİŞİ YANSITIR

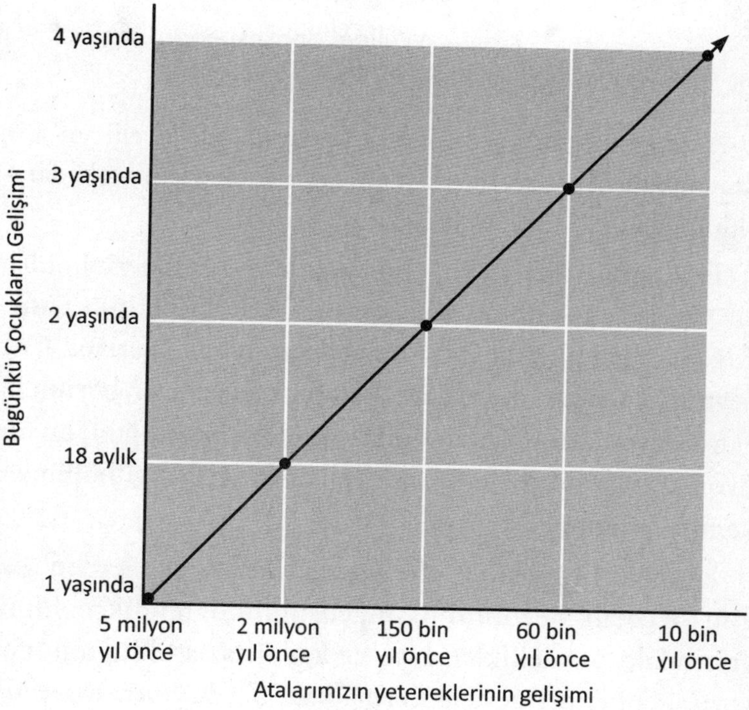

Not: Antropoloji ile yakından ilgili olanlar mağara adamı gibi terimleri kullanmamdan rahatsız olabilir. Bilimsel olarak konuşmak gerekirse, farklı dönemlere göre *Neandertal (Homo habilis)* ya da antik *Homo sapiens* terimleri daha doğru olurdu. Ancak, bunlar oldukça bilimsel oldukları için, biraz daha belirsiz kalmak pahasına "Mağara Adamı" demeyi tercih ettim.

Küçük Çocuğunuzu Yaşayan Bir Fosil Olarak Düşünmek Neden İşe Yarıyor?

"Geçmiş, bir önsözdür."

William Shakespeare, "*Fırtına*"

Antropoloji ve çocuk beyni üzerinde geçen elli yıl içinde yapılan araştırmalar, bir-dört yaş arası çocukların ne kadar özel olduğuyla ilgili bir dizi veri ortaya koydu.

Fosil avcıları, tarih öncesi hayvanların kemiklerini kullanarak, bize ilk insanların hayatlarının ve kültürlerinin nasıl olduğuyla ilgili gittikçe daha da netleşen bilgiler veriyor. Çocuk beynini araştıran çalışmalardaki büyük gelişmeler, beynin hangi fonksiyonlarının kaç yaşında çalışmaya başladığını, bu fonksiyonların düşünce, konuşma ve hareketin hangi bölümlerini kontrol ettiğini gösteriyor.

Şaşırtıcı bir şekilde, ilk insanın hangi evrelerden geçtiğini ve çocuk beyninin nasıl geliştiğini öğrendikçe, bu ikisi arasındaki paralelliklerin de ne kadar fazla olduğunu görüyoruz. Diğer bir deyişle; *çocuğunuz, bir bakıma, yaşayan bir fosil!*

Yine de hiçbir çocuk bir şempanzenin ya da Taş Devri'nden kalma birinin tam kopyası sayılamaz; en huysuz oldukları dönem için bile böyle kesin bir karşılaştırma yapamayız. Yakında detaylandıracağım gibi, çocuğunuzun davranışlarının tarih öncesi evrime ne kadar benzediğini bilmek iletişim kurmanızı kolaylaştıracak.

Çakmaktaş Ailesiyle Tanışın: Erken Çocukluk Döneminin Dört Evresi

Erken çocukluk dönemi, insanoğlunun beş milyon yılda ulaştığı evrimsel gelişimin gerçekleştiği üç yıllık çok heyecanlı bir dönemi kapsar. Bu kadar hızlı değişikliklerin yaşandığı bir süreçte çocukları dört ayrı (ama zaman zaman birbiriyle örtüşen) kategoride incelemek faydalı olabilir:

Tatlı, Şempanze-Çocuk (12-18 ay)

Bazı ebeveynler buruş buruş doğmuş bebeklerini maymunlara benzetirler; ama, bir yaşında bir çocuk için bu hâlâ geçerli bir karşılaştırma mı? Gelişim açısından bakarsak, evet! Daha kesin konuşmamız gerekirse, çocuğunuz birinci yaş gününü kutlarken evrimcilerin "Missing Link" (Kayıp Halka) adını verdiği maymunla insan arası yaratığın beş milyon önce dünyada dolaştığı döneme varıyor.

İlk insan, iki ayağı üzerinde yürümeye başlar başlamaz durdurulamaz hâle geldi. (Bunu 12 aylık bebek annesi veya babası herkes gayet iyi bilir!) Artık elleri serbest olduğu için, bunları gece-gündüz ulaşabildikleri neresi varsa oraya dokunmak için kullanıyorlardı. Günümüzde, beş milyon yıl öncesinin Kayıp Halka'sına en yakın canlı olan şempanzeler çeşitli işaretlerle yirmi-otuz sözcük kapasiteli bir iletişim kurabiliyor. Bu 12-18 aylık çocukların iletişim kapasitesiyle hemen hemen aynıdır.

Diz Yüksekliğinde Bir Neandertal (18-24 ay)

Neandertal'ler, insanoğlunun Kayıp Halka'dan sonra, ancak mağaralara girmeden önce yaşadığı dönem olarak tanımlanabilir. İşte bebeğiniz yaklaşık 18 aylıkken bir Neandertal'in gelişimiyle hemen hemen aynı seviyede olacaktır. Bebeğinizin bir bardaktan dökmeden su içişini ya da size top atmaya çalışmasını izlerken aslında iki milyon yıl öncesine göz gezdiriyorsunuz sayılır. Neandertal'ler, şempanzeler gibi hareket etmeye ve dokunmaya çok meraklıydı, ayrıca iki elini kullanabiliyordu, ancak el yetenekleri tam gelişmemişti (tıpkı sizin 18 aylık çocuğunuz gibi). Öte yandan dengeleri ve elleriyle bir şey çevirme, çekme, inceleme kabiliyetleri şempanzelere oranla çok gelişmişti. Hatta kabataslak da olsa taştan oyuncaklar yapabiliyorlardı.

Neandertal'ler şempanzelere oranla daha gelişmişti, çünkü balta yaparken hangi taşı kullanmaları gerektiği ya da avlanma alanlarını nereye kuracakları gibi bazı basit sorunları çözebiliyorlardı. Bu erken zeka belirtileri, 18 aylık bebeğinizin yatağın altına kaçan bir şeyi sopayla almaya çalışmasında ya da çevirmeli bir oyuncağı kullanmasında da rahatlıkla görülebiliyor.

Ancak daha önce de belirttiğim gibi her gelişimin bir bedeli var. Artık sopa kullanabilen ve taş atabilen Neandertal'ler bir davranış problemi de geliştirdi. Çevrelerindeki güçlü hayvanlardan korkmuyorlardı, çünkü artık kendilerini taş ve sopalarla savunabiliyorlardı. Bu, onların daha benmerkezci, daha savaşçı, daha saldırgan ve daha kendini beğenmiş olmalarına neden oldu. Bebeğinizin de 18 aylıktan ikinci yaşına kadarki dönemi büyük ihtimalle en sert, en sabit fikirli ve en ödün vermez dönemi olacaktır.

Akıllı Mağara Adamı (24-36 ay)

Yaklaşık iki yaşına geldiğinde çocuğunuz 150 bin yıl önce yaşayan mağara adamlarının gelişim seviyesine ulaşır. Mağaralarda yaşamaya başlayan insanoğlu evrimin bu döneminde arkadaş edinmeye, daha karışık bir dil kullanmaya, aletleri daha iyi kullanmaya ve anlaşma yapmaya başladı.

Birçok uzman bu kişilerin el işlerinde çok hünerli olduğunu düşünüyor. Ayrıca bazı isim, fiil ve belirteçlerin kullanıldığı basit bir dilleri olduğu da düşünülüyor. Yalnızca mızrak ve işbirliğinden faydalanarak ayı avlamak gibi büyük organizasyonları yapacak kadar iyi iletişim kurabiliyorlardı. Ayrıca Taş Devri uzmanları, bu dönemdeki insanların artık mağaranın bir köşesini yalnızca tuvalet ihtiyacı için kullandığını da düşünüyor.

Bu tip gelişmeler iki yaşındaki çocuğunuzun dünyasıyla hemen hemen paraleldir. Artık elleri daha fazla alet (oyuncak) kullanmasını sağlayacak kadar esnek ve dairesel şekiller çizebiliyor (kontrol ve plan mekanizmasının bir işareti). Ayrıca daha uzun süre konsantre olabilmesi ve arkadaş edinme isteği, sırasını bekleme dolayısıyla sabırlı olma mecburiyetini de beraberinde getiriyor. Ancak bu yeni deneyimlerin altından kalkamadığında, henüz medenileşmemiş küçük yaratığınız çözümü ittirmekte ya da ısırmakta bulabilir.

Yetenekli Köylü (36-48 ay)

Üçüncü yaş gününden itibaren çocuğunuz altmış bin yıl önce yaşayan ilk köylülerle aynı seviyeye gelir. İsa'dan on binlerce yıl önce dünyada insan kültürü bir anda gelişti. Avrupa, Afrika ve Orta Doğu'dan toplanan birçok kanıt -sanat eserleri, aletler, mücevherler, günlük hayatta kullanılan eşyaların kalıntıları- daha önce hiç görülmemiş oranda sofistike bir köy kültürüne işaret ediyor.

Bu ilk modern kadın ve erkekler genellikle daha önce hiç olmadığı kadar büyük gruplarda, yüz veya daha fazla kişilik gruplarda yaşıyorlardı. Bu büyük kabilelerde hayatta kalabilmek bazı saygı kurallarının geliştirilmesini gerekli kılıyordu. Sosyal yaşamı öğrenmelerini ve gelişmiş bir dil oluşturmalarını sağlayan bu kurallar aynı zamanda kafalarında çeşitli düşünceleri değerlendirmelerini, şarkılar, danslar ve hikâyeler yaratabilmelerini sağlıyordu.

Bu gelişim süreci dört yaşına gelen çocuklarda neredeyse tıpa tıp tekrarlanıyor. Üçüncü yaş gününden sonra çocuğunuzun yetenekleri bir anda tavana vurur! Düşünceleri değerlendirme kapasitesi sık sık yaptığı karşılaştırmalarda kendini iyice gösterir. Bu karşılaştırmalar "Ben bebek değilim, büyüğüm" ya da "Devekuşu, zürafa kuştur" gibi dışavurumlarla ortaya çıkar. Dünyanın nasıl işlediğini anlamak için büyük çaba sarf eder; "Ben neden yapamıyorum?" ya da "Kırmızıda durulur" gibi cümleleri bir çoğundan sık sık duyabilirsiniz. Tarih öncesi bir köylü gibi üç yaşındaki çocuklar da anlayamadıkları şeyleri "büyü" ile açıklamaya ya da anlamlandırmaya çalışırlar. Ayrıca bu köylülerde olduğu gibi çocuğunuz da henüz düşüncelerini yazıya aktarabilecek zihinsel kapasiteye ulaşamamıştır.

Artık bir bebekten büyük olduğunu anlaması, aynı zamanda çevresindeki herkesten daha küçük ve incinebilir olduğunu anlamasına da neden olur. Bu yaştaki çocukların büyük ve güçlü olmakla ilgili hikâyeleri ve kendilerinin büyük, güçlü *canavar* olduğu oyunları bu kadar sevmesine şaşırmamak gerekiyor.

Çocuğunuzun gelişimini bu "evrimsel" açıdan görmeye başladığınızda, günlük çekişmelerinizin ve sıkıntılarınızın altında yatan nedenleri görebileceksiniz. Artık huysuzlukları, birdenbire bağırıp çağırması, isteklerinize hiçbir şekilde saygı göstermemesi ve kedinize taş atıp durması -uygarlıktan tamamen uzak olması- sizi o kadar hayal kırıklığına uğratmamalı.

Unutmayın, siz çocuğunuzu tüm kitaplardan daha iyi tanıyorsunuz. Burada sıraladığım yaşa bağlı kategoriler genel hatlarıyla çizilmiştir. Tüm çocuklar farklıdır ve bu evrelere farklı dönemlerde ulaşabilirler. Ama sonuçta, çocuğunuz tüm bu dönüm noktalarını aşarak dört yaşına geldiğinde, üç yıl öncesine göre çok daha zeki ve göreceli olarak uygar olacak.

Nasıl Geliştiklerini Karşılaştırın!

Beynin büyümesi gelişimi tetikler. Aşağıdaki iki örnekte, farklı olgunluk seviyesindeki davranışları karşılaştıralım:

1. Küçük çocuğunuz bir şey istediğini nasıl gösterir?

- Şempanze-Çocuk istediği şeyi hemen alır.
- Neandertal istediği şeyi alır ve "Benim" der.
- Mağara adamı istediği şeyi hemen almak ister, ama sizi memnun etmek için önce "Ben istiyorum!" der.
- Köylü kibar olma kuralına uyar ve "Lütfen" der.

2. Küçük çocuğunuz fark ettiği şeyleri nasıl tarif eder?

- Şempanze-Çocuk büyük bir grubu tanımlamak için tek sözcük kullanır. Mesela; bütün küçük hayvanlara "köpek" der.
- Neandertal özel sözcükleri bilir. "Tavşan" veya "kedi" der.
- Mağara adamı karşılaştırma yapabilir. "Büyük tavşan" ya da "küçük tavşan" der ve genellikle büyük olanını eliyle gösterir.
- Köylü birkaç değişik objeyi karşılaştırarak daha büyük veya daha uzun olanını seçebilir.

Tarih Öncesi Ebeveynlik: Taş Devri'nden Kalma Birine Nasıl Elçilik Edersiniz?

"Sen Tarzan-Ben Anne"

Çocuğunuzu mahallenin en mutlu yumurcağı yapmanın yolu, öncelikle kendinizi, Taş Devri'nden geçen birine benzetmenizden ve 21. yüzyıldan gelen bir elçisi gibi görmenizden geçiyor. Misafiriniz sizin adetlerinizi bilmiyor ve sizin dilinizi konuşmuyor. Ama daha uzun süre burada kalacak.

Bir elçinin görevi daima iki taraf arasında uyum yaratarak tartışma veya anlaşmazlık çıkmasını önlemektir. En iyi diplomatların sırrı; saygı, nezaket, bol bol pazarlık ve fedakarlık yapmaktır. Elçiler her şeyi kontrol etmeye çalışmazlar, ama gerekli miktarda kontrolü ele almaktan da korkmazlar. Ayrıca gerektiğinde sert olmasını bilirler (ama bu sertlik asla *dayak* olmamalı).

Elbette elçi olarak işiniz, misafirinizin dertlerini ve dilini biliyorsanız çok daha kolay olacaktır. Buna Tarih Öncesi Ebeveynlik diyoruz. Başta kulağa biraz garip gelse de kullanmaya başladığınızda bu yöntemlerin ne kadar etkili olduğunu göreceksiniz.

Tara'yı, muayene odasından çıkmaya çalışan kızı hatırlıyor musunuz? İşte Tarih Öncesi Ebeveynlik yöntemlerini bilen bir başka anne ve odadan çıkmaya çalışan oğlunun yaşadıkları:

Tarih Öncesi Ebeveynlik Uygulaması

Mack, 14 aylık, sevimli, normalde gayet eğlenceli bir çocuk. Ama şu anda tek isteği benim muayenemden dışarı çıkabilmek. Bildiği birkaç sözcüğü ve tüm vücudunu kullanarak iletişim kurmaya çalıyor. Bir yandan kağıda vuruyor, bir yandan da yalvaran gözlerle annesi Kate'e bakıyor. Kate dizlerinin üzerine çöküp, kısa heceli sözcükler kullanarak oğlunun duygularını anladığını göstermeye çalışıyor. "Dışarı!!! Dışarı!!! Dışarı!!! DIŞARI!!!" Kate bunu büyük bir gayret göstererek, bir yandan kapıyı işaret ederek söylüyor. "Dışarı!!! Dışarı!!! Gitmek! Gitmek! DIŞARI GİTMEK istiyorsun!!!"

Başta Mack tamamen kapıya yoğunlaştığı için annesinin ne dediğini anlamıyor. Ama altıncı "Dışarı"dan sonra birdenbire Kate'e dönüyor. Gözleri minnettarlıkla büyümüş gözüküyor. Kate ise, işlerin kendi istediği yöne dönmeye başladığını anlayınca, Mack'in hisleriyle ilgili enerjik gösterisine devam ediyor. "Çooooooook sıkıldın!!! Gitmek, gitmek GİTMEK istiyorsun!" Sonunda Mack kapıdan annesine doğru bir adım atıyor ve kısa süreliğine de olsa rahatlamış gözüküyor; Annesi onu anlıyor!

Bu yorucu Tarih Öncesi Ebeveynlik manevrasını tamamlayan Kate, bu kez yere oturuyor ve oğlunu oyun oynamaya davet ediyor. Ellerini açıp 'gel' işareti yaparken bir yandan da "Hadi bakalım! Buraya! Buraya! Hadi dans edelim" diyerek oğlunun yanına gelmesini sağlıyor. Sonra da oğlunun en sevdiği şarkıyı söylemeye başlıyor. Kate ellerini çırpıyor ve ellerini havaya her kaldırdığında Mack da kaldırıyor. Bir dakikadan kısa sürede kriz bastırıldı ve bu kez o mutlu bir şekilde annesini taklit ediyor!

Çocukların Dinleyeceği Şekilde Nasıl Konuşulur?

Kate başarılı oldu, çünkü nasıl iyi bir elçi olacağını hatırladı. Oğlunun, onu anladığını ve ona saygı duyduğunu anlamasını sağladı. En önemlisi de "Kapıya vurmayalım, dans edelim" mesajını ona kendi dilinde, doğru tonlamaları ve yüz ifadelerini kullanarak verdi.

Kate, "Mağara adamı gibi konuşurken biraz komik hissediyorum ama işe yarıyor. En güzeli ise bir an durakladığında 'Annem beni anlıyor' diye düşündüğünü bilmek. Aynı dalgada konuştuğumuzda büyülü bir ortam oluşuyor" diyor.

Eğer bir Alman'la konuşmak istiyorsanız Almanca konuşun. Eğer ilkel çocuğunuza bir şey anlatmak istiyorsanız onun dilini konuşun.

Anne-babalar genellikle, kızgın veya huysuz çocuğumuza bir şey söylediğimizde bunun en az önemli kısmının *ne söylediğimiz* olduğunu duyunca çok şaşırıyor. *Oysa sözcüklerimiz doğru tonlama ve vücut dili olmadan hiçbir işe yaramıyor!* Aslında bu bir sürpriz olmamalı. Eğer biri örümcek gördüğü için çığlık atar siz de yüzünüzde büyük bir gülümsemeyle "Bu gerçekten korkutucuydu" derseniz, karşınızdakini anladığınızı gösteren sözcüklerin hiçbir anlamı kalmaz.

Kate, Mack'in duygularını kısa ve net sözcükler kullanarak yansıttığı için onunla iletişim kurmayı başardı. Bu yaştaki çocuklarda tekrar ve kısalık çok önemlidir. Kate bunu Mack'in gözlerinde bir anlayış belirtisi oluşana kadar devam ettirdi. Oğlu susup büyümüş gözlerle ona baktığında, saygı ve anlayış mesajını başarıyla ulaştırdığını biliyordu! Sonra âdeta büyülü bir şekilde Mack bu anlayışın karşılığını verdi, dikkatini annesine yöneltti ve onun mesajını saygıyla dinledi, uyum göstererek dans etti.

İşte elçi olmak bundan ibaret. Diplomasi dili köklerini saygıdan alır. Diplomatlar gibi biz anne-babalar da sözcüklerimizi güç ve üstünlüğümüzü kanıtlamak için değil, daima saygı ve empati hislerini iletmek için kullanmalıyız. Bu yalnızca daha etkili bir yol değil, aynı zamanda herkes için daha huzurlu bir yöntemdir.

2

12-18 Aylık: Tatlı "Şempanze-Çocuğunuz"

"Bu, çocuklar için küçük; insanlık için büyük bir adım."
Neil Armstrong'un Ay'daki ilk sözlerinden bir uyarlama

Ana Noktalar:

- Gelişim açısından değerlendirdiğimizde bizim tatlı, bir yaşındaki çocuklarımız şempanzelerden daha ileride sayılmaz.
- Küçük çocuğunuz yürümeye bayılıyor, ama acelesi varsa yoluna yine de emekleyerek devam ediyor.
- İşaret etme, cimcirme, tutma gibi yeni yetenekler çevresini daha iyi incelemesine olanak sağlar.
- Biraz konuşabilir, daha fazlasını anlar ve çoğunlukla ses tonu, el işaretleri ve yüz ifadeleriyle iletişim kurar.
- Küçük bir şempanze gibi bir yaşındaki çocuğunuz da yalnızca içinde bulunduğu dakikayı yaşar ve yaptığınız her şeyi taklit etmeye çalışır.

Michael, 10 aylıkken ayakta durmayı öğrendiğinden beri mobilyalara dokuna dokuna dolaşmaya bayılıyordu. Doğum gününden önceki gün koltuğa dokunma manevra-

sına boşverdi ve bunun yerine salonda tek başına yürümeye başladı. Ördek gibi paytak paytak yürürken birkaç adımda bir popo üstü düşüyordu. Ama her seferinde yeniden ayağa kalkıyor ve bu kez doğru yapma hedefiyle yeniden yürümeye başlıyordu.

Çok kısa süre içinde Michael durdurulamaz hâle geldi!

Babası Sam, "Yalnızca bir haftada ne kadar hızlandığına inanamadım. Emeklemek onun için büyük bir başarıydı, ama yürümek bambaşka bir şeymiş!" diyor.

Artık Michael canı bir şey yapmak istemeyince sendeleye sendeleye kaçıyor. İlgisini çeken bir şey gördüğünde olabildiğince yaklaşıp ona uzanıyor. Eğer ulaşamıyorsa en azından parmağını uzatıp işaret ediyor. Sabah uyandığı andan gece gözlerini kapattığı ana dek tam bir ayaklı ordu!

Michael'ın kendi kendine geliştirdiği bir taklit oyunu da var. Evin içinde babasının gittiği her odaya onun peşinden gidiyor ve babasının dokunduğu her çekmeceyi o da açmaya çalışıyor. Michael'ın dil yetenekleri birkaç ses ve el işaretleriyle sınırlı da olsa ona söylenenlerin büyük bölümünü anlayabiliyor.

Babası Sam'in şansı ise Michael'ın dikkatinin kolaylıkla dağılıyor olması. Yeni bir oyuncak onu, altını değiştirene kadar meşgul etmeye yetiyor ve bahçeye çıkmak birkaç dakika önce istediği kurabiyeleri unutturabiliyor.

Ama akşam yemeği saati geldiğinde Sam artık oğlunun uyuya kalacağı dakikayı hayal eder oluyor. Yorgun, ne yapacağını şaşırmış ve bazen çıldırmış durumda oluyor! Ama Michael'ın tatlı, uyuyan yüzüne bir kez bakmak yeniden deşarj olmasını ve kendini iyi bir baba gibi hissetmesini sağlıyor.

Bir Çocuğun Gelişimi Şempanzeye Nasıl Benziyor?

Çocukların doğduktan sonraki ilk yılına bebeklik (infancy) dönemi denir. Latince kökeni "sözcük kullanamayan"dan gelir. Ama bence bu dönemi "ayaklarını kullanamayan" ifadesi daha iyi tanımlardı. Çocuğun ilk sözcüklerinin ne zaman geleceğini tahmin etmek zordur. Sekiz aylıkken de üç yaşındayken de konuşmaya başlayabilirler. Ama genellikle birinci yaş günlerinde artık sendeleyerek de olsa yürüyebilirler.

Çocuğunuz ilk adımlarını attığında Kayıp Halka dediğimiz, dört ayak üzerinde yürümekten beş milyon yıl önce yüz çeviren ilk şempanzeleri taklit etmiş oluyor. Çocuğunuz tabii ki bir "küçük insan" ama bu dönemde hâlâ masa örtüsünü çekiştirmek, mamasını dökmek ya da oyuncaklarını CD çaların içine tıkmak gibi maymunca şeyler yapabiliyor.

Çocuk bir yaşına geldiğinde o kadar akıllı oluyor ki, davranışları en zeki maymun olan şempanzeyle neredeyse aynı hâle geliyor. Genç şempanzeler iki ayakları üzerinde paytak paytak yürüyebilir, bazı sözcükleri anlayabilir ve basit problemleri çözebilir. Ayrıca bir yaşındaki çocuklar her yere gitmeye, her şeye dokunmaya bayılırlar ve bıkıp usanmadan oyun oynarlar. Tanıdık birine benziyor mu?

Elbette küçük çocuklarla şempanzeler arasındaki benzerliği tek fark eden ben değilim. Hatta 1930'lu yıllarda psikolog olan Winthrop ve Luella Kellogg oğuları Donald'ı, ondan biraz daha genç bir şempanze olan Gua ile birlikte büyüttüler.

Donald ve Gua birbirlerinin en iyi arkadaşı oldular. Aynı yemeği yediler, aynı giysileri giydiler, aynı şeyleri öğrendiler. Hatta Gua'nın zihinsel kapasitesi "ağabeyininkiyle" hemen hemen aynı hâle geldi. İkisi de tırmanmayı çok seviyordu, ama Gua bunda daha başarılıydı. İkisi de bir şeyleri tutmayı incelemeyi seviyordu, ama Donald oyuncaklarla daha başarılıyken, Gua kaşık kullanmakta daha yetenekliydi. İki "kardeş" birlikte tuvalet eğitimi bile aldı. Hatta Gua bunu insan arkadaşından çok daha çabuk öğrendi.

Ancak birkaç ay içinde Donald şempanzeyi sollamaya başladı. Kellogg çifti ikisinin de meraklı olduğunu fark etti. Ama Donald merak ettiği bir şeyi elinde uzun uzun incelerken, Gua kısa süre baktıktan sonra kenara atıyordu.

Her ikisi de kendilerinden isteneni çok iyi anlıyordu. Ama Donald hızla konuşmayı öğrenirken, Gua'nın iletişim yeteneği homurdanmalar ve el-kol işaretleriyle sınırlı kaldı. Ayrıca Donald'ın aksine Gua hiçbir zaman oyuncaklarını annebabasına götürerek onları oyuna davet etmedi ya da onların mutfakta yaptıkları şeyleri taklit etmeye çalışmadı. Donald ilerlemeye devam ederken, Gua beş milyon yıllık evrimsel sınırı aşamadı.

Daha yeni araştırmalar ise, insan ve şempanzelerin dil yeteneklerinin yaklaşık 18. aya kadar hemen hemen paralel geliştiğini ortaya koydu. Bir araştırmacının yetiştirdiği şempanze iki yüzden fazla kelimeyi tanıyabiliyordu! Ancak bu akıllı şempanze bile sözcükleri yan yana koyarak cümle kurmayı -18 aylık çocukların genellikle yapabildiği bir şey-başaramadı.

Elbette küçük çocuğunuz bir şempanze değil, ama sık sık onun gibi davranabilir. 12 aylık çocuğunuzun öne çıkan özellikleri şöyle sıralanabilir:

Tatlıdır.

Mutludur.

Her şeyi merak eder.

Her şeyi taklit eder.

Sınırları zorlamaya başlar.

İnsanlar ve Maymunlar:

Zannettiğinizden Daha Çok Benziyor

İnsanlar ve maymunlar arasında tabii ki çok fark var. Ama genetik olarak incelendiğinde şaşırtıcı bir sonuç ortaya çıkıyor. İster inanın, ister inanmayın genlerimizin yüzde 98'i şempanzelerle birebir aynı!

Doğanın Bize Beş Milyon Yıl Önce Verdiği Hediye: Büyük Bir Beyincik!

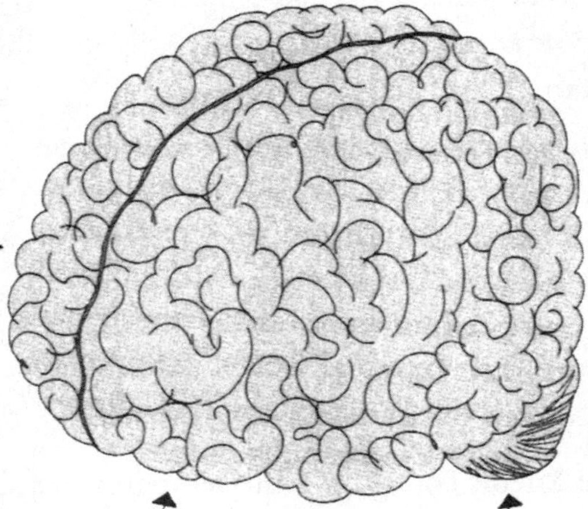

Hayatınızın her saniyesinde ona muhtaç olduğunuz hâlde beyinciğin öneminden büyük ihtimalle bihaberdiniz. Oysa beyincik (*Cerebellum*), beynin denge koordinasyon merkezidir. Düz yürümenizi, sandalyeden düşmemenizi, bisiklete binebilmenizi sağlar. Bu müthiş yetenekli "küçük beyin" ayrıca yazı yazmak, konuşmak, topu fırlatmak gibi hızlı ve zor eylemleri koordine eder ve bunları otomatik olarak yapmanızı sağlar.

Peki tüm bunların çocuğunuzun büyümesiyle ne ilgisi var? Çok ilgisi var! Daha önce de belirttiğimiz gibi; bir-iki milyon yıl önce beyinlerimiz artık rahimden çıkamayacak kadar büyük hâle geldi. İşte Doğa Ana, anne karnındaki bebeğin beynini biraz daha küçültebilmek için, minnacık beyincikler vermeye karar verdi. Bu nedenle yeni doğmuş bebeklerin dengesi ve koordinasyonu bu kadar zayıftır.

Bebekler dünyaya geldiğinde artık beyinlerinin büyümesi için de bolca yer vardır. Yetenekli beyincik de bu dönemde müthiş bir hızla büyür, dolayısıyla koordinasyon yeteneği de gittikçe artar. Bir yaşına geldiğinde çocuğunuz 12 ay öncesine oranla tam bir akrobat sayılabilir. Ayakta durabilir, uzanıp eline bir bardak alabilir ve ağzını binlerce yeni ses üretmek için açıp kapayabilir.

Tüm bunlar 12 aylık çocuğunuz için bitmez tükenmez bir oyundur! İşte bu, onun için mükemmel bir hediye! Çünkü başka hiçbir hediye çocuğunuza beyincik kadar çok eğlenme ve öğrenme imkânı tanıyamazdı.

Erken çocukluk dönemini tamamlayana kadar beyincik çocuğunuzun en önemli yardımcılarından biri olacak. Sürekli kendini geliştirerek çocuğunuzun daha rahat hareket etmesini, tırmanmasını, konuşmasını sağlayacak.

Kişisel Evrim: Çocuğunuz Hangi Aşamada?

Çocuğunuzun ilk yaş gününden sonraki aylarında, "erken dönem" çocukluğun en hızlı günleri başlar. Küçük çocuğunuz yavaş yavaş iki ayağı üzerinde durma ve hacetini açıklama cesaretini bulacaktır. Neyse ki, bir yaşındaki çocukların çoğu uysal ve kolay ikna edilebilir oluyor. Ancak aylar geçtikçe çocuğunuz bağımsızlığını ve *her şeye* ulaşabilmeyi talep edecektir. Bu aktivite evinizi tam bir savaş alanına çevirebilir; onun için ise bu dağınıklık araştırılacak heyecanlı ve gizemli bir orman gibidir.

Genel Hareket Yetenekleri

Yürümenin heyecanını keşfetmek. Bir yaşına yeni girmiş çocuklar için hareketler, sözcüklerden çok daha önemlidir. Çocuğunuz ilk sözcüklerini söylemeye hazırlanıyor da olsa onu asıl heyecanlandıranın yürümek olduğunu biliyorsunuz. İstediği yere yürüyebilmek ve istediği şeye dokunabilmek onlar için büyüleyicidir. Tüm bunları yaparken sürekli "Vauv! Bunu yapabiliyorum! Bu harika!" diye düşünürler.

Yürümek bir yaşındaki çocuğunuzun özgüvenini test etmesini sağlar. Bazı çocuklar o kadar özgüvene sahiptir ki, yürümeye başladılar mı arkalarına bile bakmazlar. Kendi evlerini tutmaya hazırmış gibi en yakın kapıya yönelirler. Daha temkinli çocuklar ise birkaç adım atar ve sonra âdeta "Hâlâ orda mısın, anne? Bak ne yapıyorum?" der gibi yüzünüze bakarlar.

Erken dönem çocukların bacaklarını ve denge almak için de kollarını iki yana açarak biraz garip yürümeleri, şempanzelerin iki ayakları üzerinde dolaşıp, aceleleri olunca dört ayak koşmalarına çok benzer. Tıpkı yavru şempanzenin annesinden uzaklaşıp dünyayı tanımaya çalışması gibi, akıllı yumurcak da sizin güvenliğinizden vazgeçip çevresini tanımaya çalışacaktır.

"İnce" Hareket Yetenekleri

İşaret etmek. Maymun-adamlar dik yürümeye başladıklarında bir yetenekleri daha ortaya çıktı: El ve bileklerinin kullanımı. Bu yetenek, atalarımızın insanları hayvanlardan ayıran asıl özelliklerini geliştirmelerini, her türlü araç-gereci yapabilmelerini sağladı.

Belki de kullanılan ilk araç işaret eden parmaktı! Çocukların da ilk öğrendiği şeylerden biri ilgilerini çeken şeyi parmaklarıyla göstermektir. Çocuğunuz küçük bir şempanze gibi kitaplardaki resimlere işaret eder, tabağındaki pilavı eliyle ittirir ya da parmağını burnuna sokar. Elbette işaret etmek kazaları da beraberinde getiriyor. Bıçağa ya da elektrik fişine parmağıyla dokunan bir çocuk zarar görebilir (zaten ebeveynliğin en zor yanlarından biri de her yeni evrede çocuğunuzun karşısına çıkan tehlikeleri bertaraf edebilmektir).

Çimdiklemek ve tutmak. Maymun-adamlar şempanzelikten çıkıp insan olmaya yaklaştıkça, işaret etmekten bile daha etkili bir araca kavuştular: Çimdiklemek ve tutmak.

Fosiller, uzun evrim sürecinin sonunda baş parmakla işaret parmağının bir araya gelebilecek yani çimdik atabilecek kadar birbirine yaklaştığını gösteriyor.

Şempanzelerin elleri ağaçtan ağaca dolaşmak için çok elverişlidir, ama bir şeyler kavramak ve kaldırmak açısından aynı şey söylenemez. Baş parmakları bileğe çok yakın bir yerden başladığından, parmakları herhangi bir kabuğu kaldırmak için bir araya gelemez. Dal gibi daha geniş objeleri baş parmakları ve işaret parmaklarının *kenarıyla* tutabilirler. Ama küçük şeyleri ellerine almak için becerikli dudaklarına muhtaçlar. 12-18 aylık çocuklar ise tutma yetenekleri konusunda şempanzelerden çok daha ileridirler. Çocuğunuz baş parmağı ve işaret parmağının ucunu kullanarak en ince iplikleri bile kolayca tutup kaldırabilir.

Dokunarak incelemek. Çocuğunuzun eline ne verirseniz verin, önce uzun uzun elinde evirip çevirip onu inceleyecektir. Bebekken yapacağı ilk şey bu nesneyi ağzına götürmek ya da yere atmak olabilirdi. Ama artık ilk yaptığı iş onu elleri ve gözleriyle incelemek.

Atalarımızın gelişen el hünerleri çocuklarımızda kendini yeniden gösteriyor. On iki aylık bir çocuk iki lego parçasını bir araya getirebiliyorsa yetenekli sayılır. Ama 15 aylık çocukların tutma ve bırakma yetenekleri o kadar gelişmiştir ki, gerektiğinde bir lego parçasını, tam diğerinin üzerine düşecek şekilde koyabilir ve hatta onlardan bir kale yapabilirler.

Bilek hareketi. Çocuklar parmak uçlarıyla istedikleri şeyi şempanzelere oranla çok daha iyi kavrayabilirler. Ama iş komplike bilek hareketlerine geldiğinde maymunlardan biraz geride kalıyorlar.

On iki aylık çocuklar genelde yemeklerini kaşık yardımıyla tabaktan alabilir, ama bunu ağızlarına götürme konusunda ciddi problem yaşarlar. Daha sonra 15. ve 18. aylar arasında birdenbire bileğini bir parça olsun kıvırmak için gerekli koordinasyon sağlanır, böylece artık yemek dökülmeden ağza ulaşır.

Çocuğunuz için bu bambaşka bir başarı ve zaferdir! Elbette bu yeni yetenek de tehlikeleri beraberinde getiriyor. Çocuğunuzun sıcak suyu açmasını, fırını çalıştırmasını, parfüm ya da çamaşır suyu şişelerini açıp içmesini engellemelisiniz.

Solak? Sağlak? Çocuğunuzun beyninde hangi taraf daha etkin? Grafikte beyinlerimizin sağ ve sol olmak üzere iki ana parçaya ayrıldığını görmüştük. Yüzlerce milyon yıl önce doğa beynin kıymetini anladı ve iki parçadan birine zarar gelmesi ihtimaline karşı birbirinin tıpatıp aynısı iki beyin oluşturdu. Bugün birçok hayvan için bu durum geçerli.

Ancak insanoğlunda yaklaşık 50-100 milyon yıl önce beynin iki tarafı farklı fonksiyonlar geliştirmeye başladı.

Sağ beyin duygularımızın ve kızgınlıklarımızın merkezi oldu. Sağ beyin ayrıca tanıdık yüzleri, melodileri ve yerleri hemen hatırlamamızı; insanların duygularını yüz ifadelerinden, duygularından ve hareketlerinden hemen anlamamızı sağlıyor. Tüm bunlar hayatımızda hızlı kararlar vermemiz gerektiğinde özellikle etkili oluyor. Bu arada sağ beyin vücudun sol tarafını kontrol ediyor.

Sol beyin ise detayların ve sinir sisteminin hakimi hâline geldi. Bilgileri hatırlar ve organize eder, mesela notaları bir araya getirerek beste yapar, düşünceleri bir araya getirerek plan yapar ve cümleleri düzenleyerek cümle kurar. Sol beyin ayrıca vücudun sağ kısmını kontrol eder.

Şempanzelerde ve çok küçük çocuklarda sağ beyin biraz daha güçlü olsa da beynin iki tarafı hemen hemen dengededir. İşte bu 15 aylık çocuğunuzun neden hâlâ agresif olduğunu ve tamamen duygularına göre yaşadığını, neden yüz okumada sözcükleri anlamadan daha başarılı olduğunu ve neden bir şarkının sözlerinden ziyade melodisiyle ilgilendiğini açıklıyor.

Çocuğunuzun hangi eli kullandığına gelince... Beynin iki tarafı henüz dengede olduğu için birçok ebeveyn çocuklarının bir gün sağ, bir gün sol ellerini kullanabildiklerini görecektir. Bu ayrım çocuğunuz biraz daha büyüdüğünde kesinleşecek.

Dil Yetenekleri

Şempanzeler gibi küçük çocuklar da elleri meşgul olduğunda nesneleri ağızlarıyla kaldırırlar. Ancak beyincik geliştikçe, çocuğun ellerindeki minik kasları daha rahat kontrol etmesini sağlar. Birkaç ay içinde çocuğunuzun ağzını artık "üçüncü bir el" gibi kullanamadığını göreceksiniz. Gelişmiş beyincik ağız kaslarının da daha rahat kontrol edilmesini sağlar. Yakında çocuğunuzun ağız yeteneklerini kullanmak için yeni bir yöntem geliştirdiğini göreceksiniz: Konuşmak.

Hareketler sözcüklerden daha güçlüdür. Çocuğunuz ilk nasıl iletişim kurdu? "Anne" mi yoksa "Baba" mı dedi? Büyük ihtimalle tüm çocuklar gibi çocuğunuzda ilk önce kollarını havaya kaldırarak ("Beni kucağına al!") ya da parmağıyla süt şişesini göstererek ("Bunu istiyorum!") iletişim kurdu. Aslında sözcükleri *söylemek* oldukça zordur. Dudaklarınızı, dilinizi, boğazınızı ve diyaframınızı mükemmel bir şekilde koordine etmeniz gerekir. Bu yüzden çocuklar genelde ilk doğum günlerinden önce ellerini sallayarak "Güle güle" işareti yapabilir, ama "Güle güle" demeleri 15-18 ayı bulur.

Ağız egzersizleri. Çocukların ilk söylediği sözcükler genellikle "ba" ya da "da" gibi tek heceli ya da "baba" gibi iki heceli olur. Onlara bu heceleri biz öğretmeyiz, tamamen kendileri uydururlar! Çocuğunuzun ağzıyla yaptığı bu egzersiz, bir yaşındayken sürekli baş parmağıyla işaret parmağını birleştirerek bu hareketi tekrarlamasına benzer. "Baba," "dede," "anne" çocuğunuzun ağız egzersizleridir!

Genelde çocuğumuzla konuşmak için o kadar sabırsız oluyoruz ki, onların bizim dilimizi öğrenmesini beklemek yerine, biz onlarınkini kullanmaya başlıyoruz. "Merhaba, Buu-buuu! Bak baba burada!" diyoruz ya da "Anne dedeyi çağırsın mı?" diyoruz.

Aslında tüm dünyada anne ve baba anlamına gelen sözcükler doğrudan çocukların ağzından alınmıştır. Anne Çince'de *Mama*, İbranicede *Eema*, Swahili dilinde yine *Mama* şeklinde söyleniyor. Baba ise İtalyancada *Babbo*, Slovencede *Ata*, Rusçada *Papa*dır ve bu gibi örnekler çoğaltılabilir.

Ne duyuyorsan onu söyleme oyunu. Eğer çocuğunuzun ilk iletişim aracı hareketler, ikincisi kendi uydurduğu hecelerse, üçüncüsü kesinlikle sizden öğrendiği sözcüklerdir.

Başlangıçta her hafta sizin kullandığınız sözcüklerden birkaçını taklit edecektir. Ayrıca ilk sözcükleri birkaç farklı nesneyi ifade edebilir. "Buu"; su, süt, meyve suyu, şişe veya "Susadım" anlamına gelebilir.

Çocuğunuz 18 aylık olduğunda yirmi-otuz sözcük biliyor olmalı (bu, şempanzelerin o yaştayken hareketlerle ifade edebildikleri "sözcüklerin" sayısına eşit). Ancak yirmi-otuz sözcüğü bilme gerekliliğini kesin bir kural olarak algılamamak gerekiyor. Bazı 18 aylık çocuklar yalnızca bir-iki kelime konuşabilirken, diğerleri iki yüzden fazla kelime öğrenmiş olabilir.

Çocuğunuzun iletişim kurmasını hızlandırmak için en eğlenceli yöntem ona işaret dilini öğretmek olacaktır. Çünkü işaret dilini kullanmak için, beynin konuşurken kullandığı merkez harekete geçer. Dolayısıyla, henüz konuşma yetisi olmayan çocuğunuz işaret dilini öğrenmeye başladığında, beynin bu bölümü konuşmaya da hazırlanmış olur. Ayrıca işaret dili sayesinde çocuğunuzun iletişim kurmasını, dolayısıyla derdini daha iyi anlatmasını ve ailenin bir parçası olduğunu hissetmesini sağlayabilirsiniz.

İşaret dili oldukça kolaydır. İşaret dilini anlatan bir kitap alabilirsiniz, ama benim tavsiyem, çocuğunuzun hareketlerini inceleyip onun kullandığı işaretlerle bir dil oluşturmanız! Mesela; Jane, 15 aylık çocuğunun ne zaman bir yere gitmek istese elini yukarı kaldırdığını fark etti. Bundan sonra da oğluna gitme vakti geldiğini hep bu hareketle anlatmaya başladı.

Bugüne kadar hastam olan küçük çocukların ailelerine öğrettiği diğer işaretlerin arasında koklama taklidi yapmak (çiçek), elini ağzına götürmek (yemek), baş parmağını emmek (içmek), diğer elinin üzerini okşamak (köpek), parmağını kıvırmak (solucan) ve eli açıp kapamak (meme emmek) sayılabilir.

Konuşan Parmaklar

İşaret parmağının adı Latince'de "söylemek" anlamına gelen "dicere"den gelir. Mesela; Sırbistan'da işaret parmağına "Konuşan parmak" adı verilir.

Sosyal ve Duygusal Yetenekler

Şimdi ve burada yaşamak. Şempanzeler uzun saatler oturup düşünmeleriyle tanınmazlar. Daldan dala atlayıp, dikkatlerini çeken şeylerle kısa süre ilgilenip sonra başka bir şey yapmaya başlarlar. Bu hafızalarının kötü olmasıyla ilgili değildir. Aksine; tanıdık ortamları ve aile fertlerini gayet rahat ayırt edebilirler. Ama ilgi aralıkları çok kısadır.

Bir yaşındaki dünya tatlısı çocuklarımızın dikkati de çok hızlı dağılabilir. İster New York'ta, ister İstanbul'da oturuyor olsun, çocuğunuz için adresiniz "Şimdi ve Burası"dır. O geleceğin çok farkında değildir, dolayısıyla plan yapmak gibi bir derdi de yoktur. Bir an yakında gördüğü parlak bir objeye "Dat!" diye bağırır, iki dakika sonra ilgisini çekebilecek herhangi başka bir şeye hazırdır.

Bu ilginin sürekli dağılması durumu Louise Bates Ames ve Frances Ilg'in muhteşem kitabı "İki Yaşındaki Çocuğunuz"da bir diyagram **(yan sayfada)** yardımıyla çok iyi anlatılır. Bu çizimlerde çocuğun büyüdükçe dikkatini daha uzun süre toplayabildiğini görüyoruz.

Bazen hafızanın böyle kısa süreli olması işe yarayabilir. Eski oyuncakları atabilirsiniz ve kimse farkına bile varmaz. Ama çocuğunuz dört yaşına geldiğinde bu o kadar kolay olmayabilir. Çocuğunuz ısrarla, "Kafası kopan bebeğim nerede" diye soracaktır.

Şempanzeler gibi küçük çocuklar da insanları ve yerleri, özellikle de duygusal bir deneyimle bağlantılıysa çok rahat hatırlayabilirler. Birçok anne-baba bana, daha hastanenin park yerine girdiklerinde çocuklarının arabada ağlamaya başladığını anlatmıştır. Çünkü büyük ihtimalle çocuklar binayı görür görmez *Burada aşı olmuştum! Canım yanmıştı!* diye düşünüp ağlıyor. Bazı çok zeki çocuklar ise daha birkaç sokak öncesinden binaları tanıyıp ağlamaya başlayabiliyor.

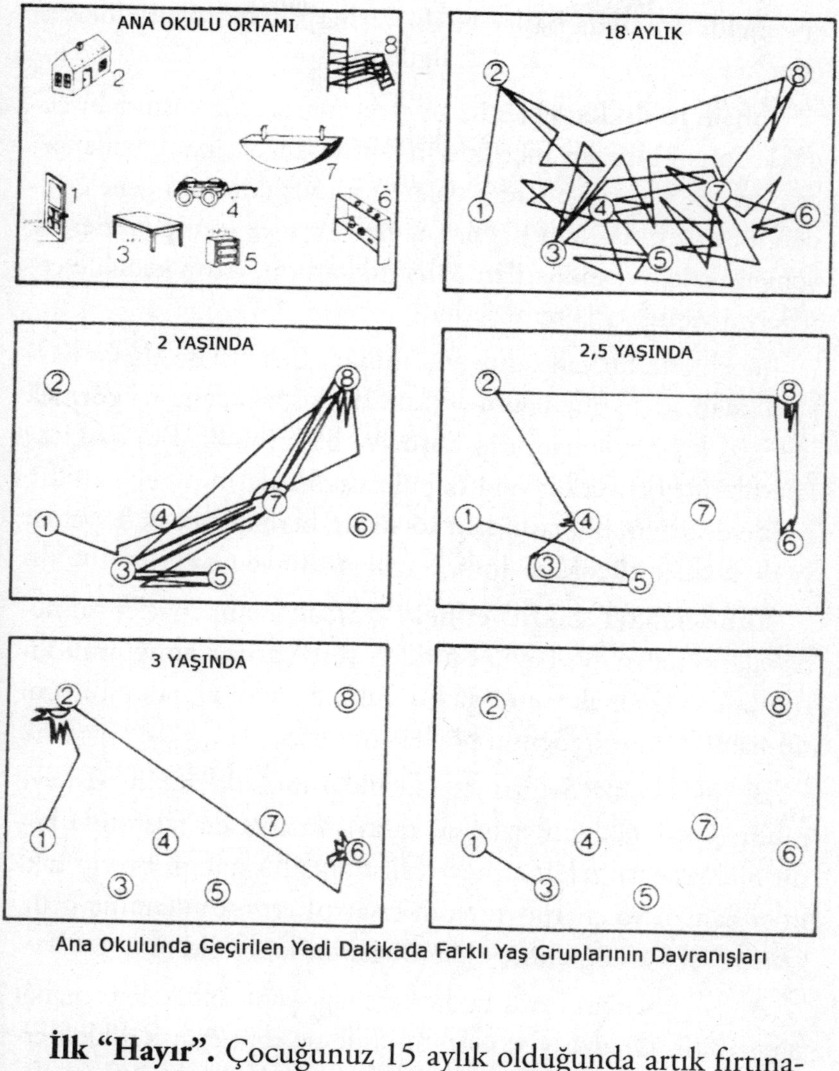

Ana Okulunda Geçirilen Yedi Dakikada Farklı Yaş Gruplarının Davranışları

İlk "Hayır". Çocuğunuz 15 aylık olduğunda artık fırtınanın ilk bulutları havada gözükmeye başlar. Çünkü artık çocuğunuz artan istekleriyle ilgili "hayır" demeye başlayabilir. Üstelik "hayır" sözcüğünü yetişkinler gibi değil, günlük anlaşmazlıklarınızda âdeta bir silah gibi kullanır.

Birçok aile çocuklarının iki yaşından önce "hayır" diyebileceğini düşünmüyor. Ama negatif olma ve direnme güdüleri genelde 15. ayda başlar ve iki yaşına kadar şiddetle devam eder.

Vahşilere dikkat! Henüz uygarlaşmamış bir yaşındaki çocuklarımız kültürün inceliklerinden de doğal olarak habersizdir. Yemek yemeye o kadar dalarlar ki, yediklerinin çenelerinden akması onlar için hiçbir şey ifade etmez (şempanzeler ise yemek yerken çocuklardan daha dikkatlidir, hatta genelde çenelerini yapraklarla temizlerler).

Bebeklerin bu vahşi duygularının bir belirtisi de küçük hayvanlardan âdeta büyülenmeleridir. Bir köpeği daha iyi görmek için sizi kabaca kenara itip koşmaya başlayabilir. Bu, belki de kendilerine benzer bir yaratık bulmuş olmalarının heyecanıdır. Ne de olsa hem bir yaşındaki çocuklar, hem de bebek köpekler ya da kediler küçük, sevimli, büyük gözlü ve neşelidir.

Anne-babayı taklit etmek. Küçük şempanzeler anne-babalarını izlemeye bayılır. Fındığı yere vurup kabuğunun kırılmasını sağlamak sonra da bir çubukla içini almak gibi yeni numaralarının birçoğunu böyle öğrenirler.

Bizim küçük Şempanze-Çocuklarımız da taklit etmeye muhtaçtır. Ufaklığın sizin saç tarayışınızı ya da telefonda konuşmanızı nasıl taklit etmeye çalıştığına bir bakın. Bu tip taklitler zaman ve enerjiden ciddi tasarruf etmek anlamına gelir. Önemli şeyleri öğrenmek için doğal bir kısa yoldur.

Ancak çocuğunuzun taklit yeteneği yeni tehlikelere mahâl bırakabilir. Dolayısıyla onun önünde ne yaptığınıza dikkat etmeniz gerekiyor. Eğer vitamin kutunuza ulaşmasını istemiyorsanız, vitamin içerken sizi görmesine izin vermeyin.

Yine de yeni bir şeyler öğrenmek söz konusu olduğunda birçok çocuğun ilgisi hemen dağılır. Onlar yürüyerek bir şeylerin yanına gitmeyi ve ona dokunmayı, onu yalnızca düşünmeye tercih ederler. Onlar için önemli olan keşfe çıkmaktır. *Anlamak* ise daha ileride çekici olmaya başlayacak!

Yürüyen ilk maymunlar nasıl şempanzeyle insan arasındaki geçişi gösteriyorsa, çocuğunuzun ilk adımları da onun bebeklikten erken dönem çocukluğa geçişini gösteriyor. Evrim basamaklarında hızlıca tırmanmaya devam ediyoruz!

3

18-24 Aylık: "Diz Yüksekliğinde Bir Neandertal"

"Eğer metroda giderken yanınıza bir Mağara Adamı oturursa yerinizi değiştirirsiniz. Eğer yanınıza bir Neandertal oturursa treni değiştirirsiniz."

Paul Jordan

Ana Noktalar:

- Gelişim açısından çocuğunuz iki milyon yıl önce yaşamış bir Neandertal ile aynı seviyede.
- Neandertal'lerin sözcüklerle arası maymun adamlara göre çok daha iyidir. Ama aynı zamanda maymun adamlardan çok daha agresif ve inatçıdırlar.
- Çocuğunuz artık ayakları üzerinde daha hızlı yürür; elleriyle de bir şeyler çizip karalamalar yapabilir hâle gelir.
- Çocuğunuz artık sözcük ve cümleleri daha iyi kullanır.
- Bağımsızlık hissi gittikçe kuvvetlenir. Bu altı ay, "Ben!" "Benim" ve "Hayır"ı en çok duyacağınız dönemdir.

Paige, 20 aylık, şeker gülümsemesi, hayat dolu kahkahasıyla görebileceğiniz en tatlı çocuklardan biri... Günün en sevdiği zamanı, annesiyle parka gittiği akşamüstü saatleri.

Düşen yapraklarla oynamayı, karıncaları izlemeyi ve salıncakta sallanmayı çok seviyor.

Ancak son zamanlarda Paige'in annesi Joni, parkta oynama saatlerinin bitişinde çok yorgun oluyor. Çünkü Paige, eve döneceklerini anladığı anda ağlamaya başlıyor. Küçük, vahşi bir Neandertal gibi ellerini şiddetle sallayıp, "Gitmek hayır! Hayır! Hayır! Hayır!" diye bağırmaya başlıyor ve koşup kaçmaya çalışıyor.

Bir zamanlar neşesi ve uyumluluğu sayesinde ailesi tarafından "kelebek" diye çağırılan bu sevimli çocuk her gün en az üç-dört kez buna benzer patlamalar yaşıyor. Krakeri parçalanırsa inleyerek ağlıyor, bardağındaki su bitince çığlık çığlığa ağlıyor. Annesi bardağı yere atmasını söylediğinde ise karşılığı gülümseyerek bardağı bu kez annesinin tam kafasına atmak oluyor. Daha da kötüsü; hedefi her geçen gün daha da iyi tutturuyor!

Yeni Paige artık sarılmaları kabul etmiyor, masayı boyuyor, yıkanma vakti geldiğinde babasının kolunu ısırıyor. Banyonun köpüklü sularına girdi mi de çıkmamak için direniyor.

Annesi Paige için, "Aynı şiirdeki kız gibi. İyiyken çok iyi bir kızdı, kötüyken korkunç oldu" diyor. Sonra aceleyle "Tabii ki korkunç değil, ama epey huysuz!" diye ekliyor.

Çocuğunuz Neden Bir Neandertal'e Benziyor?

Neandertal'ler eğlenceli olabilir, ama onlarla aynı evde yaşamak istemezsiniz!

Küçük bir çocuk için hayat eğlencelidir, ama 18 aylık olduğunda işlerin rengi değişir; unutmayın; *hayat bir partidir!*

Üstelik kibar bir çay partisinden bahsetmiyorum. Bu daha çok neşeli, tam gaz devam eden, misafirlerin bağırdığı, mobilyaların kırıldığı, gürültünün bütün mahalleyi ayağa kaldırdığı bir parti!

Bir yaşındaki çocuklarla karşılaştırıldığında; 18 aylık çocuklar daha canlı, daha komik ve daha meraklıdırlar. Bunlara paralel olarak talepleri artar, daha sert, daha benmerkezci hâle gelirler. Agresif olabilirler ve sizinle "Hayır" ve "Benim" sözcüklerini bağıra çağıra kullanarak inatçı bir kavgaya girişebilirler.

Belki siz bu vahşilikle çocuğunuzun ikinci yaş gününden sonra karşılaşacağınızı düşünüyordunuz. Ama benim deneyimlerim bu tip kavgaların ve anlaşmazlıkların daha çok 18-24 ayları arasında yaşandığını gösteriyor. Artık yalpalayan bir şempanze olmaktan çıkan çocuğunuz, yalnızca altı hafta içinde üç milyon yıllık evrim aşamasını geçerek Neandertal'lerle aynı düzeye geldi.

Neandertal'ler tabii ki ilkeldi. Ama beyinleri şempanzelerinkinin iki katı büyüklükteydi ve maymun atalarıyla karşılaştırıldıklarında, üniversite mezunu sayılırlardı! İki milyon yıl önce bu ilkel insanlar ormanlardan çıktı ve tehlikeli aslanların, kaplanların, ayıların yaşadığı düzlüklerde yaşamaya başladı.

Bu insanlar hızlı olmadığı veya yırtıcı pençeler gibi araçlara sahip olamadıkları için bunun aptalca olduğunu düşünebilirsiniz. Ama Neandertal'ların büyük hayvanlarla savaşmak için iki gizli silahı vardı: Büyük beyinleri ve becerikli elleri. Neandertal'lerin beyinlerini ve ellerini kullanmadaki becerilerinden önümüzdeki altı ay içinde sizin diz-yüksekliğindeki ufaklığınız da çok iyi bir şekilde yararlanacak!

Neandertal Beyni: Yeni ve Gelişmiş

Neandertal beyninde çeşitli gelişmiş ve yeni bölümler vardı. Şık bir düşünce merkezi oluşmuştu ve bu birçok problemin çözümünü sağlıyordu. Mesela; ilk basit taş eşyaları bu insanlar yaptı. Gökyüzündeki akbabaların yiyebilecekleri, yeni öldürülmüş bir hayvana işaret olduğunu anlayabiliyorlardı. Benzer şekilde 18 aylık çocuğunuz da bazı düğmelere basmanın oyuncağını çalıştırdığını biliyor. Bir yaşında bir çocuk bu oyuncaktaki düğmelere rasgele basar, 18 aylık bir çocuk ise hangi düğmelere basacağını bilir.

Ayrıca Neandertal'lerdeki beyincik, yani beynin dengeyi ve hareketi kontrol eden bölümü, çok daha gelişmiş hâle geldi. Bu sayede insanlar aç hayvanlardan çok daha rahat kaçabildi. Yine beyincik sayesinde kaçamadıkları hayvanlarla taş ya da kargı atarak mücadele edebiliyorlardı.

Bu dönemde, yani yaklaşık iki milyon yıl önce taş baltaların ortaya çıkması, bu insanların vurma yeteneğinin geliştiğini gösteriyor. Çocuğunuz da bunda gittikçe daha başarılı oluyor. Vurmak ve atmak, beyinciğin aynı anda ve müthiş bir hızla onlarca kasın hareketini koordine etmesi anlamına gelir. İki taşı birbirine vururken bir santimlik kayma bile parmağa ciddi hasar verir. Çocuklarınız da bu acıyı yanlışlıkla kendilerine elleriyle ya da bir oyuncakla vurduklarında hissederler.

Tüm başarılarına rağmen (koşmak, basit aletler yapmak, taşları atmak) Neandertal'leri yan komşunuz gibi değerlendirmek hata olur. Çünkü Neandertal'lerin maymunlarla, bugün uygar dünyanın dışında yaşayan insanlarla olduğundan çok daha fazla ortak yönleri vardı. Aynısı, tam olarak değilse bile, 18 aylık çocuğunuz için de geçerli. Çünkü bu yaştaki bir çocuk, konuşan, sırasını bekleyen üç yaşında bir çocuktan ziyade yalpalayarak yürüyen bir yaşındaki bir çocuğa benzer. Aslında sizi bekleyen zorlukların ana nedeni de budur: Çocuğunuz bir bebek gibi her şeye muhtaç olmakla bağımsızlığını kazanmak arasında sıkışıp kalmıştır!

Elbette tatlı çocuğunuz gerçekten bir Neandertal değil, ama onun gibi davranabilir. 18 aylık çocukların özellikleri şöyle sıralanabilir: Meraklıdır.

Duyguları hızla değişir.
Düşünmeden hareket eder.
"Hayır" en sevdiği sözcüktür.
Küstahtır.

Enerji doludur.
Serttir.
Duyarlıdır.
Çoğunlukla mutludur.
Uzun süre konsantre olamaz ve dil yetenekleri sınırlıdır.

Kişisel Evrim: Çocuğunuz Hangi Aşamada?

Neandertal'ler ormandan çıkıp düzlüklerde yaşamaya başladıklarında ağaçlara sığınma olanaklarını da kaybetmiş oldular. Bu nedenle tehlikeli hayvanlarla mücadele etmek için agresif ve ne istediğini bilen, bunu da belli eden bireyler hâline geldiler. Ormanın güvenliğinden uzaklaşmak daha dikkatli ve endişeli olmalarına da yol açtı. Artık her kayanın ardında bir kaplan olabileceğini düşünerek yaşıyorlardı.

O hâlde 18 aylık çocuğunuzun hareketlerinin bu kadar hızlı değişmesi çok da şaşırtıcı olmamalı. Bir an, fiziksel olarak ondan çok daha büyük olmanıza rağmen, sizden korkmuyormuş gibi rahat ve havalı davranıyorlar, ama onu yeni bir yere götürdüğünüzde sinip endişeli bir hâle geliyorlar.

Çocuklar Neden Ele Avuca Sığmıyor?

Tüm günü dört duvar arasında geçirmek insanoğlu için çok yeni bir deneyim. İnsanlar on bin yıl önce dört düz duvardan oluşan binalarda yaşamıyordu. Zaten rüzgâr geçirmeyen, düzgün kapı ve pencereleri olan evlerde de ancak birkaç yüz yıl önce yaşamaya başladık. Yani insanlık tarihinin yüzde 99.9'luk bölümünde çocuklar hep dışarıda yaşadı. Dolayısıyla uzun saatler evde kaldıklarında oradan oraya koşturmaları ve "yaramazlık" yapmaları çok da şaşırtıcı olmamalı.

Genel Hareket Yetenekleri

Hızı artırmak. Çocuğunuzun kasları, kemikleri ve beyni her geçen gün daha da büyüyor ve bir takım olarak çalışmaya başlıyorlar. Artık sendelemiyor, aksine oldukça hızlı ve şaşırtıcı derecede emin adımlarla yürüyorlar. Ayrıca kendi kendilerine denge kurabildikleri için ellerini "alet" (oyuncak) taşımak için rahatlıkla kullanabiliyorlar.

Aslında henüz büyümekte olduğu için çocuğunuzun yürüyüşü küçük bir Frankestein'a benzeyebilir. Bileklerini ve ellerini hâlâ tam kapasite kullanamıyor. Ama acelesi olduğunda dört ayak üzerine düştüğü ve böyle ilerlediği günler de çok geride kaldı. Bebeğiniz artık 18 aylık; gayet hızlı yürüyor, hem mobilyalara, hem de merdivenlere saldırmaya hazırlanıyor.

Merdiven Güvenliği

Dağcılar için zirveler nasıl karşı konulamazsa yeni yürümeye başlayan çocuklar için de merdivenler aynı derecede vazgeçilmezdir. Çocuğunuzun tehlikeli bir kaza geçirmesini önlemek için merdivenlerin önüne engeller koyun. Yine de son bir-iki basamağı boş bırakarak çocuğun burada denemeler yapmasına olanak sağlayın. Eğer merdivenler halı kaplıysa çocuğunuzu buradan kaydırarak eğlenceli bir oyun oynayabilirsiniz.

Vurmak ve atmak. Bundan yaklaşık iki milyon yıl önce insanoğlu kendini korumak için istediği hızda ve yöne taş atmayı öğrendi. Bir taşı diğerinin üzerine sürekli vurarak ilk taştan aletleri yaptı. İşte 18 aylık bebeğinizde de bu iki yetenek hızla gelişiyor. Artık topu (veya yemeğini) fırlattığında yakındaki bir hedefi tutturmayı başarabiliyor. Ayrıca bazı oyuncakları çekiç gibi diğerlerine vurmayı da öğrenmiş olmalı. Bir bebeği veya parkta bulduğu ağaç dalını ise elinde silah gibi sallayabiliyor. Neandertal'ler gibi çocuğunuz da artık daha tehlikeli...

"İnce" Hareket Yetenekleri

Tutmak. Daha önce de bahsettiğimiz gibi; Neandertal'lerin en önemli güçlerinden biri, artan el becerileriydi. Ellerini kontrol etmek çocuğunuz için hâlâ oldukça zor, ama yavaş yavaş öğreniyor. Büyük ihtimalle kaşıkları ve boyaları hâlâ tüm avucuyla kavrıyor. Onu izlerken beyninin yolladığı ilkel mesajları neredeyse duyuyorsunuz: "Sıkı tut! Sakın bırakma!"

Aylar geçtikçe çocuğunuzun bileklerinin rahatlamaya başladığını göreceksiniz. Artık bileklerini dolu bir kaşığı ağzına götürebilecek şekilde döndürüp hareket ettirebiliyor. Boya defterinde ise düz çizgiler yerine yuvarlak karalamalar ortaya çıkmaya başlamış olmalı... Ancak beklentilerini yüksek tutmayınca; bu karalamalar, bilek hareketlerinden çok, üst koldan gelen uzun çizgiler olacaktır.

Dil Yetenekleri

Heceleri sözcüklere çevirmek. Neandertal'lerin birkaç düzine el ve vücut işaretiyle iletişim kurabildikleri zannediliyor. En azından birlikte avlanabilecek ve bilgi paylaşımı yapabilecek kadar iletişim kurabiliyorlardı. Bu hareketler ve homurtularla babalar çocuklarına balta yapmayı gösteriyordu, ama bu baltayı nasıl daha kullanışlı hâle getirebileceklerini tartışamıyorlardı.

Çocuklarımızın sözcük öğrenme konusunda Neandertal'lerden çok daha avantajlı olduğunu söyleyebiliriz. En azından bizlerin konuşmalarını dinleyerek büyüyorlar. Çocuğunuz 18 aylık olduğunda on, yirmi hatta elli sözcük biliyor olabilir; iki yaşına geldiğinde ise bu sayı çok daha artacaktır. Üstelik ona söylediğiniz iki yüz kadar sözcüğü de çok rahat anlayacaktır.

On beş aylık bir çocuk iki heceyi bir araya getirerek hayatındaki önemli insanlara isimler takabilir: *Baba, Dede, Anne...* On sekiz aylık olduğunda ise artık duyduğu her şeyi tekrar etmeye çalışacaktır. Mesela; "Televizyon" dediğinizde çocuğunuz "Te...yon" diyerek sizi taklit etmeye çalışacaktır.

Çocuk 18 aylık olduktan sonra sözcükleri artık bir araç-gereç olarak görmeye başlar. Sözcükleri kullanarak size ne istediğini, ne düşündüğünü, ne gördüğünü anlatabileceğini fark eder: *Çilek, su, köpek, dışarı, kek, gitmek.* Bu, sizi bileğinizden yakalayıp mutfağa sürüklemekten çok daha kolay bir yöntemdir. Çocuğunuz artık derdini birçok isim, birkaç fiil ve *"benim", "ben", "hayır", "daha çok"* gibi sözcüklerle anlatabilir.

Yine de çoğunlukla kısaltmalardan yararlanacaktır. Babasının arabasını gördüğünde "Babanın arabası" yerine kısaca "baba" diyecektir. Ayrıca heceleri bir araya getirerek yeni sözcükler yaratmak için sürekli ağız egzersizleri yapar. Onu "*meyve suyu*" gibi daha uzun ve zor isimleri söylemeye çalışırken yakalayabilirsiniz.

Sözcüklerden cümleler kurmak. Çocuğunuzun hızla gelişen hafızası ve dilini daha kolay kullanması heceleri birleştirerek sözcükler oluşturmasını kolaylaştırıyor. Düzen içinde çalışan sol beyni, şimdi bu sözcükleri sıraya dizerek cümle kurmasına yardımcı oluyor. Aylar boyunca sözcükleri âdeta erzak gibi depolayan sol beyin, şimdi bunları bir bir dışarı çıkararak yeni cümleler pişiriyor. Bu sayede "diz yüksekliğindeki" Neandertal'iniz sözcükleri seçip birleştirerek mesajını daha rahat iletebiliyor. Bu mesajlar "Daha çok kraker," "Anne gidelim" veya "Hayır, ben" gibi cümleler olabilir.

Sosyal ve Duygusal Yetenekler

Fikirleri sabittir. Ne istediğini bilen 18 aylık bir çocukla konuşmanın fazla faydası olmaz. Suratınıza "Ben kararımı verdim. Nokta. Tartışma bitmiştir!" der gibi bakarlar. Değişik bir düşünceye ya da pazarlığa kesinlikle açık değillerdir. İki yaşına geldiğinde artık birçok çocuğun ne giyecekleri, ne yiyecekleri ve yapacaklarıyla ilgili oldukça sabit görüşleri vardır.

Tarih öncesi dostunuz gözünüzün içine bakıp gülümseyerek dokunmasının yasak olduğunu bildiği bir vazoyu yere atarsa şaşırmayın! Bu yaştaki çocuklar uyandıkları andan yatana kadar mutlu ve enerjik olabilirler, ama canını sıkarsanız, yorulursa ya da ne yapacağından emin olamazsa her an patlayabilir. Sizin *hayır* demeniz ise kor bir levhaya su dökmekten farksız olacaktır. Yani yalnızca çocuğunuzun daha da fazla tepinip ağlamasına, bağırmasına neden olacaktır.

Çocukların bu krizleri oldukça ilginç gelişir. Bazen kendi negatifliklerinde öylesine kaybolurlar ki, onlara istedikleri şeyi verdiğinizde bile bunu reddederler. Dondurma için ağlayan 18 aylık çocukların, anneleri dayanamayıp dondurmayı aldığında bile hâlâ "Hayır! Hayır!" diye bağırdığına o kadar çok şahit oldum ki...

Jeev, 18 aylık, tatlı bir çocuk. Ama hâlâ biraz Neandertal sayılır. Annesi ona bir dilim armut veriyor. Ama Jeev armudun tamamını yemek istediği için annesinin bu ar-

mağanını gerisin geri yüzüne atıyor. Annesi bu kez tam bir armut verdiğinde bunu da reddediyor ve inleyerek ağlıyor.

Büyüyen çocuğunuz kendini sık sık zıt duyguların arasında bulacaktır. Kendinizi bu tahmin edilmeyen vahşi çocuk dönemine hazırlamanın en iyi yolu, bu tip krizlerin olacağını bilmektir. Tanıdığım anne-babaların çoğu çocuklarının ağlayarak kendini yere atmasına sırf "Bizim çocuğumuz melek gibiydi" diye düşündükleri için şaşırıyor. Çocuğunuzla sizin ortak hayatınızı sürekli devam eden bir çekişme, bir disiplin ve oyun döngüsü, hatta bir dans gibi görmenizi istiyorum. Elbette bu dans kimi zaman vals kadar zarif ve uyumlu, kimi zaman bir kabile dansı gibi vahşice olabilir. Rahatlayın, beklentilerinizi azaltın ve kendinize fazla yüklenmeyin. Büyüme yıllarında çocuklar sık sık ebeveynlerinin "ayağına basar". Ancak lütfen bu kavgaları, krizleri kişisel algılamamanız gerektiğini öğrenin!

Sadece ben varım. Çocuğunuzun kendini nasıl gördüğünü açıklarken "dünyanın merkezi" demek bile onun için fazla mütevazı kalır. Küçük Neandertal'inizin düşünce akışı şöyledir: *Benden bahsedelim, sonra "çok az" senden bahsedelim, sonra yine bol bol BENDEN bahsedelim!*

Bana kalırsa çocuklarımızın ilk sözcüklerinin *Anne* yerine *Ben* olmaması bile oldukça şaşırtıcı.

Güçlü *ben* ve zayıf zaman algısı bir araya geldiğinde çocuğunuz her şeyi ŞİMDİ ister! Dikkatinizi çekmek için giysilerinizi çekiştirir, bağırır, ağlar hatta kulaklarınıza, yüzünüze saldırarak bir yanıt ister. Sabırsız çocuğunuz için "Bir saniye" demeniz, "Gelecek yıl görüşürüz" demenizden farksızdır.

Dur düğmesi yok. Bazen küçük çocuklar dur düğmesi olmayan makineler gibidir. Sinirlenirler, vahşileşirler ve sonra nasıl sakinleşeceklerini bilemezler. Oyun oynarken bile bir kez başladılar mı durmakta zorlanırlar. On beş dakika boyunca oyuncak davula vurabilir veya oyuncak çim biçme makinasıyla oynayabilirler. Öyle ki; sekreterim akıl sağlığını korumak için bekleme odasındaki tüm gürültülü oyuncakları kaldırmamı rica etti.

"Kapatma düğmesinin" olmaması çocukların hareket yetenekleri için de söz konusu. Bu nedenle resim yaparken karalama genellikle defterde başlayıp masanın diğer ucunda bitiyor.

Kısacık bir dikkat aralığı. On sekiz aylık bir çocuğun dikkat aralığı... Ne diyordum?! İşte, 18 aylık bir çocuğun dikkati bu kadar hızlı dağılabilir! Bazıları ilginç bir oyuncakla on beş dakika kadar oynayabilir, ama çoğu çok daha çabuk sıkılır.

Dikkat aralığının bu kadar kısa olması Neandertal'lerin hayatta kalması için vazgeçilmezdi. Çünkü bu sayede otların arasındaki en ufak hışırtıyı fark edebiliyor veya lezzetli tavşanı yakalıyor ya da tehlikeli kurttan saklanıyorlardı.

Benzer şekilde bir bebeğin ilgisi de sürekli konudan konuya yönelir. Hatta normal bir 18 aylık bebek o kadar aklı havada, içgüdüsel ve hareketli olur ki, bu davranışları birkaç yaşındayken sergilese hiperaktif teşhisi konulabilir.

Düzen alışkanlığı: Uygarlığa doğru büyük bir adım. Çocuğunuz ikinci yaşına yaklaşırken eşyaları düzenlemeye başlayacaktır. Mesela; oyuncakları gruplara ayırmaya başlayacak. Kitaplarını bir gruba, bebeklerini diğer gruba koyacak. Halka geçirmeli oyuncaklarında halkaları gelişi güzel değil, boy sırasına göre çubuğa dizecek.

Tarih öncesinden kalma küçük dostunuz temizlik yapmanıza da "yardım" etmek isteyecek. Elektrik süpürgesini kullanmanızı ya da oyuncakları kutulara koymanızı taklit edecek. (Kutuların üzerine resimler yapıştırarak çocuğunuzun buraya hangi oyuncakların gireceğini anlamasını sağlayabilirsiniz. Böylece size yardım etmesini sağlarsınız.)

Bu yeni düzen merakı temizliği de beraberinde getirecek. Artık çocuğunuz ellerini yıkamak isteyecek (bu ellerini birbirine sürtmekten ibaret olsa da). Ayrıca bezinin kirlendiğini de söylemeye başlayabilir. Bu tuvalet eğitimine hazır olduğunun ilk işaretlerinden biridir.

Madeline, 18 aylık olduğundan beri özel hayatına daha fazla önem veriyor. Ne zaman büyük tuvaleti gelse sessizce ortamdan uzaklaşıyor ve koltuğun arkasında bezinin içine "işini görüyor".

Bu yeni düzen merakına rağmen çocuğunuz uygarlığa ancak birkaç bebek adımı yaklaşabildi. Dört parçalı bir yap-boz yapmak ya da "Yavrum, topu al ve babana ver!" gibi iki bölümden oluşan bir komut onun için hâlâ oldukça zor olabilir. Çünkü birinci bölüme çok yoğunlaşacak, bu sırada ikinci bölümü tamamen unutacaktır.

Şimdi genç dostunuzun neye dokunmasının yasak olduğunu hatırlamakta neden bu kadar zorlandığını daha iyi anlıyorsunuz. Bir şeyi yaparken o kadar heyecanlanıyor ki, kuralları tamamen unutuyor. Hatırlasa bile, yasak olan şey ilgisini çok çektiği için, ucundan da olsa dokunmadan edemiyor.

Mutlu ama henüz arkadaş canlısı değil. Neandertal'lerin çok sosyal olduğu söylenemez. Birlikte yemek yiyorlardı, ama hava durumunu tartışmıyor ya da yanak yanağa dansetmiyorlardı. Sizin küçük ilkeliniz de başkalarıyla yemek yemek isteyebilir. Ama parkta diğer çocukları yakından izlemekle yetinecek, onlarla oynamayacaktır. Bu yaştaki çocuklar yan yana oynamayı beraber oynamaya tercih ederler. Herkesin kendi kovası ve küreği vardır. Birbirleriyle en fazla otobüste yan yana giden kişiler kadar ilgilidirler.

İleri-geri dansı. Sen gülümsüyorsun. Ben gülümsüyorum. Sen el sallıyorsun. Ben el sallıyorum. Küçük bir gösteri yaptıktan sonra çocuğunuz alkış bekleyecektir. Alkışa cevabı ise gösterisini tekrarlamak olacaktır.

Aslında bebekken bile çocuğunuzla küçük diyaloglarınız oluyordu. Ona bir şey söylediğinizde sevinçli bir çığlık atıyor sonra yine susuyor ve yanıtınızı bekliyordu.

Bu ileri-geri dans; çocuğunuzun paylaşma, eli açık olma, sırasını bekleme ve beraber yaşama gibi alışkanlıkları edinmesinin temellerini oluşturuyor. Elbette Neandertal'ler de sıralarını beklemeyi biliyorlardı. Birinde et varken diğeri fındıkları yiyordu.

Yirmi iki aylık çocuğunuz bu zorunlu alış-verişi farklı şekillerde yapabilir. Mesela; başka bir çocukta beğendiği oyuncağı çekiştirip, kendininkini de bu çocuğa atabilir. Diğer yandan gerçek paylaşıma bir adım daha yaklaşarak, siz ona bir parça meyve verdiğinizde o da usluca bağcıklarını bağlamanıza müsaade edebilir.

Küçük çocuklar sık sık bana değerli bebeklerini uzatır. Ama bebeği almak için uzandığımda onu geri çekerler. Yani beni bu alış-veriş oyununa davet ederler, ama bir anda değerli oyuncaklarını kaybetmekten korkup vazgeçerler.

Bir pediatrist olarak bu davranışları eğlenceli ve çok faydalı buluyorum. Muayeneler sırasında çocuklara genelde oyuncak veriyorum. Ellerinde tutacak bir oyuncak olması "*Tamam, demek ki Doktor Harvey o kadar da kötü bir adam değil. Bana oyuncak verdiğine göre ben de bana dokunmasına izin vereceğim*" diye düşünmelerini sağlıyor. Ama bazen güzel bir oyuncak bile şüpheci bir 18 aylığı ikna etmeye yetmiyor. Başta oyuncağı kabul edip, ben yaklaşınca "Anlaşma iptal!" der gibi yere atabiliyorlar. Bazen de oyuncağı daha baştan kabul etmiyorlar. Sanırım bu oyuncağı kabul ederlerse benimle işbirliği yapmak zorunda kalacaklarını içgüdüleriyle sezmelerinden kaynaklanıyor.

Neandertal dönemi ebeveynliğin en zor zamanlarından biridir. Daha birkaç ay önce çocuğunuzun *sizin* programınıza uygun hareket edeceğinden emindiniz. Şimdi ise hiç tereddütsüz gününüzün büyük bölümünü *onun* programına göre ayarlamak zorundasınız!

Ama sabredin! Tüm bu çabalar sevgi ve saygının tohumları olacak. Birazdan da okuyacağınız gibi bu dönemdeki zorluklar meyvesini vermek üzere.

4

24-36 Aylık: "Akıllı Mağara-Çocuğu"

"Daha hızlı, daha güçlü, daha akıllı!"

Olimpiyat sloganı

Ana Noktalar:

- Gelişim açısından çocuğunuzun 150 bin yıl önce mağaralarda yaşayan insanlarla birçok ortak noktası var.
- Hareketleri artık daha yumuşak. Ama kaza riski artıyor, çünkü çocuğunuz hâlâ önündeki engellerden çok nereye gittiğine konsantre oluyor.
- Daha fazla sabır ve el becerisi sayesinde iki yaşındaki çocuğunuz objeleri uzun uzun incelemeye başlayacak. Bu arada size elleriyle "çak" işareti de yapabilir!
- Çocuğunuz artık yalnızca rasgele sözcükler değil, cümle yapısı ve kuralları da öğreniyor.
- Birçok iki yaşındaki çocuk rutini sever ve düzenli olmak ister. Ayrıca sizi, akrabalarını ve öğretmenlerini mutlu edecek şeyler yapmak için çaba göstermeye başlayacaktır.

Kyle, her geçen gün daha da artan oyuncak metal arabalarıyla oynamayı çok seviyor. Onları farklı gruplar hâlinde park ettirmeye bayılıyor: Sarıları bir yere, kırmızıları bir yere, mavileri ayrı bir yere yerleştiriyor. Motor sesleri çıkararak onları kendi belirlediği garaja doğru dikkatlice sürüyor.

Babası Larry, oyuncak arabaları ona kısa süre önce, ikinci doğum gününde verdi. (Elbette babası arabaların direksiyon ve lastiklerini kontrol etti. Böylece yerlerinden çıkmayacaklarına, dolayısıyla Kyle'nin boğulmasına neden olmayacaklarına emin oldu.) Kyle arabaları çok beğenince Larry geçen hafta eve cebinde bunlardan bir tane daha saklayarak geldi. Oğluna sürpriz yapacaktı.

Larry, "Hangi cep?" diye sordu.

Küçük çocuk kabarık cebi fark etti ve içine baktığında, "Araba! Baba! Kyle'ye araba! Vıınn!" diye sevinç çığlıkları attı.

Diğer iki gün boyunca Larry eve oyuncak arabalarla döndü. Kyle de bu küçük oyunu hem sevmeye, hem de beklemeye başladı. Babasının ayak seslerini duyduğu anda "Araba! Baba! Vıın!" diye bağırıyordu.

Ama üçüncü gece Larry'nin ceketinde araba yerine bir elma vardı. Kyle şaşırmış gözüküyordu. Ceplerde araba dururdu, elma değil! Babası elinde sakladığı oyuncak arabayı ortaya çıkardığında Kyle rahatladı ve yine sevinç çığlıkları attı.

Çocuğunuz Neden Bir Mağara Adamına Benziyor?

Kyle, son iki yılda çok büyük bir değişim geçirdi. Minik, yumuşacık bir bebekken; arkadaş canlısı, tatlı, odasını toplayabilen, konuşan hatta şakalar yapan küçük bir insan oldu.

Kyle gibi sizin çocuğunuz da dünyadaki ilk iki yılını temel bilgileri öğrenerek geçirdi. Başlarda bir araştırma makinası gibiydi. Hareket ediyor, dokunuyor, nesnelerin tadına bakıyordu. Şimdi tüm bunları çok daha iyi bir şekilde yapmaya hazır!

Ağzından çıkan yarım yamalak sözcükleri ve homurtuları hatırlıyor musunuz? Artık bunlar çocuğunuzun aklından geçenleri tam olarak ifade eden cümlelere dönüşüyor.

Sendeleyerek yürüyüşü?.. Çok yakında çocuğunuz (köşeleri dönmekte hâlâ zorlanmakla birlikte) size gayet seri bir şekilde koşabiliyor olacak.

Bir zamanlar ninnilere, şarkılara homurtularıyla ritim tutuyordu. Bu yılın sonunda şarkı sözlerini söylüyor, hatta bazı çocuk şarkılarının danslarını da yapabiliyor olacak.

Çocuğunuz her şeyin hareket ve tutmayla ilgili olduğu "koşma-dokunma" evresinden (uzmanlar buna "sensorimotor" evresi diyor) "anlama" evresine geçiyor. Yani artık küçük Mağara Çocuğunuzun öncelikleri; arkadaşlık, dil, düzen ve rutin olacak.

Bundan 150 bin yıl önce yaşayan mağara adamları da bir "anlama" dönemine girmişlerdi. Daha iyi aletler üretiyor, daha iyi iletişim kuruyor ve daha iyi arkadaş oluyorlardı. Onlar ilk *Homo sapiens'ler* (insan ırkının bugünkü hâli) idi.

Hayatları oldukça olağandı. Günleri avlanmak, yemek yemek ve dinlenmekle geçiyordu. Öte yandan artık dolaşmaya da biraz olsun vakit ayırmaya başlamışlardı. Atalarının milyonlarca yıldır değiştirmeden kullandığı aletleri daha iyi hâle getirmeyi öğrenmişlerdi. Gelişen dil yetenekleri daha büyük avlara birlikte çıkmalarını ve daha yırtıcı hayvanları yakalayabilmelerini sağlıyordu. Düzeni kaosa tercih ettiklerini gösteren kanıtlar bile bulunuyor. Mağaraları inceleyen arkeologlar, bu ilk insanların kemikleri ve yemek artıklarını ayrı bir köşeye koyduklarını söylüyor. Hatta bazı mağaraların uzak köşeleri tuvalet olarak kullanılıyordu!

İki yaşındaki çocukları "Akıllı Mağara Çocukları" olarak adlandırıyorum; çünkü, onların da ilk insanlara "yakınlıkları" var. Hâlâ biraz ilkeller, ama artık daha önce hiç olmadığı kadar düşünüyor ve organize olabiliyorlar. Eğer iki yaşındaki çocukların bir sloganı olsaydı, bu kesinlikle "Daha hızlı, daha güçlü, daha akıllı" olurdu. Çünkü *daha hızlı* koşuyorlar, elleri *daha güçlü* ve genel olarak *daha akıllılar.*

Beynin Son Durumu: Sol ve Sağ Bölümler Artık Tam Güç Çalışıyor

İki yaşındaki çocuğunuzun gelişimini ne sağlıyor? Bunun yanıtı, beyni çok daha kompleks ve güçlü hâle getiren yeni iletişim ağları ve bağlantılarında gizli.

İkinci yılda artık beynin sol tarafı tam olarak çalışmaya başlıyor. Beynin sol tarafı dili, mantığı (bir şeyleri anlama sürecini); sağ tarafı ise hareketi kontrol ediyordu. Artık çocuğunuz basit planlar yapabiliyor, duygularını sözcüklerle ifade edebiliyor, uzun bilgi akışlarını hatırlıyor ("İyi ki Doğdun" şarkısının tüm sözleri gibi) ve sağ elini beceriyle kullanabiliyor.

Aynı zamanda çocuğunuzun beyninin sağ tarafı da daha güçlü ve sofistike hâle geliyor. Bu, yüz hareketleri ve vücut dili gibi sözsüz mesajları daha iyi anlamasını sağlıyor. Ayrıca empati duyma kapasitesini artırıyor, reflekslerini daha iyi kontrol etmesini ve vücudunun sol tarafını daha rahat kullanmasını sağlıyor.

Tüm bunlar çok yakında dökmeden yemek yemeğe başlayacağının, tuvalet eğitimine ilgi duyacağının ve günlük hayatta yaşadıklarını anlatabilir hâle geleceğinin işaretleridir. Nihayet sabır duygusu da doğar ve bu duygu tıpkı bir bebek gibi yavaş yavaş ama istikrarlı bir şekilde büyür.

Güç çekişmelerinde azalmalar fark edebilirsiniz. Genellikle ikinci doğum gününden birkaç ay sonra ısırma, çizme, tırmıklama, huysuzluk nöbetleri azalmaya başlar. Çünkü çocuğunuz mutsuzluğunu sözcüklerle ifade etmeyi öğrenir ve sizin beklentilerinize uygun olmaya özen gösterir. Ancak bu her şeyin süt liman olacağı anlamına gelmemeli. Sonuçta çocuğunuz hâlâ yalnızca *iki yaşında* ve dönem dönem vahşi hareketler yapması kaçınılmaz!

Çocuğunuzun beyni, iki-üç farklı bilgiyi zihinde tutarak karşılaştırma yapabilecek kadar gelişecek. Mağara adamları bu yeteneği farklı balta tasarımları üzerinde düşünmek için kullanmıştı. Bu, en iyi taş baltanın tahta sapa monte edilenler olduğunu anlamalarını sağladı. Böylece nesneleri daha iyi parçalıyor, bu arada parmaklarını da kesilmekten koruyorlardı.

Küçük Mağara Çocuğunuz da karşılaştırmalardan çok etkileniyor. Bu sene itfaiye aracıyla ambulansı birbirinden ayırmayı öğrenecek; hangi oyuncak arabanın daha büyük olduğunu, hangi kek diliminin daha tatlı olduğunu fark etmeye başlayacak.

Tüm bu zihinsel gelişime karşın bu dönem icattan ziyade bir "ince ayar" evresi olarak tanımlanır. (Yakında göreceğiniz gibi asıl keşifler ve icatlar gelecek yıl ortaya çıkacak.) Çünkü mağara adamları bu dönemde daha iyi baltalar yaptı, ama yüz bin yıl boyunca iğne, ağ ya da herhangi yeni bir alet üretemedi.

Sizin iki yaşındaki çocuğunuz da bu konuda atalarından daha iyi durumda sayılmaz. Eğer bir çekmece içine eşya sıkıştığı için yerine girmiyorsa, çocuğunuz bu sorunu çözmek için en fazla çekmeceyi ittirmeyi deneyecektir. Çekmeceyi bir şeyin tıkadığını akıl etmesi oldukça küçük bir olasılık.

İki yaşındaki çocuklar elbette gerçek mağara adamları değiller. Ama zaman zaman öyle davranabilirler. Bu dönemdeki çocukların bazı tipik özellikleri şöyle sıralanabilir:

Meraklıdır.

Geniş dikkat aralığına sahiptir.

Çok meşguldür.

Sizi memnun etmekten hoşlanır.

Daha naziktir.

Düzen ve karşılaştırma merakı vardır.

İletişim kurmaya kararlıdır.

Kişisel Evrim: Çocuğunuz Hangi Aşamada?

İki yaşındaki çocukların genel muayenesinde en çok duyduğum soru, "Bu dönem nasıl geçecek?" oluyor.

Ebeveynlerin endişeli olması şaşırtıcı değil. Çocukları doğduğundan beri en zor ve en vahşi altı ayı henüz geride bıraktılar. Asıl düşündükleri "Bu iş daha *da zor hâle gelebilir mi?*"

Merak etmeyin, işler zorlaşmayacak! Daha öncede bahsettiğim gibi çocukluğun en zor dönemi, 12-18 aylar arasında yaşanıyor. İki yaşına geldiğinde çocuğun huysuzluk dönemi neredeyse bitmiş oluyor. Bir daha yalnızca iki buçuk yaş civarında benzer zorluklar görülüyor.

Çocuğunuzun artık her sıkıntıda havai fişek gibi patlamamasını tamamen "yeni ve gelişmiş" beynine borçlusunuz. İkinci doğum gününden itibaren günler geçtikçe çocuğunuzun daha sabırlı, uyumlu ve özveriye açık hâle geldiğini göreceksiniz. Üstelik ikinci ve üçüncü bölümlerde öğreneceğiniz iletişim yöntemleri sayesinde çocuğunuzla hayalini kurduğunuz neşeli ve mutlu günlerin tadını çıkaracaksınız.

Genel Hareket Yetenekleri

Daha sakin. Birçok çocuk ikinci doğum günlerinden sonra eskisi gibi sürekli hareket etmekten vazgeçer (elbette bunun birçok istisnası var). Mağara adamları tüm günlerini ovalarda koşarak geçirmiyordu. Balta yapmak ve aletlerini sivrileştirmek zorundaydılar. Çocuğunuz da eline bir kitap aldığında onun sayfalarını hızlı hızlı çevireceğine, sakin sakin resimlerini incelemeyi tercih edecektir.

Başlama/durma kontrolü. Artık çocuğunuz daha akıcı ve güvenli bir şekilde hareket ediyor. Neredeyse hâlâ tamamen düz taban olmasına rağmen komik yürüyüşü hızla düzeliyor ve merdiven çıkıp inmek âdeta bir bağımsızlık hâline geliyor. Bu yılın sonunda merdiven çıkarken ayaklarını bile değiştirebiliyor hâle gelecek, ayrıca son basamağı da genelde atlayarak inecek. Ayrıca bileklerini artık daha iyi kontrol edebilen çocuğunuz eğlence için geri geri veya parmak ucunda yürümeyi de kolaylıkla başaracak.

Çocuğunuz hızlı ya da yavaş yürümeyi, aniden durmayı ve yeniden koşmaya başlamayı, köşeleri rahatça dönmeyi öğreniyor. Bu yılın sonunda üç tekerlekli bir bisiklet bile kullanabilir; büyük bir başarı! Neden büyük bir başarı? Çünkü pedal çevirmek ayakların birbirinin zıttı hareketler yapmasını gerektirir: Sağ ayak aşağı basarken sol ayak yukarı gider. Birçok iki yaşında çocuk bunu ilk denediğinde ne yapacağını şaşırır ve iki ayağını da aşağı basarak bisikleti hareket ettirmeye çalışır.

Kaza tehlikesi. Denge hissinin ve kas kontrolünün artmasının çocuğunuzun ayakları üzerinde daha sağlam durmasını sağlayacağını zannedebilirsiniz. Ancak şaşırtıcı bir şekilde çocuğunuz daha iyi yürümeye başladıkça daha fazla kaza geçirecektir! Aslında bu, kendine olan güveninin artmasından ve hedefe doğru ilerlerken yoluna çıkan engellere dikkat etmemesinden kaynaklanıyor.

"İnce" Hareket Yetenekleri

Eller: Çocuğunuzun en sevdiği üç el hareketi.

Çocuğunuzun el becerilerini artıran iki önemli gelişme var: Birincisi, daha sabırlı olması; oyuncakları ve nesneleri incelemek/değiştirmek için daha fazla vakit harcaması anlamına geliyor. İkincisi, sol beyninin gelişmesi; sağ elinin daha rahat kontrol etmesini sağlıyor. Yakında daha rahat kullandığı bu sağ el, çocuğunuzun sürekli kullandığı el hâline gelecek. (Solaklar için de aynı süreç gelişiyor, ama bu kişilerde sağ beyin daha etkili oluyor.)

Parmakların ve bileklerin esnekliği, ilk iki yılın aksine, hızla artıyor. Mağara adamları bunu gittikçe daha iyi aletler yapmak için kullanıyordu. Küçük Mağara Çocuğunuz ise bu yeteneğini resim veya tanıdığı herkese "çak" hareketi yapmak için kullanabilir. El kabiliyeti gerektiren üç aktiviteye daha büyük ilgi gösterecektir:

1. **Çekiç çakmak.** Şempanzeler ve bir yaşındaki çocuklar iki objeyi birbirine kabaca çarpabilir. Ama artık iki yaşında olan çocuğunuzu incelediğinizde, oyuncak çekicini başarıyla kullandığını göreceksiniz. Bir Neandertal iken yaptığı hesapsız vuruşlar, artık bir profesyonelinki gibi hedefini buluyor.

2. **Yuvarlak çizmek.** Çocuğunuz boyalarını hâlâ tüm avucuyla tutuyor ve hareketler de üst koldan geliyor. Ama bileğinin esnek olmaya başlaması yuvarlaklar çizmesini kolaylaştırıyor. Tek bir yuvarlak çizmek hâlâ çok zor. Çünkü bir yaşında olduğu gibi şimdi de çocuğunuz için bir harekete başlamak, o hareketi durdurmaktan daha kolay. Bu yüzden birbirine bağlı yuvarlaklar çizme olasılığı daha yüksek. Ama yıl ilerledikçe tam başladığı yerde durmayı başardığını ve mükemmel yuvarlaklar çizdiğini göreceksiniz. Bu aynı zamanda, reflekslerini artık daha iyi kontrol ettiğinin bir kanıtı ve insan çizmeye başlamasının ilk müjdesi de olacaktır.
3. **Atma/fırlatma.** Bu yetenek, mağara adamlarının düşmanlarını uzaklaştırmak, ağaçtan meyveleri düşürmek ve akşam yemeğini yakalamak için en büyük aracı oldu. Çocuğunuzun gelişen bilek yetenekleri sayesinde top atmak artık bir oyun ve eğlence hâline geldi, üstelik hedefi neredeyse her seferinde tutturuyor!

Konuşma Yeteneği!

Kasların daha iyi kontrol edilebilmesi bir şeyi daha mümkün kılıyor: Konuşma. Çünkü konuşmak küçük ağız kaslarının kontrol edilebilmesini gerektirir. "Baba" demekle "Anne, çikolatalı pasta!" demek arasında büyük fark olduğu tartışılmaz.

Bu iki farklı cümleyi kendi kendinize söylemeyi deneyin. Dudaklarınızın ve dilinizin nasıl hareket ettiğini takip etmeye çalışın. Çocuğunuzda bu hareketler yeni yeni gelişiyor. Dolayısıyla dil yeteneği de artıyor. Üç yaşına geldiğinde artık dili ve dudakları her yönde hareket edebiliyor, dolayısıyla sizin çıkardığınız tüm sesleri çıkarabiliyor olacak.

Dil Yetenekleri

Dikkat! Söz cambazı geliyor! Bu yılın sonunda çocuğunuzun konuşmadığı bir zamanı hatırlayamaz hâle geleceksiniz. İki yaşına geldiğinde artık yirmi ila üç yüz kelime konuşuyor olacak ve önümüzdeki bir yıl içinde her gün üç ila bir yeni sözcük öğrenecek! Akıllı Mağara Çocuğunuzun sol beyni, bu sözcüklerin hepsini düzenli bir şekilde dosyalıyor ve bunlar kitap, araba, baba gibi basit sözcükler de değil. Artık çocuğunuz fiiller, zamirler, sıfatlar öğreniyor ve bunları yüzlerce farklı cümleye dönüştürüyor.

Araç-gereciniz varsa kuralları öğrenmeye başlayabilirsiniz. Homurtuları basit bir dile dönüştüren mağara adamları için düzen kritik bir adımdı. Bu sizin çocuğunuz için de aynı derecede önemli bir adım. Yabancı bir dil öğrenmeyi hiç denediniz mi? İsimleri öğrenmek kolaydır. Bu nedenle bir yaşındaki çocuklar da önce bunları öğrenir. Ama dilin fiil çekimi gibi daha çok seçeneği bir araya getirmeyi gerektiren diğer bölümleri daha zor öğrenilir.

Elbette çocuğunuz yalnızca sözcükleri değil, *sözcük kurallarını,* mesela; çoğul sözcüklerin sonuna *-ler, -lar* eki ya da geçmiş zamanı ifade eden eylemlerin sonuna *-dı* eki koymayı da öğreniyor. Ayrıca sözcüklerin sırasını da artık biliyor. Mesela; "Kamyon büyük" yerine, "Büyük kamyon" dediğimizi bilecek kadar dile hakim hâle geliyor.

Hangi sözcüklerin bir arada kullanılacağını (*Anne* ve *gitmek*), hangilerinin birbirine yakışmadığını (*ayakkabı* ve *yemek*) da biliyor. Bu kolay gözükebilir, ama aşağıdaki örneği incelerseniz yalnızca üç sözcüğün (*Anne, Baba* ve *gitmek*) bile on iki ayrı mesaj yaratabildiğini göreceksiniz. Çocuğunuzun tüm bunlar arasından kendi duygularını en doğru anlatanı seçmesi gerekiyor.

"Gitmek!"	("Gitmek istiyorum.")
"Anne!"	("Anne, gel!")
"Anne gitmek."	("Anne bir yere gidiyor.")
"Git, Anne."	("Anne, uzaklaş.")
"Baba!"	("Baba, gel!")
"Baba gitmek."	("Baba bir yere gidiyor.")
"Git, Baba."	("Baba, uzaklaş.")
"Anne! Baba!"	("Hey, bana bakın çocuklar!")
"Anne, Baba gitmek."	("Anne, Baba bir yere gidiyor.")
"Git Anne, Baba."	("İkinizin de gitmesini istiyorum.")
"Baba... Anne gitmek."	("Baba, Annem gitti.")
"Anne... Baba gitmek."	("Anne, Babam gitti.")

Tüm bunlar arasından uygun olanı seçmek ciddi bir beyin gücü gerektiriyor! Çocuğunuzun *yüzlerce* mesaj arasından birini seçmesi gerektiğinde, ne kadar çok hafıza ve planlama yeteneğine ihtiyaç duyacağını bir hayal edin.

İşte çocuğunuzun dil açısından yaşayacağı diğer sorunlardan bazıları:

Sen ve ben sözcüklerini karıştırmak. Zamirler sürekli değiştikleri için çocukların en zor öğrendiği sözcük gruplarındandır! Birine *ben* dediğinizde *sen* anlar. Bu, yetişkinlerin bile üzerinde düşündüğünde kafa karıştıran bir mekanizmadır. Dolayısıyla çocukların "Ben koşuyorum" demek yerine kendi adını kullanarak konuşması ("Jack koşuyor") çok şaşırtıcı olmamalı.

İstisnasız ve kesin kurallar. İki yaşında bir çocuk kuralların değişmemesi gerektiğini düşünür. Bu yüzden oyuncak bebeklerinden bazılarına iyi geceler demeyi unutursanız çok sinirlenebilir. Aynı şekilde çocuğunuz öğrendiği kuralları bildiği *tüm* sözcüklere uygulamaya çalışacaktır. Mesela; *burun* sözcüğünde *burnu* şeklinde ses düşmesi olduğunu öğrendiyse, *kalem* sözcüğünde de aynı kuralı *kalmi* şeklinde uygulamaya çalışacaktır. Bunlar normal hatalar. Çocuğunuz şu anda kuralları öğrenmek için büyük çaba sarf ediyor. Bu kuralların istisnalarını öğrenmesi en azından bir yıl alacaktır.

İki yaşındaki Zack, asansörün son düğmelerine erişebilecek kadar uzun boylu. Bir gün Zack ve annesi benim ofisimdeki asansöre bindi. Annesi Zack'e, "Düğmeye bas, kapı kapanacak!" dedi. Zack bir süre düşündükten sonra bluzunun düğmesine parmağıyla bastı ve kapının kapanmasını beklemeye başladı. Annesi Julie, Zack'in bu tatlı hatasına gülümsemeden duramadı. Kısa süre sonra ise asansörün kapıları kendiliğinden kapandı. Julie ister istemez kahkaha atarken, Zack de başarısını gülümseyerek kutladı.

Olayları zaman algısıyla anlatmak. Aslında çocuğunuz artık eskisi gibi yalnızca *şimdi ve burada* olanları düşünmüyor. Artık orada olmayan şeylerden bahsedebiliyor. Mesela; "Baba nerede?" diye sorulduğunda, "Gitti" diyebiliyor. Ayrıca geçmişte olan şeyleri de anlatabiliyor: "Baba dükkânda komik." Ancak zaman kavramı hâlâ çok belirgin değil. Çocuğunuzun kullandığı *dün* sözcüğü "geçmişte herhangi bir zamanı" anlatıyor olabilir.

Gelecek konsepti ise çocuğunuz için neredeyse yok sayılır. Bunun nedeni oldukça basit. Geçmişten bahsederken yalnızca bir gerçeği bilmeniz yeterlidir. Gelecek hakkında konuşmak için ise onlarca olasılığı göz önüne almanız gerekir.

İki parçalı komutları hatırlamak ve anlamak. Eğer iki yaşındaki çocuğunuza, "Odana git, çoraplarını giy, ellerini yıka ve yemeğe gel" derseniz sizce ne olur?

On beş dakika sonra çocuğunuzu odasında, çoraplarını giymiş şekilde bebeğiyle oynarken bulursunuz. Genç beyni yalnızca listedeki ilk komutları hatırlayabildi. Onun tarih öncesinden kalma hafızasında ikiden fazla komutu hatırlayabilmek ve anlamak çok zor.

İşte çocuğunuzun ikiden fazla komutu aklında tutmasını sağlamak için bir ipucu: Eğer bu komutları uyumlu bir şarkı ya da melodi hâline getirebilirseniz, gerçekleşme olasılıklarını artırmış olursunuz.

Bedava Konuşma Dersi

Çocuğunuzla konuşun!

Her gün evinizde turlar düzenleyin ve çocuğunuzun ilginç objeleri, görüntüleri ve sesleri fark etmesini sağlayın. Birlikte bir şeyler yaparken bunları bir hikâye gibi anlatın. Çocuğunuza sorular sorun (ama yanıt almak için onu zorlamayın.) Çocuğunuzun sizin başkalarıyla, evin köpeğiyle ya da onun bebekleriyle konuştuklarınızı duymasını sağlayın! Her zaman ilgi göstermese de bu küçük egzersizler konuşmayı öğrenmesini kolaylaştıracak ve zekasını geliştirecektir.

Sosyal ve Duygusal Yetenekler

Kurallar!

İki yaşındaki Nina'nın "düzen" konusunu anladığını göstermek için ilginç bir yöntemi vardı. Odamda oyuncak bir zürafaya bakarak ileri geri yürüyordu. Bu oyuncağa karşı duyguları geçici bir hevesten fazlaydı. Oldukça endişeliydi, çünkü bu oyuncak yaralıydı, bir kulağı yırtılmıştı. Nina ve annesi ofisimden çıktıktan bir saat sonra zürafanın artık iki kulağı-

nın da yırtık olduğunu fark ettim. Belli ki, bu küçük Mağara Çocuğu yaralı zürafayı "düzene sokma" işini üstlenmişti!

İki yaşındaki çocuğunuz artık vahşi bir çocuk değil, planlı programlı bir vahşi çocuk! Kurallar ve tahmin edilebilir olaylar onun gittikçe kendini daha güvende hissetmesini sağlıyor. Rutinler, gününü önceden tahmin edilebilir bir hâle sokması için vazgeçilmez hâle geldi. *Oda toplama* en sevdiği oyunlardan biri (bunun tadını çıkarın). Hatta oyuncaklarının her seferinde tam olarak aynı noktaya konmasını bile isteyebilir. Üstelik "e e" (*veya "kaka"*) diyebilir ve yapar yapmaz temizlenmeyi talep edebilir.

Elbette bazı çocuklar hâlâ dağınık olabilir. Organizasyon onların güçlü noktası olmayabilir. Ama onların da beyninde gelişen bir düzen duygusu var ve bu duygu onların cümle kurmalarını, şarkıları hatırlamalarını, dünyanın kendini tekrar eden düzenini anlamalarını sağlıyor.

Yirmi beş aylık Jeremy tabağındaki havuçlar, patateslere değerse ya da tabağında yeşil bir şey olursa çığlık çığlığa ağlamaya başlıyor.

Tutkulu bir küçük hanım olan 27 aylık Eloise, üzerine bir damla bile su dökerse kızıp bağırıyor.

Bir piknikte şiş kebap gören iki yaşındaki Camille artık yemekleri bir şiş veya en azından kürdana dizilmeden yemiyor.

Kahretsin! Karar veremiyorum! İki yaşındaki çocuğunuza çok fazla seçenek sunmayın. Çocuğunuz için bir anaokulu seçmeniz gerektiğini ve yirmi farklı seçenek olduğunu hayal edin. Nereden başlayacaksınız? Şimdi yalnızca bir seçeneğiniz olduğunu düşünün. Daha kolay, öyle değil mi?

Seçimler karar vermeyi gerektirir ve bu küçük çocukları çileden çıkarabilir. Çünkü çocuğunuzun şimdilik iki-üçten fazla seçeneği karşılaştırma kapasitesi yok. Çocuğunuzun henüz olgunlaşmamış beyni çok fazla seçeneği kaldıramaz. Kırmızı bardak mı, sarı bardak mı, yoksa yeşil bardak mı? On iki çeşit dondurmadan hangisini seçmeli? *Alarm! Alarm! Alarm!*

Paylaşmak: Uyum sağlama arzusu. Artık çocuğunuzla kurduğunuz her iletişim bir ölüm-kalım savaşı olmaktan çıktı. Elbette hâlâ sizi ısırmaya ya da tırmıklamaya kalkışabilir. Ancak birçok anne-baba ikinci ve üçüncü yaş günleri arasında çocuklarının olumsuz tepkilerinin gittikçe ilkellikten uzaklaştığını söylüyor. Daha çok sözcük, daha az şiddet. Daha çok sabır, daha az acı!

Sonunda sabır kendini göstermeye başlıyor! Bu, çocuğunuzun hem sinirini bir süre daha ertelemesini (hem de yumuşamasını) sağlıyor. İki yaş civarındaki birçok gelişme gibi bu da sağ beynin, yani refleksleri kontrol eden (dizginleyen) bölümün gelişmesi sayesinde oluyor.

Artık çocuğunuz sizin *arkadaşınız* olmak istiyor. İlginizi çekmek için çığlıklarını değil, tatlı gülümsemesini kullanıyor. Artık bir kaktüs olmaktan vazgeçen çocuğunuz, sizin kucağınızda dinlenmenin ne kadar huzur verici olduğunu yeniden hatırlıyor. "Bir saniye" veya "Neredeyse bitti" dediğinizde sizi bekleme olasılığı da gün geçtikçe artıyor. Ama burada sizin ona ne kadar saygı gösterdiğiniz ve sözünüzde ne kadar durduğunuz büyük önem taşıyor. Siz işiniz biter bitmez onunla ilgilendiğiniz müddetçe o da sizi sakince bekleyecektir.

Bu yeni onaylanma arzusu yeni bir şeyi daha tetikleyecek: Utanç duygusu. Çocuğunuz artık siz bakmıyorken de kurallara uymaya başlayacak. Doğru olan şeyi yapmak istemesinin nedeni, sizin onunla ilgili ne düşündüğünüzü gerçekten umursamasından kaynaklanıyor. Kitabın ikinci bölümünde anlatacağımız övme, eleştirme ve dedikodu yöntemlerinin bu kadar işe yaramasının temelinde de bu duygular yatıyor.

"Baba Eve Geldi!":

İkinci Sınıf Ebeveynden, Birinci Sınıf İlgiye...

Çocuğun hayatındaki ilk iki yılda sadece anne vardır. Karnı acıktığında, yumuşak bir kucak aradığında ve birçok yerde ihtiyaç duyduğunda hep anne vardır. Bir bebek başka ne isteyebilir? Anneler idealize edilirken babalar bazen yabancı muamelesi görür.

Ama şimdi çocuğunuzun babaya karşı davranışlarında bir değişiklik fark ediyorsanız şaşırmayın. Babalar iki yaşındaki çocukların bayıldığı gıdıklamak, yastık savaşı, omuzda taşıma ve güreşme gibi eğlencelerle hızla puan topluyor.

Sonunda çocuğunuzun gelişimi erken uygarlık seviyesine ulaştı! Artık "Lütfen" demek ve yere yemek atmamak gibi ilk sosyal kuralları uygulamaya geçirdi.

Elbette anneyle bir şeyler paylaşmakla, rakip bir çocukla oyuncak paylaşmak arasında büyük farklar var. Eninde sonunda bu da gerçekleşecek, ancak bu sırada oyun parkında düşmanca ya da en azından yabani davranışlar devam ederse şaşırmayın. İyi haber; bu olumsuz davranışların bile artık değişik bir biçim alıyor olması. Çocuğunuz "arkadaşını" sertçe yere ittireceğine, onu görmezden gelmekle ya da hafifçe omuz atmakla yetinebilir.

Tatlı empati. Taş Devri insanları 150 bin yıl önce yalnızca düzeni keşfetmedi, ayrıca başkalarına karşı sevgi ve ilgi duyguları da beslemeye başladı. Kanıtlar bu dönemde insanların ilk kez hastalara ve yaşlılara baktığını, hatta ölülerini yırtıcı hayvanlardan korumak için gömdüklerini gösteriyor. Yani empatiyi (başkalarının nasıl hissettiğini anlamayı) ve başkalarına bakmayı, ilgi duymayı keşfettiler.

İki yaşındaki Max, annesini telefonda aldığı bir haber yüzünden ağlarken görünce oyuncak ayısını ona uzattı ve sırtını okşayarak teselli etmeye çalıştı.

Stephanie'nin 25 aylık kızı, artık süt kalmadığı hâlde meme emmek istiyordu. Stephanie buna bir son vermek için kızının empati duygularından yaralanmaya karar verdi. Bir hafta sonu tatilinden döndüğünde göğüs uçlarına yara bandı yapıştırdı ve kızına "Bozuldular" dedi. Bunun üzerine kızı hiç kavga etmeden meme emmeyi bıraktı.

İnsanların kardeşlerine böbreklerini vermesinin veya çocukları için ölmesinin kaynağında bu empati hisleri yatıyor. İki yaşındaki çocuğunuzun ağlayan bir arkadaşına sarılması, bencil bir bebekten insancıl bir çocuğa doğru olan evriminde çok önemli bir adımı sağlıklı şekilde tamamladığını gösterir.

•••

Bu yıl yaşanan heyecanlı değişiklikler çocuğunuzun aşağı yukarı erken çocukluk döneminin yarısını tamamlaması anlamına geliyor. Elbette hâlâ kötü anlar yaşanıyor, ama bunları nasıl aşacağınızı bilirseniz, hayatın kısa sürede tekrar günlük güneşlik hâle geldiğini göreceksiniz. Bu dönem, üç yaşın yeni başarılarına ve duygusal maceralarına atlamadan önce eğlenmek ve biraz dinlenmek için dört dörtlük bir fırsat. Şansınızı kaçırmayın!

5

36-48 Aylık: "Yetenekli Köylü"

"Uygarlık, yavaş işleyen bir süreçte kibar olmayı öğrenmekten ibarettir."

Charles L. Lucas

Ana Noktalar:

- Gelişim açısından çocuğunuz ilk gerçek anlamda modern insanlara benziyor: Bundan 10-60 bin yıl önce yaşayan ilk köylüler.
- Beyni çok hızlı gelişiyor: Dil yeteneği, sosyal ve entelektüel becerilerindeki ilerleme inanılmaz.
- Artık aklına gelen her şeyi sözcüklerle ifade edebiliyor.
- İnsanlara karşı artan ilgisi ilk arkadaşlıkların, rol yapma oyunlarının ve yeni duygusal bağların gelişmesini sağlıyor.
- Artık kuralları bilen çocuğunuz şimdi bunları esnetmeyi öğreniyor; hem istediğini yapmak, hem de sizi güldürmek için.
- Çocuğunuzun ne bebek, ne de çocuk olduğunu fark ettiği bu dönemde huysuzluk nöbetleri yeniden başlayabilir.

Çocuğunuz Neden İlk Köylülere Benziyor?

Çocuğunuzun beyni, doğduğu günden beri bir yandan müthiş bir hızla gelişiyor, bir yandan da atalarımızın evrim sürecinde geçtiği aşamaların benzerlerini geçiriyor. Akıllı çocuğunuz insanoğlunun milyonlarca yılda öğrendiği şeyleri 36 ay gibi kısa bir sürede kavramayı başardı (odalardan odalara yürüyor, top atabiliyor, arkadaşlık kuruyor, hatta "Lütfen" bile diyebiliyor).

Ama bekleyin; henüz alkışlama zamanı gelmedi. Gerçek şov daha yeni başlıyor!

Bundan 60 bin yıl önce daha da inanılmaz bir şey oldu. İnsanoğlunun düşünme, konuşma ve iletişim kurma yetenekleri tavana fırladı. Arkeologlar insanlık tarihindeki bu ani gelişime "Büyük Adım" adını veriyor. Güle güle mağara hayatı! Merhaba Modern Sanat Müzesi ve MTV!

Kimse beynin gücündeki bu ani ilerlemeyi neyin tetiklediğini bilmiyor. Bunun beynin boyutlarıyla ilgisi olmadığını biliyoruz. Beyin bugünkü boyutlarına 300 bin yıl önce gelmişti. Her ne olduysa insanlar bir anda birden fazla sözcüğü bir araya getirerek cümleler kurmaya, sanat eserleri yaratmaya ve icatlar yapmaya başladı. Artık düşünceleri zihinlerinde rahatlıkla değerlendirip işleyebiliyorlardı. Yaratıcılık milyonlarca yıldır bir salyangoz hızında gelişirken şimdi her yerdeydi! Ve gezegendeki hayat daha önce hiç girmediği bir şekil kazandı!

Yürüyüp konuşabilmek insanı insan yapan adım oldu. Ama bilim, sanat ve edebiyat gibi insanlığımızı asıl tanımlayan unsurlar; yaratma, anlatma ve açıklama yeteneği sayesinde doğdu.

İncil'den binlerce yıl önce insanlar kabileler hâlinde yaşamaya başladı. Topluluklar büyüdükçe bireyler çatışmaları önlemek için belli kurallara uymak zorunda kaldı. Ayrıca işbölümü de yapmaya başladılar. Adem balta yapıyordu, Havva elbiselerden sorumluydu. İşbölümü yapmak hem üretkenliği artırdı, hem de oyuna daha fazla zaman kalmasına olanak sağladı. Böylece insanoğlu müzik, dans ve hikâye gibi şimdi sanat dediğimiz faaliyetleri geliştirdi.

Beyin gücündeki bu müthiş ilerleme ilkel insanın problem çözme yeteneklerini de geliştirdi. Ok ve yay gibi aletleri, bitkilerin arasındaki kuşları ve nehirdeki balıkları yakalamak için ağı, iğneyi ve ipliği icat ettiler. Bunun yanı sıra, resim ve heykel yapmaya, birbirinden güzel mücevherler üretmeye ve modern bir dil kullanmaya başladılar.

Belki de en önemlisi; derin derin düşünme kabiliyetini kazandılar. Günlerinin büyük kısmını "Neden?" ve "Nasıl?" diye sorarak geçiren canlılar hâline geldiler.

Eğer üç yaşında bir çocuğunuz varsa, tüm bunlar size çok tanıdık geliyor olmalı. Küçük çocuğunuzun beyni de benzer bir "sıçrama" yaşıyor. Neredeyse bir gecede düşünce gücü artıyor. Peki küçük köylünüzün hızla gelişen yeteneklerinin kaynağında ne var? Artık beyinlerinde, yetişkinlere bile oranla yüzde 50 daha fazla sinir bağlantısı (synapses) var. Üstelik beyin hücreleri bizimkinin iki katı enerji harcayacak kadar çok çalışıyor!

Doğumdan sonra hızla oluşan sinir bağlantıları beynin sol tarafında (dil yetenekleri ve problem çözme), sağ tarafında (içgüdüleri kontrol etme, deneyimleri hatırlama, karşılaştırma yapma ve vücut dili) ve beyincikte (hareket ve denge koordinasyonu) bilgi köprülerinin oluşmasını sağlıyor.

Birdenbire İlkel Köylünüzün küçük beyni *her şeyi* bilmek istiyor.

Elbette üç yaşındaki çocuğunuz gerçek bir köylü değil, ama sık sık aynen böyle hareket edebilir. Üç yaşındaki çocuğunuzun bazı temel özellikleri şunlar olabilir:

Dil yetenekleri.

Zengin hayal gücü.

Sevgi dolu.

Mantıklı.

Uyumlu.

Paylaşmayı bilen.

Eğlenceli.

Her şeye hazır.

Kişisel Evrim: Çocuğunuz Hangi Aşamada?

Çocuğunuzun beynini bir jet uçağı olarak da düşünebilirsiniz. Bir yaşındayken yakıtı ve yolcularını alıp motorunu çalıştırdı. İki yaşında pistte yavaş yavaş ilerlemeye başladı. Üç yaşında ise tüm sistemler çalıştı ve kalkışa hazır hâle geldi.

Artık çocuğunuz bir yaratıcılık çeşmesi gibi. Komik çocuk şarkılarından, kutulardan ve perdelerden yaptığı kalelere kadar sürekli bir şeyler üretiyor. Kurallara karşı duyduğu samimi sevgi ise yavaş yavaş onları ihlal etme merakına dönüşüyor.

Genel Hareket Yetenekleri

"Bana bakın! Her şeyi yapabiliyorum!" Hızla büyüyen küçük dostunuz artık bir yetişkin gibi, yani dik ve omuzları geride yürüyor. Bu yıl içinde çocuğunuz bir kurbağa gibi zıplamayı, tavşan gibi hoplamayı, yılan gibi sürünmeyi, bir böcek gibi kendi etrafında dönmeyi ve flamingo gibi tek ayak üzerinde durmayı öğrenecek. Vücudu üzerindeki kontrolünü size göstermek ise bambaşka bir eğlence kaynağı olacak. Yani sık sık "Anne baksana" ya da "Beni izleyin" gibi sözler duyacaksınız.

Aslında çocuğunuzun artık *yapmadığı* şeyler, en az yapabildikleri kadar önemli. Mesela; artık bir nesneden diğerine koşturmuyor. Bunun yerine bir köşede oturup uzun süre yap-boz yapabiliyor, bilgisayar oynayabiliyor ya da resim çizebiliyor.

Çocukların farklı yaşlardaki ilgi aralığını gösteren şemaya **(bkz. Sayfa 61)** bir daha bakın. Çocuğunuzun ne kadar olgunlaştığını gördüğünüzde şaşıracaksınız!

"İnce" Hareket Yetenekleri

El yıkamayı başarmak. Çocuğunuz artık sabunu tutmak için baskın olan elini (her on çocuktan dokuzunda bu sağ eldir) kullanıyor. Üstelik artık yalnızca ellerini birbirine sürtmek yerine bileklerini de hareket ettirerek sabunu başarılı bir şekilde kullanmayı ve iyice temizlenmeyi başarıyor.

Artık bileğini, saçlarını tarayacak ve dişlerini fırçalayacak kadar iyi kontrol edebiliyor. Ama saçlarını yıkamakta, düğmesini iliklemekte ve bağcıklarını bağlamakta hâlâ yardıma ihtiyacı var.

Fikirleri kağıda aktarmak. Küçük kaslarını kontrol edebilmesi çocuğunuzun kendini ifade etmesini de kolaylaştırıyor. Artık boyaları baş parmağı ve işaret parmağını beraber kullanarak rahatça kontrol edebiliyor. Bu ilerleyen yetenek ve gelişen beyin gücü plan yapmasını, bu yolla daha düzgün resimler çizmesini ve renkleri taşırmadan boyama yapmasını sağlıyor.

Aynı plan yeteneği sayesinde çocuğunuz artık *belli bir şeyin* resmini yapmak isteyebiliyor. Üçüncü yılın sonlarına doğru çocuğunuzun odası güneş, gökkuşağı ve insan resimlerinden geçilmez hâle gelecektir. Üstelik çocuğunuz resimde size anlamsız gözüken kırmızı ya da siyah noktaların neyi temsil ettiğini uzun uzun anlatabilecek kadar bilinçli resimler yapar. Bir gün çocuğunuzun size getirdiği resimde bir insan yüzü olduğunu fark edeceksiniz. Bu sizi, Avrupa'daki mağara duvarlarında 15-30 bin yıl önceki ilkel köylüler tarafından yapılan resimleri bulan arkeologlar kadar heyecanlandıracaktır.

Dil Yetenekleri

İnsanlarla iletişim kurmak için sözcükler. Çocuğunuz o kadar çok konuşacak ki, beyninde olup biten her şeyden haberdar olacaksınız. Üstelik yalnızca sizinle değil köpeğinizle, oyuncak bebeğiyle hatta uçan kuşlarla bile diyaloğa girecek kadar konuşkan olabilir. Sözcük dağarcığı ise artık çok geniş (birçok çocuk bu yaşta bin veya daha fazla sözcük kullanabiliyor). Çocuğunuz artık dünyada her şeyin sözcüklerle yönetildiğini biliyor ve bunları en iyi şekilde kullanmak için çaba sarf ediyor.

Dünyada ilk dillerin 20-60 bin yıl önce, yetenekli köylülerin zamanında ortaya çıktığı tahmin ediliyor! Pazarlık ve değiş tokuş yapmak, arkadaşlık kurmak için dile ihtiyaç duyan bu insanlar gibi, çocuğunuzun gelişen sosyal hayatı da sözcükleri vazgeçilmez hâle getiriyor.

En basit diyalogları ele alalım. İki yaşındaki çocuğunuz yalnızca "Merhaba" veya "Bay bay" diyebiliyordu. Üç yaşına geldiğinde ise "Günaydın anne" ve "Hadi uyuyalım" demeye başlıyor.

Çocuğunuzun konuşması bu giriş ve kapanış cümleleriyle de sınırlı kalmıyor. Mesela; "Benim sıram lütfen" diyebiliyor. Bu, eski kaba tavırlarıyla karşılaştırıldığında çok büyük bir gelişme!

Küçük yetenekli Köylünüz istediklerini kabalıkla değil, kibarlıkla elde edebileceğini biliyor. Bu yüzden "O oyuncağı istiyorum" cümlesinin yerini "O oyuncağa ihtiyacım var" alıyor. "İstemiyorum" yerine ise sık sık "Korkuyorum" gibi daha yumuşak bahaneleri kullanıyor. (Elbette çocuğunuz yorgun, aç veya stres altında olduğunda kibarlıktan eser kalmıyor.)

Üç yaşındaki çocuğunuz övgünün bir ilişkiyi ilerletmenin ana yollarından biri olduğunu biliyor. Mesela; parkta oynamak istediği bir çocuğu yanına davet etmeden önce "Şapkan çok güzelmiş" demeyi akıl edebiliyor. Hatta bir ricanın olumlu yanıt almasını sağlamak için cümlenin sonunda "Olur mu?" diyor. Mesela; "Hadi dondurma yiyelim!.. Olur mu?" demeye başlıyor. Böylece karşısındakini zorlarken bir yandan da onun fikrini önemsiyor gibi davranıyor, onu olumlu yanıt vermeye teşvik ediyor.

Sorular, sorular! Gazeteciler bir makale yazarken genelde 5N 1K'ya, yani "Kim, ne, nerede, ne zaman, nasıl, neden" sorularına yanıt vermeye çalışırlar. Şaşırtıcı bir şekilde ilkel insanların da dünyayı algılama yeteneklerinin aynı sırayla geliştiği düşünülüyor.

Çocuğunuzun da dünyayı bu soruların sırasıyla anlamaya çalışması sizi artık şaşırtmıyor olmalı! *Kim* ve *ne* soruları o kadar basit ki (Kim okuyor? Anne ne yiyor?), 18 aylık bir çocuğun beyni bile bunları anlayabilir. *Nerede* sorusunun (Oyuncak ayım nerede?) yanıtı ise iki yaşındaki çocukların çözebileceği bir bulmacadır. Üç yaşına geldiklerinde ise çocuklar artık *Ne zaman* sorusuna kesin yanıtlar verebiliyor hâle geliyorlar. Üçüncü senenin sonlarına doğru ise en zor sorunun, yani birçok entelektüel yeteneği bir arada kullanmayı gerektiren *neden* sorularının yanıtı oluşmaya başlıyor.

"Kuş neden uçtu" ve hatta "Gökyüzü neden mavi" gibi sorulara hazırlıklı olmanız gerekiyor. Ama endişelenmeyin. Bazen en basit ve kaçamak yanıtlar bile çocuğunuzu tatmin etmek için yeterli olacaktır. Bu nedenle zorlandığınız yerde "Çünkü Tanrı böyle yaratmış" ya da "Çünkü benim annem de bana öyle öğretti" gibi yanıtlar vermekten çekinmeyin.

Eğer bunlar da işe yaramazsa kulağına "Sanırım bu büyülü bir şey" gibi bir cümle fısıldayabilirsiniz. Özellikle üç yaş ve üzeri çocuklar olayları açıklamak için büyü fikrine sık sık başvururlar. Çünkü yaptığınız küçük sihirbazlık hilelerine inandıkları yaştalar.

Büyü fikri bilinmeyene karşı çok yaratıcı bir yaklaşım olabilir. İki yaşındaki çocuklar anlamadıkları şeyleri görmezden gelirler, üç yaşındakiler ise her şeyin bir *yanıtı* olduğundan emindirler. Bu yüzden büyü de açıklayamadıkları şeyler için gayet geçerli bir neden olabilir.

Sorulara, çocuğunuza başka bir soru sorup yanıtını bekleyerek de yanıt verebilirsiniz. Bu entelektüel alış-veriş zihni ve özgüveni için çok faydalı olacaktır!

Dünyayı ayakta tutan sözcükler. İkinci doğum gününden hemen sonra çocuğunuz siyah-beyaz dünyasını anlamlandıracak karşılaştırmalar yapmaya başlamış olabilir: Küçük/büyük, sıcak/soğuk, açık/kapalı... Üçüncü yaş gününden sonra ise bu karşılaştırmalar daha da belirgin olmaya başlayacak. Artık çocuğunuz *kaygan, engebeli, endişeli, heyecanlı* gibi tanımlamalar yapabiliyor olacak.

Her geçen ay nesnelerle bu sıfatları eşleştirme yeteneği artacak. *Kaygan* terliklerden, *en sevdiği* oyuncaktan, *kocaman* kamyondan bahsetmeye başlayacak. Üstelik *şeker renkli, deniz kremi* (güneş kremi) gibi henüz sözlüklere bile girmemiş tanımlamalar da yapacak. Çocuğunuzun genç beyni ilk kez dört-beş ayrı şeyi aynı anda karşılaştırabilecek ve bunlardan hangisinin en büyük, en uzun ya da en hızlı olduğuna karar verebilecek kapasiteye ulaşacak.

Mutlu ve eğlenceli deneyimleri anlatan sözcükler ise çocuğunuzun favorisi hâline geldi. Bu nedenle *"parti"*, *"sır"*, *"sürpriz"* gibi sözcükleri fısıldamanız bile onu heyecanlandırıp neşeli kahkahalar atması için yeterli oluyor.

İlkel Köylünüz artık bir anda yüzlerce sözcük içinden uygun olanı seçebiliyor. Yine de hâlâ her sözcüğün tek bir anlamı olduğunu düşünüyor. Bu nedenle "Babanın işi yarım kalmış" gibi bir cümlenin tam anlamını kavramakta zorlanabilir. Çocuğunuzun sağ beyninin herhangi bir sözcüğün cümle içindeki anlamını çözecek kadar gelişmesi bir-iki yıl daha alabilir.

Zamanı keşfetmek. Büyüyen çocuğunuz zamanı da düşünmeye başladı ve derdini anlatmak için zamanı anlatan sözcükleri kullanması gerektiğini biliyor. On sekiz aylıkken yalnızca *"şimdi"* ve *"yakında"* sözcüklerini anlıyordu. Ancak üç yaşında zamanla ilgili sözcükleri daha önce hiç olmadığı kadar anlayacak! Birdenbire *"şimdi"* ve *"yakında"* sözcüklerinin yerini *"dün"*, *"bugün"*, *"yarın"*, *"gelecek hafta"*, *"her zaman"*, *"asla"*, *"bir zamanlar"* alacak.

Sophia, özel günleri hatırlayabiliyor. Mesela; iki hafta önce üçüncü doğum gününün kutlandığını biliyor. Ama sıradan günlerde, bir gece önce bile neler olduğunu hatırlamakta zorlanıyor. Böyle zamanlarda bir şey anlatmak istediğinde geçmiş zamanı kullanıyor ama eğer acelesi varsa en iyi bildiği zamana geçiyor: Şimdiki zaman. "Doğum gününde ne yaptın?" diye sorulduğunda "Kaydıraktan kayıyorum" diyor.

İkiyle ikiyi toplamak. Okuldayken bir sözcüğü öğrenmek için defalarca cümle içinde kullandığınız zamanı hatırlıyor musunuz? İlkel köylüler de yeni bir şeyler keşfettiklerinde (büyük ihtimalle) bu yöntemi kullanıyorlardı. Mesela; uzun otlardan sepet yapabileceklerini görünce bir süre sonra aynı otların giysi, ağ ya da halı yapmak için bir araya getirilebileceğini fark ettiler.

Üç yaşındaki çocuklar günlerinin büyük bölümünü yeni *fikirler* öğrenerek ve bunları olabildiğince farklı şekillerde deneyerek geçirirler. Mesela; çocuğunuz bitkilerin suyla büyüdüğünü öğrendiğinin ertesi günü evcil köpeğinizin üzerine su dökerek "Karabaş'ın daha hızlı büyümesini istiyorum" diyebilir.

İşte Büyük Adım dediğimiz dönem, bu yeni fikirleri birçok farklı şekilde kullanabilme yetisinin gelişmesi anlamına geliyor. İşte üç yaşındaki çocukların ilgisini çeken bazı sorular:

"Anne önce kim doğdu, sen mi ben mi?"

"Bıçak, çatalın ablası mı?"

"Anne yanıma yat. Rüyalarıma beraber bakalım."

"Çiş gelmiyor. Galiba çiş uyuyor."

"Senin memelerin yastıktan yapılmış."

"Öpücükler yanağımdan silinir mi?"

"Sabah olunca karanlık neden kapanıyor?"

Sosyal ve Duygusal Yetenekler

İlk anlaşmayı yapmak: "Önce sen oyna. Sonra benim sıram." Tahmin edeceğiniz gibi, yetenekli köylüler geniş gruplar hâlinde yaşayabilmek için işbölümü yapmak ve bazı kurallara uymak zorundaydı. Bu kurallar hem kavgaları önlüyor, hem de bir arada yaşayabilmelerini sağlıyordu. Kavga çıktığında ise bazı özveriler göstererek orta yolu bulmayı seçiyorlardı. İşte üç yaşındaki çocuklardaki en büyük değişikliklerden biri, arkadaş edinme isteğinin artmasıyla sosyal ilişkilerin de yetenekli köylülerde olduğu gibi gelişmesi. Çocuklar bu yaşa geldiklerinde paylaşmayı, sıralarını beklemeyi ve birlikte oynamayı öğreniyorlar. Bunun kaynağında ise, içgüdüleri ve refleksleri kontrol eden sağ beynin hızla gelişmesi yatıyor.

Karen, üç yaşındaki oğlu Brandon'un 12 aylık kardeşine ikinci bir oyuncak verişini izledi. Brandon, "İşte Hannah, bu oyuncak senin için" diyordu. Karen, oğlunu bu davranışı için kutlamaya hazırlanırken, Brandon kardeşinin elindeki diğer oyuncağı çekiverdi. Karen Brandon'a bunun hiç adil olmadığını söyledi ve kısa bir konuşma yaptı. Bunun üzerinde Brandon, kardeşine oyuncağını geri verdi ve kurallara uymadığı için annesinden özür diledi.

"Ben büyüğüm!" (Ama aynı zamanda küçüğüm!) Çocuğunuzun yapacağı en önemli karşılaştırmalardan biri de kendisi ve diğerleri arasındaki olacaktır. Bu karşılaştırma kendisini güçlü ve bağımsız biri olarak görmesini sağlar. Ama bazı güç duyguların oluşmasına da neden olabilir.

Üç yaşındaki Dante, muayeneme geldiğinde onu kucağıma alıp "Sen benim bebeğimsin" diye şaka yaptım. Bunu duyar duymaz yere indi, suratını astı ve annesine "Ben bebek değilim, değil mi?" diye sordu.

Dante gibi sizin çocuğunuz da artık bebek olmadığının farkında. Oyuncağıyla ilgili "Ben büyük bir kızım, bu da benim bebeğim" gibi cümleler kuracak. Ancak bir bebekten büyük olduğunu anlaması korkutucu ince bir gerçeği fark etmesine de neden olabilir: Diğer herkese oranla daha küçük ve daha korumasız. Üç yaşındaki çocukların oyun havuzlarında etrafa su sıçratması ve büyük, güçlü olmakla ilgili hikâyeleri çok sevmeleri şaşırtıcı olmamalı. (Eğer şimdiye kadar dinazorlar veya süper kahramanlarla ilgili kitaplar almadıysanız, şu sıralarda alacağınızdan emin olabilirsiniz.) Çocuğunuz, en sevdiği oyunda ateş saçan ejderha ya da Aslan Kral rolünü oynamak isteyecektir.

"Ben öğretmenim!" Tüm gün hayatta kalmaya çalışıyor olsaydınız aletler veya bir dil icat etmenin ne kadar zor olacağını düşünün. Daha başta yetenekli köylüler bir şeyler başarmanın yolunun işbölümü yapmaktan geçtiğini anladılar.

Yavaş yavaş asker, çiftçi, avcı, terzi gibi farklı gruplara ayrıldılar. Sizin çocuğunuz da farklı roller oynamaya başlayabilir. Artık tek ilgi alanı Anne, Baba ya da Bebek olmak değil. Giderek prenses, balerin, itfaiyeci, kovboy gibi farklı rollere ilgi duymaya başlıyor. Çok yakında çocuğunuz kostüm giyip saatlerce rol yaparak ya da bebeklerine roller vererek oyalanmaya başlayacak.

Kuralları esnetmek. Üçüncü yılın başında çocuğunuz hâlâ olayların olabildiğince tahmin edilebilir olmasını isteyecektir. Ancak, yılın ortasına doğru sert kuralları bir yana bırakıp, saatlerini bu kuralları *esnetmenin* yollarını araştırarak geçirmeye başlayacak.

Kuralları esnetmek, birkaç farklı seçeneği aynı anda ele alıp bunlardan en *beklenmeyeni* seçmesinden geçiyor. Bu yeteneğin kendisini küçük çocuklardan daha zeki kıldığını da çok yakında fark edecek. Zaten rol yaptığı ya da bebeklerine yaptırdığı oyunların temelinde de bu yetenek yatıyor. Oğlunuz küçük kardeşine "Ben bir devim ve seni yiyeceğim!" derken, iki yaşındaki kızınız "Hayır! Sen çocuksun ve yalnızca süt içebilirsin!" diye yanıt verebilir.

Mizah duygusu. Üç yaşındaki çocuğunuzun anlama, kuralları esnetme merakını, keşfetme arzusu ve artan sosyal yetenekleriyle birleştirin. İşte karşınızda mizahın başlangıcı!

Artık çocuğunuz farklı seçenekleri ele alarak bunlardan en absürd, en komik olanını seçebiliyor. Farklı sözcükleri ve kafiyeleri bir araya getirerek *yeşil fil* gibi normalde kullanılmayacak tamlamalar kurmaya bayılıyor.

Jeffrey bana "Bak ekmeği kulağımla yiyorum" diyerek çatalı kulağına götürdü. Ağabey Gail ise "Benim adım baba" dediğimde kahkahalar atarak "Hayır benim adım baba!" yanıtını verdi.

(Tuvalet şakalarının tuvalet eğitiminden çok *sonra* da devam ettiğini göreceksiniz.)

İlk ergenlik. Trish dalga geçerek üç yaşındaki kızının on üç yaşında bir ergen gibi davrandığını söylediğinde aslında çok haklıydı! Çünkü ergenlerin çocukluktan gençliğe geçmekte zorlanması gibi, üç yaşındaki çocuğunuz da bebek olmaktan "büyük çocuk" olmaya geçmekte zorlanabilir.

Çocuğunuzun iki yaşındayken geçirdiği huysuzluk nöbetleri, evinizde şimdi esen fırtınalarla karşılaştırıldığında hiçbir şey gibi gözükebilir. Çocuğunuz bir dakika önce ısrarla kendi yürümek isterken, bir dakika sonra kucakta taşınmak için ağlamaya başlayabilir. Bu yıl, tekrar küçük olma isteğiyle (hayatının kolay ve güvenli olduğu günler) büyük olma isteği (bebeklerin yapamayacağı heyecanlı şeyleri yapmak) arasındaki geliş gidişlerle geçecek.

Çok kritik bir noktayı hatırlatmak zorundayım: Çocuğunuzun hareketlerine dayanamaz hâle geldiğinizde *onun da en az sizin kadar, kendi çelişkilerinin kurbanı olduğunu unutmayın.* Bir köşede saklanacak kadar sinirlenebilir ya da korkabilir. Bu nedenle kavgaları bitirmenin en kolay yolu gururunu kırmadan onu ikna etmek olacaktır. (9. Konuda bunu detaylarıyla anlatıyoruz.)

36. ve 48. aylar arasında geçen dönem çocuğunuzun aştığı bir entelektüel köprüye benzer. Şempanze Çocuk dönemi, bebeklikten erken çocukluğa geçişi ifade ediyordu. İlkel Köylü

dönemi ise, erken çocukluğun bittiğine işaret ediyor. Bu birkaç aydan sonra çocuğunuz artık "büyük bir çocuk" olmanın maceralı yoluna girecek!

Ama fazla hızlı ilerlemeyelim. Bir-dört yaş arasındaki erken çocukluk dönemi göz açıp kapayıncaya kadar geçebilir, ama bu aylara oldukça fazla kahkaha ve çatışma sıkışacağını unutmayın. Artık çocuğunuzun neden farklı yaşlarda farklı davranışlar gösterdiğini bildiğinize göre, gelin onu etkileyen bir faktörü daha ele alalım. Bu onun karakterini belirleyen ana unsur: Çocuğunuzun *huyu*.

6

Doğanın Oyunu: Çocuğunuzun Huyu Nasıl?

"Eğer gün ışığının ve sıcaklığın varlığını kabul ediyorsam,
şimşek ve gökgürültüsünü de kabul etmeliyim."

Halil Cibran

Ana Noktalar:

- Çocuğunuzun huyunu bilmek, gelişiminin hangi aşamasında olduğunu bilmek kadar önemlidir.
- Tüm çocukların huyu farklıdır, hiçbiri birbirine benzemez.
- Çocuğunuzun huyunu değiştiremezsiniz, ama uyumlu hâle gelmesini sağlayabilirsiniz.
- Bu yaştaki çocukların huyları genelde üç ana grup altında incelenebilir: Uyumlu, temkinli, hareketli.
- Çocuğunuzun huyunu nasıl tanımladığınıza çok dikkat edin. Ağzınızdan çıkan sözcükler onun kişiliğini besleyebilir veya yaralayabilir.

Çocuğunuz konusunda dünyanın en iyi uzmanı sizsiniz. Büyük ihtimalle onu yüzlerce çocuğun arasından ayırmak için uzaktan kahkahasını duymanız bile yeterlidir! Yüzü benzersiz, sesi benzersiz, hatta karakterinin bile bir örneği daha yok.

Her çocuk parmak izi kadar benzersiz bir karakterle dünyaya gelir. Bu karakter genel olarak huy adını verdiğimiz zeka, espri anlayışı, gurur gibi büyüleyici özelliklerin açık büfesi gibidir.

Huy insanların dünyayla ilişkisini şekillendirir. Onun ritmini, bakış açısını, davranışsal esnekliğini; yani genel olarak havasını belirler. Çocuğunuzun gelişimi tüm diğer çocuklarınkiyle aşağı yukarı aynı olacaktır. Ama karakteri, her kar tanesinin farklı olması gibi, diğerlerinkinden değişiktir. Çocuğunuzun gelişimini takip ettiğinizde hangi dönüm noktasına yaklaştığını bilirsiniz. Ama huyunu bilmek, çocuğunuzun bu noktayı neşeyle mi, yoksa temkinli bir şekilde mi karşılayacağını bilmenizi sağlar.

Güneş, Kar, Fırtına: Çocuğunuzun Huyu Hangisi?

"Güneş harikadır, yağmur ferahlatır, rüzgâr cesaretlendirir, kar heyecanlandırıcıdır; kötü hava diye bir şey yoktur, yalnızca birbirinden farklı iyi havalar vardır."

John Ruskin

Eminim ilkel atalarımızın bile farklı huyları vardı. Her kabilede hareketli Tarzanlar, utangaç Tarzanlar, olgun Tarzanlar ve birkaç tane de sabırsız, istediğini yapan, hareketli "punk" Tarzanlar vardı! Bilim adamları vahşi ortamda yaşayan şempanzelerin bile farklı karakter özellikleri olduğunu ortaya koyuyor.

Çocuğunuzun huyunu anlamak dışarıda havanın kaç derece olduğunu bilmek kadar önemlidir. Diyelim ki yürüyüşe çıkmak istiyorsunuz... Hava sıcak mı yoksa kar mı yağıyor? Hangisi olursa olsun, neyle karşılaşacağınızı bilip, biraz olsun hazırlıklı dışarı çıkmak gezintinizi çok daha keyifli hâle getirecektir. Sonuçta, uygun giyindiğinizde soğuk kış günleri büyüleyici güzellikte olabiliyor.

Benzer şekilde çocuğunuzu alışverişe götürürken huyunu bilmek gününüzü daha iyi planlamanızı sağlar. (Hızlı mı, yavaş mı hazırlanıyor? Yeni yerlerden korkuyor mu, yoksa buralarda heyecanlanıyor mu? Değişim onu mutlu mu ediyor, huzursuz mu?) Böylece fırtınalara yakalanmadan gökkuşağına ulaşabilirsiniz!

Huyun genetik olarak bir kuşaktan diğerine nasıl geçtiği tam olarak bilinmiyor. Ancak genelde armut ağaçtan çok da uzağa düşmüyor. Utangaç ebeveynlerin genelde utangaç çocukları, taşkın tiplerin taşkın çocukları oluyor. Ancak zaman zaman iki yumuşak başlı kütüphaneciden bir rock'n'roll hayranı çıkabiliyor!

Çocuğunuzun doğumdan itibaren taşıdığı dokuz ana özellik yetişkin olduğunda bile devam edecektir. Eğer bir gül olacaksa, çocukluğu da gül goncası olarak geçecektir. Elbette bu, sizin yaptıklarınızın hiçbir etkisi olmadığı anlamına gelmemeli. Çocuğunuzun kendine has özelliklerine uygun bir bakımla, güçlü, sağlıklı ve bol çiçekli olmasını sağlayabilirsiniz.

Çeşitlilik Hayatın Tuzu Biberidir

(Toplumun da Çekirdeği)

Dünyada hiç doktor olmasa bu bir felaket olurdu, ama herkes de doktor olsaydı durum aynı derecede kötü olurdu. Liderlere ve takipçilerine, düşünürlere ve eyleme geçenlere, endişeli kişilere ve her şeye cesaretle yaklaşanlara ihtiyacımız var. Farklı huylar toplumdaki boşlukları doldurur.

Yani sivri dişli bir kaplan yetiştirmek sizin üstünüze kaldıysa bile, küçük kaplanınızın ileride toplumda önemli bir rol oynayacağını unutmayın!

Üç Büyük Ana Huy

Tüm anne-babaların işi aynı zorlukta değil. Çocuk doktoru olur olmaz anladığım ilk şey bazı çocuklara bakmanın çok daha kolay olduğuydu. Sizin göreviniz *bir* çocuk yetiştirmek değil, *kendi* çocuğunuzu yetiştirmek. Bunu iyi yapabilmek için "*Çocuğunuzun* huyu nasıl?" sorusuna iyi yanıt verebilmeniz büyük önem taşıyor. "Hangi *hava koşullarında* çalışıyorsunuz?" listesinde sıraladığımız dokuz huyun hepsi tüm çocuklarda mevcuttur. Ama uzmanlar çocukların davranışlarını dikkatlice incelediklerinde bu dokuz huyun üç ana grupta toplandığını gördü.

- **Uyumlu** çocuklar (çocukların yüzde 40'ı). Bu çocuklar esnek ve aktiftir. Olaylara fazla tutkulu yaklaşmazlar. Yeni durumlara açıktırlar. Sabahları neşeli ve yeni bir güne hazır uyanırlar.
- **Temkinli** çocuklar (çocukların yüzde 15'i) "zor ısınanlar" olarak da tanımlanabilir. Tereddütlü, duygusal, hatta korku dolu oldukları söylenebilir. Değişimi ve sürprizleri sevmezler. Huzurludurlar ama kolayca sinirlenebilirler. Bunlar kaydırağa binmeden önce yirmi dakika boyunca diğer çocukların güvenle bunu yapışını izlemekte ısrar ederler.
- **Hareketli** çocuklara (çocukların yüzde 10'u) genelde "zorlayıcı" denir. Bunlar her şeyi "daha fazla" yapan çocuklardır: *Daha* aktif, *daha* yoğun, *daha* tutkulu, *daha* sabırsız, *daha* içgüdülerine göre hareket eden ve *daha* sabit fikirlidirler. Bu özelliklerden bazılarının (ya da tamamının) bir karışımıdırlar.

Hangi "Hava Koşullarında" Çalışıyorsunuz?

Çocuğunuzun huyunu keşfetmeye çalışmak eğlencelidir. Huy, dokuz ana davranış kalıbının bir karışımıdır. Uyumlu çocuklar başta sıralanan özelliklere daha çok sahiptir. Temkinli ve hareketli çocuklar ise daha çok ikinci sıradaki özelliklere sahiptir. Çocuğunuzun davranışları hangisine giriyor?

Uyumlu, Temkinli, Hareketli

- **Aktivite** Sessiz sessiz oyun oynar... Kavga eder, sürekli hareket halindedir.
- **Düzen** Uyku ve yemek saatleri genelde bellidir... Rutini her gün değişir...
- **İlk tepki** Yeni durumlara açıktır... Yeni deneyimleri korkutucu bulur...
- **Uyum** Geçiş dönemlerine ve plan değişikliklerine kolayca uyum sağlar... Değişim ve beklenmeyen şeyler onu huzursuz eder...
- **Yoğunluk** Mülayim ve naziktir... Taşkın ve tutkuludur...
- **Halet-i Ruhiyesi** Mutlu ve rahattır... Kolayca cesareti kırılır, başarısız olacağını düşünür...
- **Direnç** Diğerlerine kolayca uyum sağlar... Kavga eder...
- **Dikkat** Oyun oynarken kolayca konsantre olur... Dikkati hemen dağılır, dikkat aralığı çok kısadır...
- **Duyarlılık** Çevresindeki küçük değişimleri fark etmez... Seslere, dokulara, kokulara, tatlara duyarlıdır...

Çocukların yaklaşık üçte biri kesin bir şekilde bu kategorilere sokulamaz. Mesela; Will genellikle uyumlu ve sosyal olmasına rağmen, kaşındıran giysilere ve kuvvetli kokulara karşı çok hassas. Ayrıca çok da gürültücü... Şimdi Will, uyumlu mu (sosyalliği nedeniyle), temkinli mi (hassaslığı nedeniyle) yoksa hareketli (aktifliği nedeniyle) sınıfına mı sokulacak? Belli ki Will, bu üç grubun her birinden bazı özellikler taşıyor.

Eğer çocuğunuzun hangi kategoriye girdiğinden emin değilseniz, şu testi uygulayın:

Kalabalık bir alış-veriş merkezinde çocuğunuzun elini bırakın ve iki saniye ona arkanızı dönün. Ne yapıyor? Ağlamaya mı başlıyor? Orada durup bekliyor mu? Yoksa arkasına bile bakmadan en yakın mağazaya mı giriyor? Yanıt çocuğunuzun huyuyla ilgili size oldukça iyi bir fikir verecektir.

Uyumlu Ufaklık: Mülayim ve Makul

"Ne çok soğuk, ne de çok sıcak; tam kıvamında!"

Üç Ayıcık masalından

Evan, sabah keyfi yerinde bir şekilde uyandı ve kahvaltı için mutfağa gitti. Ancak babası tabağına en sevdiği mısır gevreğinden koymaya başladığında küçük bir kriz yaşandı. Çünkü kutuda birkaç parça dışında hiç mısır gevreği kalmamıştı. 26 aylık Evan "Daha çok!" diye bağırmaya başladı. Onun sesi yükselirken babası raftan başka bir marka mısır gevreği alarak Evan'ın tabağına bundan koydu. Evan tabağa hayal kırıklığıyla bakıyordu. Babası "Hmm! Bak bunu da çok seviyorsun!" dedi. Babasının da teşvikiyle Evan kaşığını tabağa daldırdı ve kâseyi tamamen bitirdi!

Uyumlu çocuklar hayatı dengede yaşar. Olup bitenler hem önemlidir, hem de umurlarında değildir. Engeller havalarını kaçırmaz. Hoşnut olmadıkları durumları büyük adımlarla aşmaya bakarlar. Bu uyumlu çocukların asla huysuzluk nöbetleri geçirmedikleri ya da küstah olmadıkları anlamına gelmiyor. Ama bir şeyler ters gittiğinde -ki bir şeylerin zaman zaman ters gitmesi kaçınılmazdır- uyumlu çocuklar bu koşulları daha hızlı unutacak ve hayatlarına devam edecektir. Esnek ve dengeli hareket ederler.

Uyumlu bir çocuğun söyleyebildiği ilk sözcüklerden biri "merhaba" ya da bunun taklidi bir ses olur. Bu neşeli kişiliklerinin bir göstergesidir. Vahşi Neandertal döneminde bile uyumlu çocuklar kabilenin yaşlı devlet adamı gibidir. (Ancak bu rahata erdiğiniz anlamına gelmiyor. Hoşlarına gitmeyen bir şey olduğunda gerçek Neandertal'ler gibi davranmakta hiç zorluk çekmezler.)

Eğer uyumlu bir çocuğunuz varsa şanslı olduğunuz için sevinmelisiniz. Ama eğer her şeye daha zor ısınan, hareketli ya da zor bir çocuğunuz varsa daha da fazla sevinmeyi hak ediyorsunuz, çünkü gerçek bir ebeveynler şampiyonu sayılırsınız!

Temkinli Ufaklık: Zor Isınır

"Atlamadan önce iki kere düşünün."

Charlotte Bronte

Jess, 18 aylık temkinli bir çocuktu. Annesi Jody anlattı: "Yalnızca dört sözcük biliyor, ama o, yine de bir düşünür. Yeni şeyler yapmadan önce durumu uzun uzun değerlendiriyor. Parkta haftalar boyunca çocukların bir tünelden emekleyerek geçişini izledi. Bir gün kendisi de denemeye karar verdi. Tünelden başarıyla çıktığında o kadar mutluydu ki, aynı şeyi arka arkaya yirmi kez tekrarladı! "

Temkinli çocuklar hayatı sağ şeritte yaşar. Yeni doğduklarında hassasiyetleri kendini genellikle karın ağrısı şeklinde gösterir. Dört aylık olduklarında, tüm diğer çocuklar etrafa gülücükler saçarken, onlar bir yabancının ya da doktorun karşısında surat asar ve annelerine sığınırlar. Bu endişe onların huysuz ve inatçı Neandertal dönemine birkaç ay daha önce girmelerine ve çok daha şiddetli yaşamalarına neden olur.

Temkinli bir çocuğun ilk sözcükleri *"bay bay"*, *"git"* veya *"kitap"* olabilir. Bunların hiçbirinin fazla sosyal sözcükler olmadığı dikkatinizi çekecektir! Genelde bonkör bir şekilde el sallayıp *"bay bay"* diyeceklerdir, ama bunu ancak misafirler kapıdan çıktıktan sonra yapacaklardır. Mesela; 15 aylık Isabella yabancılara, belli bir mesafede durdukları müddetçe gösteriler yapmaya bayılıyor. Annesi Meg bu mesafeyi kızının "güvenlik hendeği" olarak adlandırıyor.

Dil yeteneğinin de gelişmesiyle üç yaş civarında bu aşırı utangaçlık yok olmaya başlar. Bazı çok utangaç çocuklar bu evrede bir süre daha kalırlar. Ama genelde temkinli çocuklar zaman içinde kendilerine güvenmeye başlar ve yeni deneyimlere daha açık hâle gelirler.

Fazla temkinli çocuklar karşısında sabrınızı kaybedebilirsiniz. Mesela; bir anne bana sıkıntıyla "Yeter artık" diye bağırmak istediğini itiraf etmişti. Ama sabırsızlık çocukları *daima* daha da isteksiz hâle getirir. Korku çok derinlerde varolan ilkel bir duygudur. Bir anda başlayıp bitmez. Bir kez tetiklendi mi hızlı nabız, panik, kaçma isteği gibi birçok reaksiyonun çığ gibi büyümesine neden olur.

Temkinli çocukların diğer özellikleri şunlar olabilir:

- ***Yeni şeyler denerken çok dikkatli olurlar.*** Yeni bir şeye ilk reaksiyonları genellikle görmezden gelmedir. Tanımadıkları insanlardan, yerlerden ve nesnelerden kaçarlar.

Emilio, bisiklete binmeyi üç yaşında öğrenecek kadar atletikti. Ancak aynı zamanda o kadar temkinliydi ki, bisiklete binerken arada sırada durup, yan tekerleklerinin yerinde olup olmadığına bakıyordu!

- ***Çok duyarlı olurlar.*** Genelde bluzlarının arkasındaki etiketin, hatta bazen bluzun kendisinin "kaşındırıcı" olduğunu söylerler. Çok topaklı, tadı veya kokusu farklı bir yemeği "iğrenç" diyerek geri çevirirler.
- ***Uzaklaşmayı sevmezler.*** Bu çocuklar gün boyu sizi odadan odaya takip ederler.

Derek anaokuluna gittiğinde her sabah yapışkan gibi babasının bacağına sarılıyor. Ama kendine oyalanacak bir oyun bulduğunda hiç sorun çıkarmadan babasını öpüp, "Güle güle" diyor.

- ***Kuralları severler.*** Kurallar ve istikrarlı bir rutin temkinli çocukları mutlu eder. Bu kurallara uymak kendilerini güvende ve koruma altında hissetmelerini sağlar.

Özenle Bakın: Temkinli Çocuklarla Baş Etme Tavsiyeleri

Çocuğunuzun çekingen ve temkinli olması, zannettiğiniz gibi, sizin fazla korumacı davranmanızdan kaynaklanmıyor. Çocuğunuz doğduğu günden itibaren daha cesur ve özgüvenli bir hâle gelecek. Ancak bunun sırrı, sabırsız bir şekilde onu eleştirmekten değil, onu özenli bir şekilde teşvik etmenizden geçiyor. Onu zorlarsanız korkuları daha da artacak ve bunların yok olması iki kat zaman alacak. Çocuğunuzu huyundan vazgeçirmeye çalışmak, uçak korkusu olan bir kişiye bu korkunun saçma olduğunu anlatmaya benziyor.

Yine de temkinli çocuğunuzun özgüvenini kazanması için yapabileceğiniz bazı şeyler var. Yürümeye yeni başlayan çocuklara karşı şu teknikleri deneyin:

1. Özel bir bağ kuracağı nesneleri kullanmasını teşvik edin.

Brandon 15 aylık olmasına rağmen düşmekten korktuğu için hâlâ emekliyordu. Ofisime geldiğinde ise parmağını emdiği ve en sevdiği battaniyesi yanında olduğu müddetçe bu korkuyu kontrol edebiliyordu.

2. Çocuğunuzun gününe birçok tekrar ve rahatlatıcı rutinler yerleştirin. Özel şarkılar, benzer yemek alışkanlıkları (ken-

di kaşığı ve tabağı), kısa mesajlar ve 10. Konuda anlatacağımız Özel Zaman güvenini artırmasına yardımcı olur.

3. Daha sabırlı olun. Bunun zor olduğunu biliyorum. Ama çocuğunuzun büyük ve korkutucu bir dünyada kendini kaybolmuş ve güvensiz hissettiğini unutmayın!

İki yaşındaki veya daha büyük çocuklara karşı yukarıdaki üç maddenin yanı sıra şunları da deneyebilirsiniz:

4. Sürprizlerden kaçının. Gün içinde neler yapacağınızı ona önceden söyleyin. Bazı ebeveynler tüm günün planını çocuklarına kahvaltıda anlatır. Stresli deneyimlerden sonra çocuğunuzun hoşuna gidecek bir program yapın. Böylece çocuğunuz bu anları daha rahat atlatır. ("Öğle yemeğinden sonra doktora gideceğiz. Oradan çıkar çıkmaz da dondurma alacağız. Çikolatalı mı yiyeceksin?")
5. Güven duygusunu daha da pohpohlayın. Çocuğunuzun güvenini artıracak birçok yöntem var (bunları 9. Konuda tartışacağız). Mesela; *sizin* çocuk, *onun* korkutucu bir köpek olacağı küçük bir oyun işe yarayabilir.
6. Bebek adımlarıyla ilerleyin. Bazı günler daha maceracı, bazı günler daha utangaç olabilir. İyi hissettiği günlerde, kendini rahat hissettiği alanın dışına küçük adımlar atmasını sağlayın. ("Burayı sevmediğini biliyorum. Bu yüzden ben dönene kadar bebeğinin elini tutmanı istiyorum. İki dakika içinde döneceğim, sonra eve gidip resim yapacağız. Çak bakalım. Vay canına! Çok güçlüsün! Bebeğinin elini bırakma, tamam mı?")
7. Rahatlama tekniklerini deneyin. Her gün çocuğunuzun derin nefesler almasını sağlayarak kendini nasıl rahatlatacağını öğrenmesini sağlayın. Bu yöntemi ileriki konularda daha detaylı inceleyeceğiz (bkz. Sayfa 243).

Hareketli Ufaklık: Büyük Karakterli Küçük Çocuklar

"Her zorlukta bir fırsat gizlidir."

Albert Einstein

On beş aylık Gina gözünü açtığı andan gece yatana kadar bir aktiviteden diğerine koşarak meşgul oluyor. Hareket ettiğinde çok mutlu. Ancak sürekli hareket etmesi; bir şeylere çarpması, "uf" olduğunda ona ilgi gösterilmesi ve girmemesi gereken yerlere girmesi anlamına geliyor. Annesi Olivia "Kapıyı açamıyorsa yıkıyor" diyor.

Elise ise iki yaşındaki oğlu Spencer'ın korkusuz ve yüzde yüz kabiliyet; yüzde sıfır muhakeme yetisine sahip olduğunu söylüyor. "Baltalı bir katile gidip, 'Hey senin baltan ne kadar güzelmiş' diyebilir. Ablası bir oyuncakla saatlerce sessiz sessiz oynardı. Spencer ise iki dakikada sıkılıp oyuncağı duvara atıyor."

"*Hareketli Çocuğunuzu Yetiştirmek*" adlı kitabında yazar Mary Sheedy Kurcinka, "Hareketli çocuklar, plastik toplarla dolu bir odada Süper Top gibidir" diyordu. "Diğer çocuklar yalnızca bir metre zıplarken, o her seferinde tavana değer." Bunu, Taş Devri'nden kalma çocuğunuzun sert, aktif, sabit fikirli, benmerkezci olma eğilimiyle birleştirdiğinizde, hareketli çocukların neden çok "zor" olduğunu anlayabilirsiniz.

Uyumlu çocukların anne-babaları, diğer çocuklarda gördükleri huysuzluk nöbetlerini genelde kötü ebeveynliğe bağlar. Ancak genelde tam tersi doğrudur. Ekseriyetle en iyi ebeveynler hareketli çocukların anne-babalarıdır. Ancak işleri çok çok zordur!

Birçok anne bana, çocuklarının böyle hareketli olacağını, daha anne karnındayken çok hareketli olmasından anladıklarını söylüyor. Böyle çocuklar bebekken o kadar sinirlidirler ki, istedikleri şeyi verseniz bile ağlamalarını durduramazsınız. Tüm çocuklar arasında bir milyon yıl önce en rahat yaşayanlar hareketli çocuklardır.

Hareketli çocukların diğer özellikleri şunlar olabilir:

- *Hepsinin farklı karakter özellikleri vardır.* Hareketli çocuklar birbirinden çok farklı karakter özelliklerine sahip olabilir. Bazıları yerlerinde hiç durmamalarına rağmen mutlu ve dengeli olabilir. Diğerleri ise inatçı, huysuz ve sabırsızdır. Genelde bu çocuklar uçlarda yaşar, mutlulukları ve kızgınlıkları çok şiddetli olur.
- *Arı gibi "çalışkan" olurlar.* Bu çocuklar daha uzağa koşar, daha yükseğe zıplar ve daha uzun süre dönerler. Dikkatleri çok kolay dağıldığı ve çok hareketli oldukları için kazalara da açıktırlar.
- *Değişime ayak uyduramazlar.* Bir aktiviteden diğerine geçiş zor olabilir. Bir şeye o kadar yoğunlaşırlar ki, yerlerinde durmak istemezler.
- *Limit tanımazlar.* Dokunuşları ittirmeye, sesleri bağırmaya dönüşür. Kaldırımın kenarına kadar koşar, onu izlediğinizden emin olmak için arkasına dönüp size bakar sonra da kendilerini yola atarlar!
- *Hisleri çok kolay yara alır.* Hayal kırıklıklarını unutmaları zaman alır. Canları sıkıldı mı onları eski hâllerine getiremezsiniz.

Tahmin edebileceğiniz gibi erkek çocuk, çocukluk döneminde uygarlaştırması en zor olan King Kong çocuktur. Tutarlılık, sürekli aynı seviyede sevgi ve ilgi, sabır, kesin (ama sert olmayan) limitler beklerler. Neyse ki, dil yetenekleri geliştikçe bu çocuklarla başa çıkmak kolaylaşır.

Ona Ayak Uydurun!

Zıp Zıp Zıplayan Çocuğunuz için Tavsiyeler

Çocuğunuzun karakterine göre aşağıdaki tavsiyelerden istediğinizi seçin. Önce bir-iki tanesini deneyip, işe yarayıp yaramadığına bakın. En önemlisi sabırlı olun!

Yürümeye yeni başlayan çocuklar için:

1. Dışarıda olabildiğince fazla vakit geçirin! Enerji yakmak ve açık havada oynamak hareketli ufaklığın daha dengeli davranmasına yardımcı olur.
2. Oyuncakları düzenli olarak değiştirin ve bazılarını kısa süreliğine saklayın. Bir süre gözlerden uzak kalan oyuncaklar tekrar ortaya çıktıklarında daha ilginç olacaktır.
3. Dinlendiğine emin olun. Hareketli çocuklar o sırada yaptıkları şeyle çok ilgili oldukları için genelde uyumayı reddederler. Ancak yoğun ufaklıklar çok daha fazla sorun çıkarır ve kazaya maruz kalır.
4. Her şeyi olabildiğince eğlenceli hâle getirin. Yalvarmak ya da tehdit etmek sizi sonuca yaklaştırmaz. Çocuğunuza emir vereceğinize ona seçenekler sunun veya ondan yardım isteyin.
5. Evinizi küçük çocuğunuza uygun hâle getirin. Kırılabilir veya değerli eşyaları, çocuğunuzun takılabileceği nesneleri kaldırın.
6. Yasakların az ama kesin olmasını sağlayın. Hareketli çocuklar çok fazla sınırla yaşayamaz. Ayrıca sınır ve yasak-

larda tutarsızlık da kafalarını karıştırır. Zaman zaman kuralları yumuşatabilirsiniz, ama bunu yaptığınızda çocuğunuzun kuralı değiştirmediğinizi, yalnızca istisnai bir şey yaptığınızı anlamasını sağlayın.

7. Çok fazla uyarıcı olmamasını sağlayın. Yatma saatinden birkaç saat önce ışıkları kısın, yüksek sesle müzik dinlemeyin, televizyon izlemeyin.
8. Çocuğunuz size her vurduğunda ya da hakaret ettiğinde aşırı tepki göstermemeye özen gösterin. Çocuğunuzun ilkel davranıyor olması, ona ayak uydurmanız gerektiği anlamına gelmiyor.

Daha büyük çocuklar için tavsiyeler:

9. Çocuğunuzu meşgul tutmak için elinizde birçok yedek plan olsun. Mesela; oyuncak hamuru, boya ve resim defterini daima hazırda tutun.
10. Sosyal yeteneklerini geliştirmesi için ona küçük dersler verin. ("Eğer benim o çok sevdiğim gülümsemenle, kibarca istersen Bobby sana topunu verebilir.")
11. Duygularını ifade edebileceği sözcükleri öğretin: "Karnın acıktığı zamanki gibi davranıyorsun. Atıştıracak bir şeyler ister misin?"
12. Canı bir şeye sıkıldığında eski hâline kolaylıkla dönebilmesi için sakinleşme tekniklerini çalışın. (Bunları 9. Konuda öğreneceksiniz.)
13. Çocuğunuz söylediğinizin tam tersini yapmaya başladığında "ters psikoloji" tekniklerini kullanın. (9. Konuya bakın.)

Etiketler Konserve Kutuları İçindir, Çocuklar için Değil

"Eğer inanmasaydım göremezdim."

Marshall McLuhan

"Keisha tam bir şeytan çocuk!"

"Pete o kadar utangaç ki, kendi gölgesinden bile korkuyor."

"Drew her zaman hiperaktif."

Hepimiz çocuklara belli isimler takıldığını biliyoruz. *Sevimsiz. İnatçı. Mızmız. Vahşi. Şımarık.* Anne-babaların çocuklarına sürekli, başkaları söylediğinde küplere binecekleri yakıştırmalar yapması beni çok şaşırtıyor! Bu tanımlamalarda gerçeklik kırıntıları olsa bile negatif etiketler acı verici ve hatta korkutucudur. Bir çocuğa "şeytan çocuk" demek; hem onun, hem de sizin çocuğun kötü davranışlarına konsantre olduğunuz anlamına gelir. Hata yaptığı beş defayı görmenize, buna karşılık doğru yaptığı on beş şeyi fark edememenize neden olur.

Peki Keisha gerçekten kötü şeyler yapıyorsa ne olacak? Bu etiketi söylememek herkesin bildiği bir şeyi saklamak değil midir?

Hayır değil! Neyi nasıl söylediğiniz önemlidir. Bazı insanlar tüm ömürleri boyunca anne-babalarından övgü dolu birkaç sözcük duyabilmek için bekliyor. Küçük Neandertal'iniz sizinle kavga ediyor olabilir, ama düştüğünde ya da korktuğunda yine size koşacağını unutmayın. Onun kalbinde siz evin kralısınız (ya da kraliçesi). Sevgi dolu sözcükleriniz onun kendisini geliştirmesini sağlayabilir, eleştirileriniz ise yavaş yavaş karakterini zayıflatabilir.

Canımızı yakan tanımlamalar ömür boyu aklımızdan çıkmaz. Neyse ki, olumlu yorumlar da genelde aklımızda kalır. Yani çocuğunuzun hafızasında muhafaza edeceği sözcükleri onu tanımlamak için seçerken dikkatli olun! Hepimiz hayatta zorluklarla karşılaşacağız. Kendine güvenenler bunları çok daha kolay ve başarılı bir şekilde atlatacak. Siz de çocuğunuzu güçlendirmek için sözcüklerinizin gücünü kullanın. Bu ona verebileceğiniz en iyi hediyelerden biri olacaktır.

Ayrıca negatif ve kaba etiketler genelde yanlıştır! Eğer "Sen tembelsin" derseniz, çocuğunuzun tembel olmadığı günleri görmezden gelmiş olursunuz. "Kabasın" dediğinizde günün ilerleyen saatlerinde dünyanın en tatlı çocuğu olabilir. Çocuğunuzun kızdığınızı anlaması için, davranışının sizi nasıl etkilediğini ona anlatmak daima daha iyi bir yoldur: "En sevdiğim çerçevemi kırdın. Anne şimdi çok kızgın, kızgın, kızgın..." Bu, çocuğunuzun yanlış hareketini, onu kıracak ve yaralayacak yanlış bir etiket kullanmadan eleştirmenin en iyi yoludur.

Üstelik "negatif" görülen tüm özelliklerde, büyüdükçe çocuğunuzun avantajına olacak birçok olumlu yan vardır. "Korkak" çocuğunuzun bu özelliği korunmadan seks yapmasını engelleyebilir. "İnatçı" bir çocuk arkadaşlarının uyuşturucu kullanması yönündeki ısrarlarına dayanabilir. "Mızmız" bir çocuk diğerlerinin ondan yararlanmasını engelleyebilir.

O Etiketi Bir Daha Düşünün!

Çocuğunuzu zedeleyecek etiketler yerine onu güçlendirecek tanımlamalar kullanın.

Zarar Veren Etiketler	Güçlendiren Tanımlar
Her şeye burnunu sokar	Meraklı
Yemek seçer	Ne istediğini bilir
Mızmız	Kendi fikirlerini savunan
Hiperaktif	Hareketli
Utangaç	Dikkatli
Vahşi	Enerjik
İnatçı	Azimli
Küstah	Cesur
Huysuz	Seçici
Çuval gibi ağır	Düşünceli ve ihtiyatlı

7

Uygarlıklar Çatışması: Modern Ebeveynler Taş Devri Çocuklarıyla Buluşuyor

"Ebeveynlik bazen sizi ısıran eli beslemekten ibaret gibi görünür."

Peter De Vries

Ana Noktalar:

- Ebeveynlik içgüdüsel olduğu kadar bir yetenek işidir.
- Başarısızlık ve çaresizlik gibi hislerin yanı sıra geçmişten kalan kötü hatıralar da nasıl bir ebeveyn olduğunuzu etkiler.
- Huylarınızın çocuğunuzunkileriyle uyuşabileceğini veya çatışabileceğini unutmayın.
- İlkel insanlarla karşılaştırıldığında bizim hayatımız çok daha yoğun; kapalı mekanlarda ve başkalarından soyutlanmış şekilde geçiyor. Bunlar bir çocuk yetiştirmek için dört dörtlük koşullar sayılmaz.

Minik ilkelinize ilgi göstermek isteyen hevesli bir elçisiniz. Peki bu iş için ne kadar eğitim aldınız? Diplomasi oldukça zordur, nitelikli bir eğitimi gerektirir; oysa onun kadar zor olan ebeveynlik için, elçi olurkenkinden çok daha az eğitim alıyoruz! Dolayısıyla çocuğumuzu yetiştirirken ne yapacağımızı bilmez hâlde ya anne-babalarımızın yaptıklarını yapıyoruz ya da tam tersini deniyoruz.

Çoğumuzun bir-dört yaş arasındaki bu erken çocukluk döneminin zor olacağını biliyor, ama ne kadar zor olacağını fark edemiyoruz. Bunu, genellikle ufaklıkla burun buruna geldiğimiz kavgada ancak anlıyoruz.

Bum! Bir anda sizin işinizin ona sevgiyle rehberlik etmek; onunkinin ise çığlık atmak, tükürmek ve vurmak olduğunu görüyorsunuz! İşte ne kadar *uygar* olduğunuz tam da bu noktada test ediliyor.

Küçük ilkelinizin çıldırmış gibi hareket etmesi sizin ona ayak uydurmanız anlamına gelmemeli! Ailede tek bir mağara adamı yeter de artar bile! Kendi kendinize sürekli şunu tekrarlayın: *"Ben ondan milyonlarca yıl öndeyim."*

Gözünüzün Bebeği mi, Yoksa Ayakkabınıza Giren Çakıl Taşı mı?

Ebeveynliğin zor olmasının beş nedeni.

Anne-baba olmanın sayılamayacak kadar fazla zorluğu vardır. Ama bunlardan beş tanesi mükemmel anne-babaları (eğer böyle insanlar varsa, ki yok) bile zor durumda bırakır:

- Çaresizlik duygusu: Çocuğunuzun hareketleri karşısında ne yapacağınızı bilemez hâle gelebilir ya da ona kızabilirsiniz.
- Başarısızlık duygusu: Günlük çekişmeler beceriksiz olduğunuzu hissetmenize neden olabilir.
- Geçmişten kalanlar: Çocukluğunuzdan kalan çözülmemiş meseleler ebeveynliğinizi de etkileyebilir.

- Huy: Bazı ebeveynlerle çocukların karakterleri puantiyeler ve çizgiler kadar birbirine zıttır.
- Modern hayat: Modern hayatın düzeni çocuk bakmak için pek uygun değildir.

Küçük Bir Çocuğa Ebeveynlik Yapmak Nasıl Bir Şey?

"Eğer başlarda başarısız olursanız... ortalama bir seviyede koşuyorsunuz demektir."

M. H. Alderson

Aşağıdaki cümlelerden birçok ebeveynin bir-dört yaş arası çocuklarına bakarken neler hissettiklerini en iyi anlatanı seçin:

1. Bazı günler ikizlerim olsa onlara da bakabilirmişim gibi hissediyorum.
2. Bazı günler kendi çocuğuma ancak bakıyorum.
3. Bazı günler kontrolü kaybettiğimi hissediyorum.
4. Bazı günler dayanamaz hâle geliyorum.
5. Bazı günler kendimi başarısızlık timsali gibi görüyorum.

Bunlardan hangisini seçmiş olursanız olun; haklısız!

Birçok anne-baba gibi ben de çocuğum övgü aldığında mutlu oluyorum ve kaba davrandığında utanıyorum. Doğal olarak çocuklarımızı kendimizin birer uzantısı olarak görüyoruz. Ancak gerçekte, çocuğumuzun hareketlerinin yarıdan fazlası onun karakterinden ve evrimsel gelişiminin aşamasından kaynaklanır. Yani bizim tamamen dışımızdaki faktörlerden!

Bu yüzden gelecek üç yıl sürekli değişen duygularla ve beklenmedik zorluklarla geçecek. Bir CEO ya da dört yıldızlı bir general olmanız hiçbir şeyi değiştirmiyor, bir ebeveyn olarak sık sık başarısız olacağınızı şimdiden kabullenin! Her zaman en iyisini yapmayı deneyin, ama kendinize karşı çok sert de olmayın. En iyi basketbol oyuncuları bile denemelerinin ancak üçte birinde basket atabilir.

Sinir: Ebeveynlerin Sevgiden Sonra En Çok Hissettiği Duygu

Tamam, sinirlenin sonra da bunu atlatın.

Tüm bu karmaşa içinde *siz* kendinizi nasıl hissediyorsunuz? İlkel yavrunuzun davranışlarını sabırlı bir şekilde kontrol etmeye mi çalışıyorsunuz yoksa yumruklarıyla sizi ringe çekmesine izin mi verdiniz?

Eğer ikincisi geçerliyse bunun nasıl olduğunu anlayabiliyorum. Hepimiz bu yollardan geçtik. Çocuklarımız bizi nelerin kızdıracağını biliyor ve biz de ister istemez *tepki* gösteriyoruz! Ama bağırmanın ve tehdit etmenin çocuğunuzun mecburiyetten boyun eğmesine yol açacağını unutmayın. Davranışlarının düzelmesinde sevginin hiç yeri olmayacaktır. (Dayaktan daha sonra bahsedeceğim. Ama dayak taraftarı olan kişilerin bile kızgınken çocuklara vurulmaması gerektiğini söylediğini hatırlatmalıyım.)

Üç yaşındaki Andrew'un babası Peter, duygularını "Bazı günler oğlumun yaptığı her şey beni sinirlendiriyor. Günün sonunda kendimi bir sinir yumağı gibi hissediyorum" diye anlatıyor.

Kanınız kaynayacak kadar sinirlendiğinizde ne yapmalısınız? Bu durumlarda kendinizi bir boksör gibi değil, boğa güreşçisi gibi görmeye çalışın. Bir adım geri atın ve çocuğunuzun saldırılarının yanınızdan geçişini izleyin; tıpkı boğaların kırmızı pelerinden geçişi gibi!

Duygusal olarak rahatlamak için gün içinde birkaç dakikalık molalar verin ve aynı gün içinde yaşanan iyi ve kötü şeyleri yazın. Günlük tutmak sorunun nereden kaynaklandığını görmenizi ve dolayısıyla çözüm üretmenizi kolaylaştırır. Mesela; çocuğunuzun huysuzluk krizlerini, ona sabahları ekstra bir ara öğün yedirerek, yemekten önce masal anlatarak, onu öğle yemeğinden sonra parka götürerek önleyebileceğinizi fark edersiniz.

Yapmanızı tavsiye *etmediğim* tek şey kızgınlığınızı yok saymanız. Duyguları bir kenara depolamak sağlıksızdır. Ama bu çocuğunuzun önünde patlamanız, sinir krizi geçirmeniz anlamına da gelmiyor. Bağırmak asla doğru değil! Eğer duygusal ve temkinli bir çocuksa bu, yalnızca onu korkutmanıza neden olur. Eğer hareketli bir çocuksa *gururunu kırmadan* davranışını değiştirmesini ve sizinle iş birliği yapmasını imkânsız hâle getirmiş olursunuz.

Sinirli olduğunuz zaman gidip kafanızı yastığa gömün ve çığlık atın, yorganı yumruklayın ya da (benim favori yöntemim) eğer bahçeniz varsa burada kocaman bir delik açın. Çocuğunuzun önünde ise sinirinizi ayaklarınızı yere vurarak, el çırparak, köpek gibi havlayarak, zıplayarak, bir kağıdı sertçe boyayıp sonra yırtarak gösterebilirsiniz. Ayrıca tüm Neandertal'ler Tarzan'ın eski numarasını anlayacaktır: Yumruklarınızla göğse vurup bağırmak!

Eğer çocuğunuzun yanında kontrolü yanlışlıkla kaybederseniz bunu olumlu bir olaya çevirmeye çalışın. Sinirinız geçer geçmez özür dileyin. İkiniz de sakinleştiğinizde çocuğunuzu karşınıza alıp onu affettiğinizi söyleyin ve sevginizin sinirinizden çok daha büyük olduğunu gösterin. Küçük bir çocuğa, "Sen 'Anne bağırmak yok! Hayır. Hayır. Hayır' diyorsun. Anne seni çok seviyor. Steve öpücük ister mi?" diyebilirsiniz. Daha büyük bir çocuğa ise "Anne bağırdığı için özür dilerim. Çok sinirlendim. Bağırmak hataydı. Ama bağırmak benim sevgimi azaltmıyor. Seni dağlar kadar çok seviyorum! Bir fil kadar çok seviyorum!! Anne sana sarılabilir mi? Oo, bu çok iyi geldi. Çak bakalım!" diyebilirsiniz. Çocuğunuz eliyle çakma işareti yaptığında şakalaşarak canınız acımış gibi yapın ve "Vayy! Bu çok sertti! Ne kadar güçlüsün!" deyin. Böylece çocuğunuz gülecek ve kendini rahatlamış hissedecektir.

Son olarak, eşinizle birlikte kendinize zaman ayırın. Eğer çocuğunuz konuşabiliyor olsaydı size, "Hey! Kendinizi tüketmeyin! Size sonra da ihtiyacım olacak!" derdi. Eğer bekarsanız molalara çok daha fazla ihtiyaç duyuyorsunuz demektir. Bu konuda fırsatları değerlendirmeyi ihmal etmeyin. Uyumak, gülmek, temiz hava almak, biraz yalnız kalkmak için tüm imkânları kullanın. Ayrıca çevrenizde size tavsiye vermeden, acımadan ya da sizi eleştirmeden derdinizi dinleyecek birilerinin olduğuna emin olun.

Çocuklara Karşı Şiddetle İlgili Birkaç Söz

Sara Jane, "Geçen gün o kadar sinirlendim ki, uzaktan kumandayı yere atıp kırdım. Benim kızgın bir ailem vardı ve ben de kontrolümü kaybedip Kimmie'ye vurmaktan çok korkuyorum. Ama gözlerimin içine bakıp yapma dediğim şeyi yaptığında içimde bir şey tık ediyor. Sanki benim tepki gösterip göstermeyeceğimi test ediyor!" diyor.

William Carey *"Çocuğunuzun Huyunu Anlamak"* adlı muhteşem kitabında, "Çocukların huyu, ebeveynlerin sinirini tutuşturup, onların kendi sınırlarını da aşmalarına neden olabilir" diyor. Sinirlenmek kaçınılmaz olabilir, ama sinirli *davranmanın* önüne geçilebilir.

Sinirinizi asla kötü sözcükler kullanarak ya da çocuğunuza vurarak çıkarmamalısınız. Hiçbir anne-baba çocuğuna çığlık çığlığa bağırmak istemez. Eğer sabrınız tekrar tekrar taşıyorsa birtakım değişiklikler yapmanız gerekiyor demektir. İşte deneyebileceğiniz bazı yöntemler:

- Eve bir yardımcı alın (bu bir akraba da olabilir) ya da anaokulu bulun.
- Birçok şeyi aynı anda yapmaya çalışmayın.
- Eğlenmek ve uyumak için kendinize mutlaka zaman ayırın.

Hayatınızın koşullarını değiştiremeyebilirsiniz, ama onlara bakış açınızı değiştirebilirsiniz. Hayatınızda ters giden şeyleri toparlamaya çalışırken, olumluları gözden kaçırmayın.

Yenilmiş Hissettiğinizde Ne Yapacaksınız?

"Mükemmelliği ancak sözlüklerde bulabilirsiniz."

Eski bir deyiş

Lynne annesiyle telefonda konuşurken birdenbire ağlamaya başladı. O sabah 20 aylık oğlu Josh parkta bir çocuğu ısırmıştı. Bunu üçüncü kez yapıyordu ve bu kez o kadar sert yaptı ki, parktaki diğer anneler Josh'u bir daha oraya getirmemesini söylediler. Lynne: "Bebekken melek gibiydi. Nerede hata yapıyorum?"

Hepimiz, çocuklarımız düzgün davrandığında onlarla gurur duyuyoruz. Dolayısıyla sinir bozucu davranışlarını (bunların huyları ve ilkel dürtüleriyle ilgili olduklarını bilmemize rağmen) kendi başarısızlığımız olarak görmemiz çok doğal.

Peki siz de çocuğunuzun tüm zafer ve başarısızlıklarının sorumlusu olduğunuzu düşünüyor musunuz? Huysuzluk nöbetlerine girmesinden nefret ediyor musunuz? Eğer öyleyse lütfen işin aslını unutmayın: Bu yıllar göz açıp kapayıncaya kadar geçecek ve siz onları çok özleyeceksiniz. En zor anlar bile -sürekli emdiği başparmak, krakeri kırıldı diye çığlık çığlığa ağlaması, banyoya girerken oyuncak ayısını bırakmamak için tepinmesisize çok değerli gözükecek!

Kendinizi suçlayacağınıza, ufaklığın milyonlarca yıllık gelişimini birkaç yıl içinde tamamlamaya uğraştığını ve bunun ister istemez ikiniz için de zor olacağını hatırlamaya çalışın. Çocuğunuza, yaptığı iyi şeyleri övgüyle söylemek iyi bir fikir. Ama geceleri yatmadan önce o gün içinde kendi yaptığınız *iyi* şeyleri hatırlamayı da ihmal etmeyin.

Tracy, oğlu Sam'in üçüncü yaş gününde yaşadıklarını şöyle anlatıyor: "Doğum günü sabahı kendime çok kızgındım. Sam söylediğim hiçbir şeyi dinlemiyor ve sürekli yaramazlık yapıyordu. Ama akşamüstü Disneyland'e gittiğimizde çok mutlu, tatlı ve uyumlu hâle geldi. Orada çocuklarıyla mücadele etmeye çalışan diğer anne-babaları görünce, tüm ebeveynlerin iyi ve kötü zamanları olduğunu anladım. Bu kendimi gerçekten iyi hissetmemi sağladı."

Hepimizin zaman zaman ayağı kayıyor. Ama bu sürekli başarısızlıklar yaşayacağımız; hayatta *başarısız* olduğumuz anlamına gelmiyor. İşin aslı şu ki hatalar, bize işi doğrusunu yapmayı öğreterek başarıya giden yolda daha hızlı ilerlememizi sağlıyor. Hatta başarısızlıklarımızdan, başarılarımıza oranla çok daha fazla şey öğreniyoruz.

Size bir ipucu daha vereyim: Birçok küçük çocuk en kötü davranışlarını annelerine saklar! Neandertal yüzlerini annelerine gösterirler çünkü en çok onların yanında kendilerini güvende hissederler. Bunu iltifatın ilkel bir versiyonu olarak görebilirsiniz.

Kötü Bir Gün Mü?

İşler Ancak Daha İyiye Gidebilir...

Scarlett O'Hara'nın dediği gibi, "Yarının yeni bir gün olduğunu" hâlâ unutmayın. Amerika'nın en sevilen çocuk kitapları yazarı Dr. Seuss'un keşfedilmeden önce tam yirmi sekiz yayınevi tarafından reddedildiğini biliyor muydunuz? Barbra Streisand'ın ilk müzikal gösterisi daha ilk geceden iptal edilmişti. Walt Disney ise çalıştığı gazeteden "hayal gücü ve orijinal fikirleri olmadığı için" kovuldu. Neyse ki ebeveynlik de size defalarca ikinci bir şans sunuyor.

Geçmişin Fısıltıları: İstenmeyen Hatıralarla Baş Etmek

"Mutluluk, sağlık ve kötü hatıralardan ibarettir."

Ingrid Bergman

Ufaklıklarla yaşadığımız deneyimlerin kendi çocukluk hatıralarımızı canlandırması çok sık rastlanan bir olaydır. Genelde bunlar olumlu duygulardır. Kurabiye kokusu size annenizle mutfakta geçen bir akşamüstünün sıcaklığını hatırlatabilir. Ama bazen çocuklarımız içimizde sakladığımız rahatsız edici hatıraları da uyandırabilir. Mesela; çocuğunuzun size tokat atması, çocukken yediğiniz haksız bir dayağı hatırlatabilir.

Debby eşi Andy ve ikizleri Sophie ve Audrey ile Anneler Günü yemeğine çıkarken gurur doluydu. Ama restoranda ikizler Andy'nin yanına oturmak için kavga etmeye başlayınca mutluluğu acıya dönüştü. Çocuklar, "Anneyi istemiyorum, Baba'yı istiyorum" dedikçe, Debby küçükken parktaki diğer çocukların kendisini nasıl dışladığını hatırlıyordu.

Yıllar öncesinde kalan kötü hatıraların hiç beklenmedik bir anda tekrar aklımıza gelmesi çok şaşırtıcı. Çocuğunuzun size gülmesi anneannenizin ya da bir sınıf arkadaşınızın sizinle dalga geçtiği günleri hatırlatabilir. Bu hatıralar birçok duyguyu tetiklediği için aşırı tepki göstermemize neden olurlar.

Akrabalarınızla ilgili düşünceleriniz, çocuğunuza gösterdiğiniz tepkileri başka yollardan da etkileyebilir. Phil amcasının gözlerini ya da annenizin kahkahasını alması ayrı bir şeydir. Ama çocuğunuz bazı akrabalarınızın kötü özelliklerini -adil olmamak, hızlı sinirlenmek, inatçılık- taşıyorsa bunlar özellikle stres altındayken ya da yorgunken mantık dışı davranmanıza neden olabilir. (Üstelik küçük bir çocuğun anne ya da babası olarak sürekli yorgun ve stresli olacağınız kesin!)

Ben mesleğim gereği tanıştığım anne-babalara daima şu tavsiyeyi veriyorum: Çok kızdığınız zaman bu siniri bir kapak gibi kaldırın ve altında ne olduğunu görmeye çalışın. Bazen orada sinir yerine acı, utanma, suçluluk gibi bambaşka duygular bulduğunuzu göreceksiniz. Eğer durumun böyle olduğunu fark ederseniz güvendiğiniz insanlarla konuşun. Bu duyguları tam olarak yaşamaya çalışın. Ağlayın, bağırın, acı dolu hatıralarınızı tamamen hatırlamaya çalışın. Bu duyguları tam olarak yaşamak hem sizin, hem de çocuğunuz için iyileşmenin ilk anahtarı olacak!

Çocuğunuz, burnunuza yumruk atsa bile, bunun kötülük veya sevgisizlikten kaynaklanmadığını hatırlayın. Bu yalnızca ilkel bir çocuğun dürtülerini kontrol edememesinden kaynaklanıyor.

Huy: Zıt Kutuplar Her Zaman Birbirini Çekmez

Çocuğunuzun nasıl bir karakteri var? İkiniz kıvılcım ve dinamit gibi misiniz, yoksa bir tabaktaki bezelyeler kadar uyumlu musunuz? Bir önceki bölümde çocuğunuzun doğumdan itibaren taşıdığı karakter özelliklerinin davranışlarını nasıl etkilediğini anlatmıştım. Gelin şimdi biraz da sizin huylarınızı inceleyelim. (Evet! Sizin de var!)

Judy, hayatı "saatte 120 kilometre hızla" yaşıyordu. Ama iki çocuğu da her işi amaçsızca, oyalana oyalana yapıyordu. Bu yüzden Judy, hayat tarzını bir kaplumbağa hızında hareket edecek şekilde değiştirince, çocukları Emily ve Ted'e de "Hız Kesme Engeli-1" ve "Hız Kesme Engeli-2" diye isim taktı.

Çok az anne-baba çocuklarıyla mükemmel geçinir. Çocuğumuzla düzenli olarak çatışır, kavga ederiz. Sonuçta hepimiz fakl ı insanlarız. Psikologların ebeveynle çocuğun huylarının birbirine ne kadar az uyduğunu anlatmak için kullandığı dört dörtlük bir terim var: "Goodness of fit" yani teori ile analiz sonrası verilerin uyumu.

Aşağıdakilerden hangisi çocuğunuzla sizin uyumunuzu tasvir ediyor?

- Ben düzenli ve temiz bir insanım. Kızım ise pis ve dağınık yaşıyor.
- Ben sarılmayı çok seven, sevgisini böyle ifade eden bir kişiyim. Oğlum dokunulmayı sevmiyor.
- Ben atletik ve hareketli biriyim. Oğlum çekingen ve yeni şeyleri denemeyi sevmiyor.
- Ben partilerin daima en çok eğlenen kişisi olurum. Kızımı ise duygusal ve neşeli kahkahalarım bile ürkütüyor.
- Ben saygılı ve adil bir kişiyim. Oğlum ise hep kendi bildiğini okuyor, küstah ve çok hareketli.

Bazı tutkulu anne-babalar sakin çocuklarından sıkılır. Bazı sakin anne-babalar ise hareketli Neandertal'leri tarafından âdeta ezilip geçilir. Bazen ebeveynlerle çocuklar birbirlerine çok benzediğinde bile sorun çıkabilir. Mesela; inatçı ebeveyn ve inatçı çocuk patlayıcı bir karışım olabilir. Ama genelde bize benzeyen çocuklarla geçinmek daha kolaydır.

"Uyumlu, Temkinli, Hareketli" karakter özellikleri listesine tekrar bakın ve çocuğunuzu değerlendirin. Sonra kendinizi değerlendirin. Hangi özelliklerinizle gurur duyuyorsunuz? Hangilerini yok etmek isterdiniz?

Elbette eğer doğanız gereği temkinli ya da duygusalsanız, bundan bir anda vazgeçemezsiniz. Bazı küçük değişiklikler yapabilirsiniz, ama hayatta mutluluğun sırrı elinizdekileri sevmeyi öğrenmek ve bunları en iyi şekilde değerlendirmektir.

Benzer şekilde mutlu bir aile olmanın en önemli şartlarından biri de, hayalinizdeki "ideal" çocuktan vazgeçip, kendi çocuğunuzu güçlü ve zayıf yanlarıyla sevmek! Hayalinizde erkek tavırlı bir kız vardıysa bile bebekleriyle oynayan kızınızı sevin. Sınıf başkanı olacak çocuğu hayal ediyorduysanız bile utangaç oğlunuzla gurur duyun! Çocuğunuzu sevgi ve saygıyla beslemeniz, onun en çok gurur duyacağınız çocuk, genç ve yetişkin olmasını sağlayacak!

Modern Hayat: Çekirdek Aile Normaldir; ve Diğer Efsaneler

"Bir çocuk yetiştirmek için koca bir köye ihtiyacınız vardır."

Afrika Atasözü

Anne-baba ve çocuktan oluşan çekirdek ailenin yeni bir icat olduğunu biliyor muydunuz? Aslında bu insanlık tarihinin en büyük ve en yapay deneylerinden biri! Bu şekilde yaşamaya yalnızca yüz yıl önce başladık. Bugünkü anlamıyla insanın altmış bin yıllık tarihiyle karşılaştırıldığında bu çok kısa bir süre! Üstelik her geçen yıl ailelerin boyutu daha da küçülüyor. Bugün modern kentlerdeki birçok ailenin tek veya en fazla iki çocuğu var, bazı ailelerde ise çeşitli nedenlerden dolayı tek ebeveyn bulunuyor.

Modern Batı kültürü bize evlerimize kapanıp çocuklarımızı yardım almadan yetiştirmenin "normal" olduğunu öğretiyor. Bebek bakıcısı ise yalnızca zenginlerin sahip olduğu bir lüks olarak görülüyor. Geniş ailenin bir üyesinin evde kalıp bebeğe yardımcı olması ise fakirliğin kötü yanlarından biri olarak gösteriliyor. Tanıdığım birçok kadın yirmi-otuz yıldır bir bebeğe sarılmamıştır! Muayeneme gelen birçok kadının kucağına aldığı *ilk* bebek ise kendilerininki oluyor!

Birçok kültürde çocuğu tek başına büyütmenin delilik olduğu düşünülüyor. Tüm bunları anlattığınızda "Ciddi olamazsınız! Bir bebeği kardeşinizin, annenizin, teyzenizin, arkadaşlarınızın yardımı olmadan nasıl büyütürsünüz?" diyorlar.

Bunu ben de sık sık merak ediyorum. Bizler akşam yemeğinde et yerken "ilkel" kültürlerden gelen kadınlar pirinç ve fasulye yiyor. Ama biz bebeğimizi yalnız yetiştirmeye çalışıp neredeyse deliye dönerken, onlar birçok kişiyle bu sorumluluğu ve eğlenceyi paylaşıyor.

Afrika kabilelerinden Efe Pigmeleri, çocuklarını köyde elden ele gezdiriyor. Bir bebeğe günde yirmiden fazla kişi bakabiliyor. Navajo kültüründe ise kız kardeşler birbirlerinin bebeklerine de bakıyor. Sırbistan'da birinci göbek kuzenler kardeş sayılıyor ve bu kişilere "kuzen" demek hakaret olarak görülüyor. Hindistanlı hastalarımın aileleri ise çocuklarına bana "Amca" diye hitap etmelerini öğretiyor.

Gittikçe küçülen ailelerimizi ve diğer modern "trendleri" -aileden uzakta yaşama, eve yemek siparişi verme, internetten alışveriş yapma- karşılaştırdığınızda, diğer insanlarla gittikçe daha az birebir iletişim kurduğumuzu göreceksiniz.

Bu artan fiziksel izolasyon özellikle yeni ailelerin daha büyük zorluklar yaşamasına neden oluyor. Küçük bir çocuğa bakmak çok zor iştir. Bu işi yalnız başımıza yapabileceğimizi veya yapmamız gerektiğini düşünmek insanlık tarihine tamamen aykırı! Gençken ailenizden olabildiğince uzağa taşınmak istemiş olabilirsiniz. Ama anne-baba olduğunuzda köklerinize dönmenin zamanı gelmiş demektir.

Çocuk yetiştirmek için gerçekten koca bir köye ihtiyacınız var. Peki bu köyü nerede bulacaksınız? İster bir metropolün göbeğinde, ister küçük bir kentte yaşıyor olun her tarafınız imkânlarla çevrili. İşte bazı tavsiyeler:

- Sizinkiyle aynı yaşta çocuğu olan bir arkadaş bulun.
- Komşularınızı tanıyın.
- Çocuğunuzu ana okuluna gönderin (İki yaş çok erken değil).
- Ebeveynlerin ve çocukların birlikte katılabilecekleri kurslara, spor aktivitelerine yazılın.
- Tanıdığınız diğer ebeveynlerle bir oyun grubu kurun.
- Sizden büyük bir komşunuzu çocuğunuzla tanıştırın.
- Ailenize yakın bir yere taşının ya da onların size yakın bir yere taşınmasını sağlayın.

2. Bölüm

Artık Konuşmaya Başlıyorsunuz!

Çocuğunuzun sizi anlamasına yardımcı olmak için onun dilinde konuşmanız gerekiyor.

8

Bunu "Yumurcak-ça" Nasıl Söylersiniz? Gerçekten İşe Yarayan Bir İletişim Yöntemi!

"İnsanlar konuştuğunda tam olarak dinleyin. Birçok kişi asla karşısındakini dinlemiyor."

Ernest Hemingway

Ana Noktalar:

- Fast-Food Kuralı sinirli olan herhangi bir kişiyle konuşmak için en iyi yöntemdir: *Kendi* düşüncenizi söylemeden önce, *karşınızdakinin* söylediklerini tekrar edin.
- Fast-Food Kuralı'nı uygulamazsanız, zaten gergin olan arkadaşınız sizi hiç dinlemeyebilir.
- Sinirli biriyle konuşurken şunu asla unutmayın: Ne söylediğiniz söyleme biçiminiz kadar önemli değildir.
- Çocuğunuz kızgın ya da gergin olduğunda mesajınızı "Yumurcak-ça" (çocuğunuzun kendi dilinde) iletmek işinizi kolaylaştırır.
- Yumurcak-ça öğrenmek biraz zaman alabilir. Ama bu dili kullanmaya başladığınızda daha iyi ve daha mutlu bir ebeveyn olacaksınız.

Çocuğunuzun kızgınlıklarını ve huysuzluklarını sevgi ve saygı dolu bir şekilde bertaraf etmenin yeni ve etkili bir yolunu öğrenmek üzeresiniz. Bu yöntem onun ilkel zihninin nasıl çalıştığını anlama esasına dayanıyor.

Gelin önce küçük bir test yapalım. Aşağıdakilerden hangisi bir-dört yaş arası bir çocuğun zihnini en iyi şekilde tarif ediyor?

1. Özenle budanmış bir park
2. Yeşil bir sazlık
3. Bir orman

Eğer (3) "Bir orman" yanıtını verdiyseniz tamamen haklısınız! Küçük çocuklar tatlı ve eğlencelidir, ama aynı zamanda vahşi ve düzensizdirler. Bu, çocuğunuz kızgınlık, üzüntü, çaresizlik gibi yoğun duygular yaşadığında daha da belirgin hâle gelir. Aslına bakarsanız sinirlendiğimizde hepimiz "ilkelleşiriz".

Ormanda yaşayan ufaklığınızın elçisi olarak *onun* dilini (homurtular, vücut dili ve kısa cümleler de bu dilin bir parçası) öğrenmek işinizi çok kolaylaştıracaktır. Onun dilini iyice öğrenmeniz aslında eğlenceli ve dört dörtlük bir ilişkiye başlangıç sayılır. Ama Yumurcak-ça öğrenmeden önce, kızgın olan *herhangi* bir kişiyle konuşmanın ana şartını anlamanız gerekiyor. (Fast-Food Kuralı!)

Hamburger ve kızarmış patatesin tarih öncesinden kalmadığını biliyorum. Ama bu komik ismin, böylesine önemli bir konsepti ömür boyu hatırlamanızı sağlayacağını umuyorum! Fast-Food Kuralı'nı öğrendikten sonra bunu Yumurcak-ça'ya nasıl çevireceğinizi de anlatacağım. Bu iki yöntem bir araya geldiğinde çocuğunuzu hızla sakinleştirmenin büyülü iksiri ortaya çıkacak.

Fast-Food Kuralı: İletişimin Altın Kuralı

"Diyalog sırasında sırayla konuşmanız gerekir; ve en kızgın kimse, ilk önce o konuşur!"

Karp'ın iletişim kuralı

Fast-Food Kuralı oldukça kolay: Kızgın bir kişiye *kendi* endişelerinizi söylemeden önce *onun* duygularını tekrarlamalısınız. Yani onun sözcüklerini tekrarlamalı ve daha da önemlisi onun duygusal durumunu ses, mimik ve vücut dilini kullanarak samimi bir şekilde geri yansıtmalısınız.

Peki Fast-Food Kuralı nasıl işliyor ve bu isim nereden geliyor?

Fast-Food Kuralı 1: Duyduğunuz mesajı TEKRARLAYIN

Hamburgercilerde yanlış olan birçok şey var. Ama bir şeyi çok iyi yapıyorlar: Müşterilerin siparişini almak.

Bir fast-food restoranına gittiğinizi düşünün. Kasiyer size "Siparişinizi alabilir miyim?" diyor. Peki "hamburger ve patates kızartması istiyorum" dediğinizde nasıl yanıt veriyor?

"Hayrola, bu akşam yemek yapmaya üşendiniz mi?"

"O yemekte ne kadar yağ var farkında mısınız?"

"Siparişiniz dört dolar ediyor."

Yanıt bunlardan hiçbiri değil!

Kasiyerin yaptığı ilk şey *siparişinizi size tekrarlamak* oluyor!

Ne istediğinizi tam olarak anlamadan hiçbir şey yapamayacağını biliyor. Bu yüzden "Hamburger ve patates kızartması" dediğinde, aslında size ketçap ya da ekstra tuz isteyip istemediğinizi de sormuş oluyor. Kasiyer ancak ne istediğinizden emin olduktan sonra -ve siz de onun anladığından emin olduktan sonra- kendi işini yapıyor ve "Dört dolar, efendim" diyor.

Şimdi gelin bu kuralı günlük hayata uygulayalım. Çocuklara geçmeden önce yetişkinler arasında yaşanan bir örneği inceleyeceğiz.

Çantanızı kaybettiğiniz için müthiş üzgünsünüz. Bu çantada iki haftadır üzerinde çalıştığınız raporlar vardı ve patronunuz durumu öğrenirse sizi kovacağından korkuyorsunuz. Ağlayarak durumu arkadaşınıza anlatmaya başladığınızda lafınızı kesip size sarılıyor ve "Tamam tamam geçti! Üzülme raporu tekrar yazabilirsiniz. Ben seni yine de seviyorum. Bak sana komik bir şey anlatayım. Dün başıma ne geldi biliyor musun?!" diyor.

Nasıl hissedersiniz? Arkadaşınızın tek amacı sizi rahatlatmaktı, ama reaksiyonu büyük ihtimalle size saygı duymadığını düşünmenize ve kendinizi *daha da* kızgın hissetmenize neden oldu!

Anlattıklarınızı dinleyip, arada sırada anladığını belirtecek hareketler yapmak ve fikirlerini en sona saklamak arkadaşınız açısından daha uygun bir davranış olurdu.

Gelin bu diyaloğu baştan alalım ve arkadaşınız duygularınızı yansıtarak sizi dinleseydi kendinizi nasıl hissedeceğinizi görmeye çalışalım:

"Restorana gittim ve çantayı sandalyede unuttum!"

"Ay olamaz!"

"Patronum da öyle kaba bir adam ki... Eminim bana bağıracak."

"Tevekkeli değil, bu kadar üzülmen."

"Evet, bu rapor üzerinde iki haftadır çalışıyordum!"

"Olamaz! Bu kadar çaba boşa gitti!"

"Beni dinlediğin için teşekkür ederim. Bunu bir şekilde atlatacağım."

"Her zaman yanında olduğumu biliyorsun. Sana nasıl yardım edebilirim? Hadi gel sana sarılayım. Sana dün başıma ne geldiğini anlattım mı? Bak bu neşeni yerine getirebilir..."

Sinirli olduğunuzda arkadaşınızın sizi dinlemesini ve umursamasını istersiniz! Tavsiyeler elbette gereklidir, ama ilk ve en çok ihtiyaç duyduğumuz şeyler bunlar değil. En iyi iletişimciler karşılarındaki kişiye fikirlerini söylemeden önce, onların duygularını anladıklarını belli ederler. Daha siparişini vermeyi bitirmemiş müşteriye hesabı söyleyen bir garson gibi olmayı istemezler!

Öncelik Sizde Oluyor mu?

Fast-Food Kuralı'na göre, ilgiye en "aç "olan taraf derdini anlatmaya hak kazanır. Ağlayan çocuklar o kadar huzursuz olurlar ki, kendi mesajımızı iletmeden önce onların derdini anlamamız gerekir. Ama çocuğunuz agresifse, tehlikeli bir davranışta bulunuyorsa ya da önemli bir kuralı yıkıyorsa hemen kendi mesajınızı iletebilirsiniz. Çünkü bu durumlarda *sizin* duygularınız öncelik kazanır.

Fast-Food Kuralı 2: Mesajı; yüzünüzü, sesinizi ve kalbinizi de kullanarak samimi bir şekilde tekrarlayın.

Başarılı bir iletişimin sırrının *"ne"* söylediğimizde gizli olduğunu zannediyoruz. Ama bu her zaman doğru değil. Aslında gerçekten kızgın bir kişiyle konuşurken *ne* söylediğiniz, *nasıl söylediğinize* oranla *çok daha* az önem taşıyor! Arkadaşınızın şikâyetlerini ifadesiz bir yüzle ve düz bir ses tonuyla tekrarlamak, onun kendini *daha da kötü* hissetmesine neden olur. Bu yüzden bu ikinci Fast-Food Kuralı çok önemlidir.

Fast-Food Kuralı yalnızca karşınızdaki kişiye tam ilgi gösterdiğinizde, sözcüklerini, sesini ve hareketlerini tam olarak yansıtabildiğinizde işe yarar.

Sadece birkaç saat önce işten kovulduğunuzu ve teselli için bir arkadaşınızla buluştuğunuzu hayal edin. Aşağıdaki yanıtlardan hangisi arkadaşınızın sizi gerçekten umursadığını düşünmenizi sağlar?

Fast-Food Kuralı'nı Küçük Çocuklarla Kullanmak

Herhangi bir nedenden dolayı huzursuz olmuş bir çocukla konuşurken çoğumuz o kadar sabırsız oluyoruz ki, bu şekilde Burger King'de asla kasiyerlik yapamazdık. Çocuklarımızın şikâyetlerini -ister haklı, ister abartılı olsun- "Sus," "Dur" ya da "Şimdi olmaz" gibi cümlelerle ortadan kaldırmak istiyoruz.

Sonra da kendimizi, meşgul olduğumuzu ya da yalnızca her şeyi daha iyi hâle getirmek istediğimizi söyleyerek haklı görmeye çalışıyoruz. Ama tüm bunlar bize, çocuğumuzun yorumlarını tam da onun "anlatma sırası" gelmişken kesme hakkını tanımıyor. Amacımız elbette kaba veya saygısız olmak değil, ama yolladığımız mesaj tam olarak bu anlama geliyor.

İşte çocuklarımızın lafını ve şikâyetlerini nasıl kestiğimize birkaç örnek:

- Mantık: "Bak tatlım, gördün mü, odanda canavar falan yok."
- Duyguları küçümseme: "Hadi yapma, o kadar da acımadı!"

- Dikkatini dağıtmak: "Hadi şu kitaba bakalım."
- Umursamamak: Arkanızı dönüp gitmek.
- Sorgulamak: "Sana neden vurdu?"
- Tehdit etmek: "Sus yoksa ceza alırsın."
- Teselli etmek: "Ağlama artık. Bak baba burada!"

Lütfen beni yanlış anlamayın. Bu yanıtların hepsinin yeri ve zamanı var; *ama sizin sıranız gelene kadar değil!* Çiftçiler nasıl ekin almadan önce biçmek zorundaysa, ebeveyn olarak siz de önce çocuğunuzun duygularını anlamalı ve ona başarılı bir şekilde cevap vermelisiniz.

Bazı Ebeveynler Doğru Hareketi Yanlış Zamanda Yapıyor

Anne-babaların Fast-Food Kuralı'nı kullanarak çocuklarına saygı göstermek yerine, onların duygularını bir kenara ittiği iki ana hareket var. Bunlardan birincisi, hemen dikkat dağıtmaya çalışmak; ikincisi de "Tamam, her şey yolunda!" demek.

Dikkat Dağıtmak Neden Geri Tepiyor?

"Bitene kadar bitmiş sayılmaz."
Yogi Berra, eski New York Yankees yıldızı

Doktorunuza şikâyetinizi her anlatmaya çalıştığınızda onun pencereyi gösterip, "Bakın, şu yeni binayı görmüş müydünüz?" dediğini hayal edin. Herhâlde çok geçmeden yeni bir doktor bulurdunuz.

Çocuklar da şikâyetlerini alakasız şeylerden bahsederek böldüğümüzde çok kızıyorlar. Ancak annelerini değiştirme şansları olmadığı için ya daha da *taşkın* oluyorlar (amaçları size mesajlarını aktarabilmek), ya da içlerine kapanıyorlar (çünkü onları umursamadığınızı düşünüyorlar). Her iki tepki de fiziksel ve ruhsal sağlığın bozulmasına neden olabilir.

"Her şey yolunda" Neden Her Şeyi Yoluna Sokmuyor?

"Kaynayan bir tencerenin kapağını kapadığınızda kaynamayı durduramazsınız."
Stephanie Marston, *"Teşvik Etmenin Büyüsü"*

Ağlayan çocuğunuzu yatıştırmak istemeniz doğaldır. Ama şikâyetini anlatırken onu "Tamam, tamam her şey yolunda" ya da "Geçti" diye (defalarca) bölmeniz istemeden ters bir tepki almanıza neden olabilir. Çocuğunuz, kızgın olmaya hakkı olmadığını söylediğinizi ya da artık onun duygularını merak etmediğinizi düşünebilir. Yani sevgi dolu telkinlerinizi çocuğunuz sakinleştikten *sonra* kullanmak üzere saklamanız gerekiyor.

Monica 20 aylık kızı Suzanne için yiyecek bir şeyler hazırlıyordu. Tabakta kızının en sevdiği yiyecekler vardı: Güler yüz şeklinde yerleştirilmiş iki üzüm, mozarella peyniri ve kraker.

Sürpriz olsun diye Monica bu kez daha da orijinal olmaya karar verdi. Tam krakerler koymak yerine, bunları parçalayarak kol ve bacak gibi gözükecek şekilde yerleştirdi. Ama Suzanne dünyanın en korkunç filmini izlemiş gibi tepki verdi, dehşet içindeydi!

Monica Fast-Food Kuralı'nı uygulamadan kızını en az yirmi kez "Tamam, geçti, her şey yolunda" diyerek sakinleştirmeye çalıştı.

Peki küçük Neandertal'inin bu sakinleştirmeye tepkisi neydi? Daha da yüksek sesle çığlık atmaya başladı! Atıştırma saati Monica'nın süreli "Tamam, geçti" dediği, kızının ise "Hayır, GEÇMEDİ" demek istercesine ağladığı bir kâbusa dönüşmüştü.

Ben Fast-Food Kuralı'nı bazen bir kurtarma operasyonu olarak görüyorum. Çocuğunuz, Taş Devri'nden kalma duygularının ormanında sıkışmış vaziyette ve sizin onu kurtarmak için tek çareniz yerini bulabilmek! Onu bulabilmenin yolu da duygularını anlamaktan ve anladığını ona göstermekten geçiyor.

Artık Fast-Food Kuralı'nı anladığınıza göre, bunun çocuğunuzda işe yaradığından emin olmak için yapmanız gereken tek bir şey daha var. Çocuğunuzun duygularını ona *kendi dilinde*, benim Yumurcak-ça Dili dediğim tarih öncesinden kalma bir dil kullanarak yansıtmalısınız.

Yumurcak-ça: Taş Devri'nden Gelen Dostunuzun Ana Dili

Bir kadının, bilmediği bir dil konuşulan bir ülkeye gittiğini düşünün. Birdenbire tuvalete gitmesi gerekiyor. Sokakta birini durdurup aceleyle "Tuvalet?" diye sorduğunda "Anlamıyorum" anlamına gelen "Wjoorkt" yanıtını alıyor. Kadın "Efendim?" diyor ve bu kez ses tonunu yükselterek soruyor: "Tuvalet! TUVALET!" Karşısındaki kişi ise ses tonundan alınarak bu kez "Wjoorkt! Wjoorkt! WJOORKT!!!" diye bağırıyor.

Sonuçta her iki taraf da sinir küpü hâline geliyor ve kimse derdini birbirine anlatamamış oluyor.

En ilgili yabancı bile eğer dilinizi konuşamıyorsa size yardımcı olmakta zorlanır. Aynı şey ilgili ebeveynler için de geçerlidir. Fast-Food Kuralı çocuklarda, ancak *ana dillerine çevrildiğinde* işe yarar. Bir anne bunu, kızıyla birlikte ofisime geldiğinde çok iyi anladı:

> *Yirmi üç aylık Shannon'ın kulaklarını muayene etmek için fenerimi çıkardığım anda ufaklık endişeyle ağlamaya başladı. Annesi Mary ise sakin ve saygılı bir ses tonuyla, "Bunu sevmediğini biliyorum, hayatım. Korkuyorsun ve canını acıtacağını sanıyorsun. Ama doktor çok dikkatli olacak. Kulaklarının iyi olduğunu görmemiz gerekiyor ki, o çirkin ilaçtan bir daha içmek zorunda kalmayasın. Tamam mı? Hadi bakalım, neredeyse bitti."*

Peki Shannon sakinleşti mi? *HAYIR!* Annesi bu kez bağırmaya başladı! Neden? Mary, Fast-Food Kuralı'nı uygulamıyor muydu? Sorun şurada: Mary çok fazla sözcük kullandı ve bunlar kızının paniğini tam olarak karşılamıyordu!

Kızgın ve korkan çocuklar hemen duygusallaşır ve daha da sertleşir. (Bu, daha büyük çocuklar ve hatta yetişkinler için de geçerlidir!) Küçük çocuklar huzursuz olduklarında bizim kibar sözcüklerimiz onlara nazik gürültülerden ibaret gelir. Zavallı Shannon! Endişeliydi, korkuyordu ve annesinin bile onu anlamadığını düşünüyordu! Bunun üzerine biraz önce bahsettiğimiz derdini anlatamayan turist gibi daha da bağırmaya başladı.

Peki Mary korkan küçük kızına nasıl yardımcı olabilirdi? Ne söylemeliydi? Çok kolay! Tek yapması gereken sözcüklerini Yumurcak-ça'ya çevirmekti. Peki bu nasıl yapılıyor?

Hiç Normal Konuşmayacak mısınız?

Çocuğunuzla her zaman Yumurcak-ça konuşmanız gerekmiyor. Genelde normal şekilde konuşacaksınız. Ama havası değişip fırtınalar estirmeye başladığında çocuğunuzla normal konuşmanın işe yaramadığını fark edeceksiniz.

Normal Ebeveynlik Teknikleri Taş Devri'nden Kalma Küçük Çocuklarda Neden İşe Yaramıyor?

"Burada bir iletişim problemi yaşıyoruz."

Paul Newman, *"Cool Hand Luke"* filminde

İlgili ve mantıklı davranmayı tamamen destekliyorum. Ama bazen mantığın, dikkat dağıtmanın, hatta sevgiyle duyguları anladığını göstermenin huzursuz çocuğunuzu sakinleştirmek için hiçbir şekilde işe yaramadığını göreceksiniz.

- *Çocuğunuz sizi gerçekten "duyamaz".* Hepimiz kızgın olduğumuz zaman çevremizde olup bitenleri net şekilde görmekte (duymakta) zorlanırız. Bu genç beyinleri dil için henüz yeterli olmayan küçük çocuklar için daha da doğrudur.
- *Çocuğunuz henüz mantığını* çok etkili kullanamıyor. Olaylara mantıklı yaklaşmak sol beyinle ilgilidir. Dört yaşın altındaki çocuklarda ise sol beyin henüz tam organize olamamıştır.
- *Çocuğunuz ne istediğine yoğunlaşıyor, sizin ne istediğinize değil.* İki yaşındaki çocuğunuzun "O kadar haklısın ki" ya da "Daha önce hiç böyle düşünmemiştim" dediğini

hayal edebiliyor musunuz? Tarih öncesinden kalma dostunuzun, hele hele sinirli olduğunda, mantıklı olmasını veya özveride bulunmasını beklemeyin. Zaten mutluyken bile bunu başarmakta çok zorlanıyor.

- *Ufaklığınız ne demek istediğini anlamadığınızı düşünüyor.* Çocuğunuz size derdini (bağırarak) yirmi beş kez tekrarlamışken nasıl olur da hâlâ anlamadığınızı düşünebilir? Kulağa garip geliyor olabilir, ama bunun nedeni büyük ihtimalle anladığınızı ona kendi dilinde hiç söylememiş olmanızdan kaynaklanıyor. Genelde onu anladığınızı ve ona saygı duyduğunuzu ona Yumurcak-ça bir kez söylediğinizde bu sakinleşmesi için yeterli olacaktır.

Yumurcak-ça'nın Dört Ana Malzemesi

"Roma'dayken Romalılar gibi davranın."

Yumurcak-ça dilini ilk kez Yumurcak Ülkesi'nin onursal elçisi olduğum ofisimde öğrendim! Günde yirmi kez huysuzluk veya kızgınlık nöbetlerinin üstesinden gelerek bu dilde gittikçe daha da ustalaştım. Sonuçta ağlayan iki yaşındaki çocukların çoğunu birkaç dakika içinde gülüp oynar ya da en azından işbirliği yapacak hâle getirebilir oldum.

Kulağa fazla mı iyi geliyor? Aslında Yumurcak-ça Fansızca, Çince veya kuş dilinden çok daha kolay bir dil. Denemeye ilk başladığınızda kendinizden şüpheye düşebilirsiniz. Ama lütfen pes etmeyin! Birkaç gün içinde çocuğunuzun size teşekkür eden gözlerle, "Hey, beni anlıyorsun! Harikasın!" der gibi baktığını göreceksiniz.

Herhangi bir mesajı Yumurcak-ça'ya çevirmek için dört basit kural şöyle:

1. Kısa cümleler
2. Tekrar
3. Doğru ses tonu
4. Mimikler ve vücut dili

Bu dört adım, iletişiminizi çocuğunuzun stres altındaki beyninin anlayabileceği küçük parçalara bölüyor. Ayrıca mesajını "anladığınızı" gösteriyor. Çocuğunuzun sözcüklerini (ya da konuşabilseydi söyleyeceğini tahmin ettiğiniz şeyleri) tekrarlayın, ama bunu yaparken duygularına tam olarak karşılık verebilmek için, ses tonunu ve mimiklerini de taklit edin. Unutmayın; mutsuz çocuklara bir şey anlatırken konuşma biçiminiz söylediklerinizden yüz kat daha önemlidir.

1. Kısa Cümleler

"Özlülük zekanın özüdür."
William Sheakespeare, "Hamlet"

Bu cümleyi olabildiğince hızlı okumanızı istiyorum:
Hiçbirnoktalamaişaretininyadabüyükharfinhattasözcükler arasındaboşluğunkullanılmadığıbircümleokumakzorolurdu öyledeğilmi

Burada ne yazdığını hemen kavramış olabilirsiniz. Ama sinirli ve stresli olduğunuz zamanlarda da bu kadar hızlı anlayabilir miydiniz?

Mutsuz bir bir-dört yaş arası çocukla konuşurken sözcükler size fazla yardımcı olamaz. Sakin ve mutlu çocuklar bile uzun cümleleri anlamakta zorlanır. Sözcükler, sol beyinin büyük çaba göstermesi sayesinde algılanır ve bir çocuk kızgın olduğunda ya da ağlama nöbetine girdiğinde bu bölge çalışamaz hâle gelir.

Elbette kızgınlıkları ya da mutsuzlukları arttıkça uygarlıktan uzaklaşan yalnızca çocuklar değildir. Biz de böyleyiz! Yetişkinler olarak biz de duygularımız benliğimize hakim hâle geldiğinde evrimsel olarak geriye gidiyoruz.

Çocukların sabrı, herhangi bir nedenden dolayı mutsuzken daha da azalır. Bu yüzden Yumurcak-ça çok işe yarar. Mesajımızı en küçük çocukların bile ağlayıp tepinirken anlayabileceği küçük parçalara böler.

Yani kızgın bir çocukla konuşurken ilk kural olabildiğince kısa cümleler kullanmak. 12-18 aylık çocuklar için cümlelerin en fazla üç sözcükten oluşmasına özen gösterin. Daha büyükler için bu sayıyı üçe ya da beşe çıkarabilirsiniz. (Daha önce de söylediğim gibi; Yumurcak-ça yalnızca mutsuz, kızgın, ağlayan çocuklar için kullanılıyor. Çocuğunuz sakin ve mutlu hâline döndüğünde siz de normal konuşmanıza dönün.)

Bir örnek verelim; 15 aylık çocuğunuz evin kapısını yumruklayarak dışarı çıkmak istediğini anlatıyor. Dışarı çıkmayı planlıyor olsanız da, olmasanız da ilk yapmanız gereken çocuğunuzun mesajını ona geri yansıtmak olmalı. Mesela; "Dışarı!... Dışarı!... DIŞARI!... sıkıldın... sıkıldın... SIKILDIN! DIŞARI çıkmak istiyorsun. 'Anne... dışarı! DIŞARI' diyorsun" diyebilirsiniz. Çocuğunuz sakinleştiğinde ise onunla dışarı çıkabilir ya da onu oyalayacak farklı alternatifler sunabilirsiniz.

ANNE NE DİYOR...
Tina! Reçel yok! Tina, ortalığı mahvettin! Tina, mutfağa gel!

ÇOCUK NE ANLIYOR...
Tina! Falan filan! Tina, Falan filan! Falan filan! Falan filan! Tina! Falan filan! Falan filan!

Yumurcak-ça Büyüden Daha İyi, Çünkü Gerçek!

Fast-Food Kuralı ve Yumurcak-ça çocuğunuzla yaşayacağınız tüm sorunların panzehiri olacak. Çocuğunuz nefret ettiği bir şeyi yapmak zorunda olduğunda, aç, hasta veya fazla yorgun olduğunda bunlar işe yaramayabilir ve 11. Konuda anlatacağımız umursamama, mola verme gibi diğer tekniklere ihtiyaç duyabilirsiniz.

Ama biraz alıştırma yaptığınızda, çocuğunuzun huysuzluk nöbetlerinin çoğu zaman sakinleştirilebildiğini göreceksiniz. Georgia'nın Yumurcak-ça uzmanı annesi Clare, "Elbette iki yaşındaki oğlumu yatıştırmak için hiçbir şeyin işe yaramadığı zamanlar oluyor. Kardeşinin doğumu bunlardan biriydi. Ama başarı oranımın yüzde 95 olması bence olağanüstü!" diyor.

Bu yöntemleri kullandığınızda durumu tamamen düzeltemeseniz bile, sevgi ve ilgi dolu Yumurcak-ça mesajınız sayesinde çocuğunuzun rahatlamasını ve biraz daha uysallaşmasını sağlayacaksınız.

2. Tekrar

"Eğer ilk denemede başarılı olamazsanız bir daha, bir daha (ve bir daha, bir daha) deneyin."

Eski bir sözün adaptasyonu

Bir yetişkinin gözü kızgınlıktan hiçbir şey "göremez" hâle gelebilir. Böyle güçlü duygular bir çocuğu hiçbir şey "duyamaz" hâle getirir. Bu yüzden tekrarlamak Yumurcak-ça'nın ana elemanlarından biridir. Yukarıdaki örnekte gördüğünüz gibi; "Sıkıldın" kısa bir cümle olmasına rağmen, tek başına yeterli değildir. Kendinden geçmiş hâlde ağlayan çocuğunuzun bunu defalarca duyması gerekiyor. "Sıkıldın... sıkıldın... SIKILDIN!

DIŞARI çıkmak istiyorsun!" Eğer çocuğunuz, boya olarak kullandığı rujunuzu elinden aldığınız için ağlıyorsa duygularını "İstiyorsun! SEN istiyorsun! Şimdiiiiiii istiyorsun!!! İstiyorsun! SEN istiyorsun! Sen ŞİMDDDİİİİİİİİİİİ istiyorsun!!!" diyerek ona yansıtın. Cümlelerin kısalığını, tekrarlanışını ve sona doğru gittikçe şiddetlenişini fark ettiniz mi? Tüm bunları söylerken heyecanlı olmalı, ama bağıracak kadar kendinizi kaybetmemelisiniz.

Dört veya beşinci denemeden önce çocuğunuzun ilgisini bile çekmekte zorlanabilirsiniz. Çocuğunuz birdenbire dönüp yüzünüze "Bir şey mi dedin" der gibi bakmaya başladıysa ilerleme kaydettiniz demektir. Ama burada kalmayın. Gerçekten kızgın olduğunda onu anladığınıza ikna olması için mesajınızı beş-on kez tekrarlamanız gerekebilir.

Mesela; ben iki yaşında bir çocuğun kulaklarını muayene ederken empati kurarak daha büyük olsa ne diyeceğini bulmaya çalışıyorum. "Steve, 'Kulak yok!! Hayır, hayır... Kulak YOK!! Hayır, HAYIR... Kulak YOK!!! Dur! DUR! İstemiyorum' diyor" cümleleri onun neler hissettiğini anladığımı gösteriyor. Bu birçok çocuğu rahatlatmak için yeterli oluyor. Ama tamamen sakinleşmeyenler bile *kulaklarını muayene etmeye devam ettiğim hâlde* daha uysal davranmaya başlıyorlar!

Muayene bittiğinde onlara saygı duyduğumu yine Yumurcak-ça ve Fast-Food Kurallarını kullanarak gösteriyorum. "'Hayır, hayır, HAYIR' dedin. SEN bunu sevmiyorsun! 'Bana dokunma' diyorsun! Kızgınsın!!!" dedikten sonra önünde başımı eğip üzgün olduğumu anlatmaya çalışıyorum. Çocuk sakinleşmeye başladığında bu kez "Bay bay! Geçti canım! BİTTİ!!! Harikaydın! Hadi annenin elini tut!" gibi daha olgun sözcükler kullanarak onu rahatlatmaya çalışıyorum.

Yirmi aylık Jack annesi Mary'nin masanın üzerinde bıraktığı makası eline aldı. Mary makası oğlunun elinden tam zamanında aldı, ama bu kez Jack bağıra bağıra ağlamaya başladı. Ne kadar üzüldüğünü gören Mary, oğluna makasın tehlikeli olduğunu anlatmak istiyordu, ama bunu erteledi. Onun yerine Yumurcak-ça diline geçerek "İstiyorsun... istiyorsun... şimdi istiyorsun, şimdi, şimdiiiiiiiiiii!!!" dedi. Jack birden durdu. Bunun üzerine Mary "İstiyorsun. İSTİYORSUN! Ama hayıııııır! Makas yok! Makas yok, Jack. Makas yok!!!" dedi. Jack'in gözyaşları dindiğinde ise sonunda dikkatini dağıtma vakti gelmişti. "Hey!! HEY!! BAK!!! Burada! BÜYÜK kamyon, Jack! BÜYÜK kamyon!! Hadi oynayalım... kamyon!"

Eğer bunun garip bir konuşma biçimi olduğunu düşünmeye başladıysanız, haklısınız! Bu garip ama çok etkili bir yöntem! Üstelik Yumurcak-ça'yı bir süre kullandıktan sonra onun bisiklete binmek kadar kolay ve doğal olduğunu göreceksiniz. Pes etmeyin! Hedefe neredeyse ulaştınız!

3. Doğru Ses Tonu

"Dünya bir sahnedir."
William Shakespeare, *"Yeter ki Sonu İyi Bitsin"*

Yumurcak-ça'nın bu bölümü tüm *teatral* yeteneklerinizi kullanmanızı gerektiriyor. Fast-Food Kuralı'nın ana kurallarından biri, karşınızdakinin duygularını doğru ses tonunu kullanarak yansıtmaktı. Elbette sizden çocuğunuz gibi çığlık atmanızı beklemiyorum. Küçük çocuklar genelde o kadar yoğun duygular yaşar ki, onların hareketlerinin derinliğine ulaşmayı siz her zaman tercih etmezsiniz. Ama çocuğunuz tepinirken siz sakin ve ölçülü bir ses tonuyla konuşmamalısınız! Tüm hareketleriniz en azından onunkine benzemelidir.

Ana mesajınızı seçtiğiniz ses tonu taşır. Çocuğunuz bir şeye kızdığında beyni söylediklerinizi anlamayabilir, ama ses tonunuzu ve vücut dilinizi mutlaka algılayacaktır. Ne yazık ki, ebeveynler genelde yanlış tonu seçiyor. Neandertal'lerinin güçlü duygularını yansıtmaktansa, onu sakinleştirecekleri umuduyla yumuşak bir ses kullanıyorlar.

Yumurcak-ça'yı iyi konuşan bir anne-baba, işe daima çocuğunun duygularının şiddetini tayin ederek ve bunu ona geri yansıtarak başlar. Ses tonunu da ancak çocuğu sakinleştikten sonra yumuşatır.

Silvia üç yaşındaki kızı Carla ile Yumurcak-ça konuşmaya çalışıyordu. Ama şarkı söyler gibi çıkan sesi kızını daha da kızdırıyordu! Silvia bunun üzerine kızının duygularını dürüstçe yansıtmak yerine bunları karikatürize ettiğini fark etti. Carla'nın anlaşıldığını ve saygı duyulduğunu hissetmesini değil, kahkaha atmasını ister gibi hareket ediyordu. Silvia kızınınkine uygun bir ses tonu seçtiğinde ise Carla şaşırtıcı bir şekilde, birkaç saniye içinde sakinleşti ve sustu!

Yirmi altı aylık çocuğunuzun oyun parkında başka bir çocuğun küreğini almaya çalıştığını, ama bu çocuk küreği vermeyip uzaklaşınca oğlunuzun ağlamaya başladığını düşünün. Çocuğunuzun hislerini ona, onun duygularına uygun, mutsuz bir ses tonuyla anlatmayı deneyin. Bunları empati kurarak ve huzursuzluğuna saygı duyarak söyleyin. "Kızgınsın. Kızgınsın. Kızgın. Kızgın. KIZGIN!!! Susie'nin küreğini istiyorsun. 'Küreği ver!!!' diyorsun. İSTİYORUM! İSTİYORUM! ŞİMDİİİİİİİİİİ istiyorum!!!!"

Yumurcak-ça Neden Bir-Dört Yaş Arası Tüm Çocuklarda Etkili?

Bir yaşında bir çocukla konuşurken kullanılan Yumurcak-ça ile üç yaşındakiyle kullanılan Yumurcak-ça birbiriyle aynı mı? Evet ve hayır. Üç yaşında, sakin bir çocuk daha uzun cümleleri, daha az tekrarla anlayabilir. Ama bir çocuk ne kadar kızıp korkarsa o kadar ilkel hale gelir. Çocuğunuz ağlarken ya da çığlık atarken en basit Yumurcak-ça'yı kullanın. Sakinleştikçe normalde anladığı daha olgun dile geçin.

4. Mimikler ve Vücut Dili

"Bir resim binlerce sözcük değerindedir."

Fred Barnard, 1927

Eğer, Taş Devri'nden kalma ufaklığınızla uzun uzun konuştuğunuz hâlde, ona derdinizi anlatamadığınızı hissediyorsanız, bunun sebebi yüzünüzü ve vücudunuzu kullanmamanızdır. Büyük hata! Ses tonunuz gibi yüzünüz ve vücudunuz da ağzınızdan çıkan hecelerden çok daha fazla anlam taşır. *Huzursuz çocuklar için tek bir hareket gerçekten binlerce sözcüğe bedeldir.*

Bir yaşına geldiğinde çocuğunuz yüzünüzü okuma konusunda büyük ölçüde uzman olmuştur. İç çekmeniz, ellerinizi yumruk yapmanız ona sözcüklerden çok daha fazla şey anlatıyor. Bu yüzden ona ciddi bir şey söylerken asla gülümsememelisiniz. (Sevimli bir şey yapıyor bile olsa.) Küçük çocuklar, mimiklerimize ve vücut dilimize söylediklerimizden daha fazla inandıkları için, ciddi bir şey söylerken gülümserseniz çocuğunuz ricanızı umursamayacaktır!

İlginizi ve saygınızı göstermek için yüzünüzü ve vücudunuzu kullanmaya çalışın. Başınızı sallayın ya da yanına diz çökerek ondan daha aşağıda durun. Yavaşça koluna dokunun ya da hemen yanına oturun. Yüzünüzün empati kurduğunuzu göstermesine müsaade edin. Eğer doğru kullanırsanız tüm bu hareketler "Seni anlıyorum" diyen koca bir billboard kadar etkili olabilir.

Eğer yanlışlıkla gülümserseniz, toparlanmak için yüzünüzü bir saniyeliğine başka bir yöne çevirin. Gerekirse dudağınızı bile ısırabilirsiniz. Sonra çocuğunuza dönün ve eğer küçükse hafif hırlayarak "Hayır! Hayır" deyin. Çocuğunuz daha büyükse "Gülümsediğimin farkındayım, ama aslında *gülümsemiyorum!"* deyin.

Küçük hastalarımdan biri muayene masasından atlamak gibi tehlikeli bir şeye kalkıştığında onlara yalnızca "Dikkat et! Yapma!" demiyorum. Bu cümleleri boğazımın derinliklerinden gelen bir hırıltı ve yüzümde endişeli bir havayla söylüyorum. Bir yandan işaret parmağımı ona sallarken, bir yandan kaşlarımı çatıyorum, bir yandan da başımı "hayır" anlamında iki yana sallıyorum.

Birçok çocuk kızdığında ya da mutsuz olduğunda ağlar ve çevresine zarar vermeye çalışır. Bunu Yumurcak-ça'da nasıl geri yansıtacaksınız? Size yere yatıp tepinmenizi ve çığlık çığlığa bağırmanızı tavsiye etmiyorum. Çocuğunuzun düşündüğünü tahmin ettiğiniz şeyleri ona tutkulu bir şekilde söylemeniz yeterli olacaktır.

Çocuklar yüzümüze sözcüklerimizden daha fazla önem verir.

Ses tonunuzun ve sözcüklerinizin birbirine uyumlu olmasına özen gösterin.

Üç yaşındaki Billy'nin annesi Terri evde Yumurcak-ça'yı nasıl kullandığını anlatıyor:

Komik gözükmekten çekinmeme rağmen, Yumurcak-ça'yı altı ay önce öğrendiğimden beri oğlum Billy'yi bu dili kullanarak sakinleştiriyorum. Artık o kadar ustalaştım ki, birçok kavgayı saniyeler içinde bastırabiliyorum.

Oğlumun huysuzluk nöbetleri genelde şöyle gelişiyor: Önce avazı çıktığı kadar bağırarak ağlıyor. Hemen Yumurcak-ça kullanarak duygularını anladığımı belli etmeye çalışıyorum. Eğer konuşmayı çok erken bırakırsam tekrar ağlamaya başlıyor, ben de yeniden Yumurcak-ça konuşmak zorunda kalıyorum. "Billy hâlâ kızgın, kızgın, KIZGIN!!!!!!! Çook SİNİRLİİİİİ!!! Billy 'Hayır, hayır, hayır, HAYIR!!!' diyor." Eğer bu sırada çığlık atmayı bırakıp, ne olup bittiğini çözmeye çalışır bir şekilde bana baktığını hissedersem, bu benim dikkatini dağıtıp çözüm önerileri sunmak için başlangıç sinyalim oluyor.

Eskiden bu anlaşmazlıklar iki-üç dakika sürüyordu. Billy bir şeyden memnun olmadığında hâlâ en az iki-üç dakika ona ilgi göstermemi istiyor. Ama genelde Yumurcak-ça konuşmaya başladığım anda çığlık atmayı bırakıyor ve uyumlu bir hâle geliyor!

Yurmucak-ça'nın bu kadar etkili olmasının özünde sevgi, ilgi ve şefkat duyduğunuzu çocuğunuza gösterebiliyor olmanız yatıyor. Fast-Food Kuralı'nı Yumurcak-ça'ya çevirerek huzursuz çocuğunuzu her denemenizde yüzde 80-90 oranında sakinleştirebilirsiniz.

Saygı, Mücevherlerden de, Oyuncaklardan da Daha Kıymetli!

Birçok anne-baba bana Yumurcak-ça'nın çocuklarının istediği şeyi ona vermeden ağlamasını nasıl durdurabildiğini soruyor.

Çocuğunuzun bir oyuncak için saatlerce ağladıktan sonra bu oyuncağı eline alır almaz yere attığını hiç fark ettiniz mi? Bunun nedeni anlayış ve saygı görmeyi, bir *nesneden* daha fazla istemesidir.

Hayat boyu isteyip de elde edemediğimiz binlerce *şey* olacak. Hepimiz bunu kabullenmeyi başarabiliriz, ama hiçbirimiz saygı gösterilmemeyi hazmedemeyiz!

Çocuğunuza istediği şeyi veremediğiniz (ya da vermeyi tercih etmediğiniz) zamanlarda Yumurcak-ça konuşarak ona saygı ve ilgi göstermeniz, sakinleşmesine yardımcı olacaktır.

Çocuklarda adalet duygusu gelişmiştir. *Sen bana saygı göster, ben de sana göstereyim* diye düşünürler. Yani sizin ona saygı göstermeniz yalnızca sakinleşmesini sağlamayacak, aynı zamanda size daha fazla saygı duymasını da sağlayacak. Ayrıca çocuğunuzun zihninde, onu seven kişilerden nasıl davranışlar beklemesi gerektiğiyle ilgili bir imaj yaratmış olacaksınız. Bu, çocuğunuzun ileride hem dost, hem de eş seçerken daha doğru kararlar almasını sağlayacaktır.

Leslie'nin Hikâyesi: Yumurcak-ça Görev Başında

Dün gece restoranda 15 aylık oğlum Nathan kaka yaptı. Dolayısıyla restorandan çıkıp arabada altını değiştirmemiz gerekti. O gitmemek için çığlık çığlığa çırpınırken ben duygularını anladığımı göstermeye çalışıyordum: "Restorandan çıkmak istemediğini biliyorum. Bunu sevmediğini biliyo-

rum." Ama o kadar huysuzluk yaptı ki, altını bile değiştiremedim. Hemen Yumurcak-ça'yı denedim. Ellerimi yumruk yapıp, havayı yumruklamaya başlayarak aklından geçtiğini düşündüğüm şeyleri söylemeye başladım: "Nefret ediyorsun! Nefret ediyorsun! NEFRET ediyorsun!!! NEFRET EDİYORSUN!!! Burada pantolonunun çıkarılmasından NEFRET ediyorsun. Hava SOĞUK!!! Nefret ediyorsun, nefret ediyorsun. NEFRET EDİYORSUN!!! Kızgınsın, kızgınsın, kızgınsın!!!" Bağırmıyordum, ama onu anladığımı belli ediyordum.

Sonra harika bir şey oldu. Gözlerimin içine eğlenceli ve biraz da kurnaz bir şekilde baktı ve arabanın dikiz aynasından sarkan süsle oynamaya başladı (daha önce bu süse bakmasını sağlamaya çalışmıştım, ama başarılı olamamıştım). Altını temizleyip, yeni bez koyarken bir yandan da neler yaptığını ona anlatıyordum. Mutlu olmaya devam etti, ben de altını değiştirme faslı bitince ona şarkı söyledim. Sonra beraber dans ederek restorana döndük. Kendimi mükemmel bir ebeveyn gibi hissettim.

Kuralın İstisnaları: Bazen Yumurcak-ça İşe Yaramaz

Yumurcak-ça konuşmaya başladığınızda çocuğunuz hemen sakinleşmiyorsa bunun nedeni yorgun, hasta, stresli, sıkılmış veya başka bir durumdan dolayı huzursuz olmasıdır. (Bununla ilgili 11. Konuda daha fazla bilgi bulabilirsiniz.)

Eğer çocuğunuz ağlamayı kesmiyorsa aşağıdaki tavsiyeleri uygulamayı deneyebilirsiniz:

1. *Çocuğunuza sarılın.* Sinirini atmak için fiziksel olarak yardıma ihtiyaç duyuyor olabilir.

2. *Eğer mümkünse sorunu çözmeye çalışın.* Eğer çocuğunuzun yorgunluk, açlık, sıkıntı gibi bir nedenden dolayı huysuz olduğunu düşünüyorsanız bir yandan Yumurcakça konuşurken, bir yandan da uygun çözümü sunmaya çalışın. Mesela; ona atıştıracak bir şeyler veya yeni bir oyuncak verin, onun sırtını sıvazlayın ya da dinlenmesini sağlayın.
3. *Birkaç dakikalığına yanından ayrılın.* Zaman zaman çocuğunuzu kısa süre yalnız bırakarak, kimsenin onu izlemediği bir ortamda sakinleşmesine fırsat tanımanız gerekebilir. Çünkü bazı çocuklar karşılarında "izleyici" varken inatlarından vazgeçmeyecek kadar "gururlu" olabiliyor. Yani Yumurcak-ça'yı bir-iki dakika denemiş olmanıza rağmen sonuç alamıyorsanız, yaklaşımınızı değiştirip, "Sen ağlamaya devam et, meleğim. Annenin mutfakta bir şeye bakması gerekiyor. Hemen döneceğim, seni seviyorum!" diyebilirsiniz. Bir dakika içinde geri döndüğünüzde Fast-Food Kuralı'nı ve Yumurcak-ça'yı yeniden deneyip, sakinleşmeye hazır olup olmadığına bakabilirsiniz. (Gerçekten inatçı bir çocuğunuz varsa, onu sakinleştirmek için tüm bu adımları üç-dört kez denemek zorunda kalabilirsiniz.)

"Ama Doktor Karp, Özürlü Gibi Gözüküyorum!"

Todd ve Brigitte iki yaşındaki Joanna'nın şefkat dolu anne ve babası. Yılın bir bölümünde Danimarka'da yaşıyorlar. Onlara Yumurcak-ça'yı anlattıktan birkaç ay sonra denemeye fırsat bulup bulamadıklarını sordum. Todd,

"Yumurcak-ça bize garip geliyor. Ona kötü davranıyor gibi hissediyoruz. Danimarkalılar bu kadar aşırı hareket etmeyi sevmez" dedi.

Yumurcak-ça'yı kullanmaya başladığınızda (dünyanın *neresinde* yaşıyor olursanız olun) kendinizi biraz huzursuz (hatta *garip*) hissediyorsanız şaşırmayın. Başta birçok anne-baba yabancıların yanında Yumurcak-ça konuşmaktan çekinir. "Çok *utandırıcı*" ya da "*Yapay* geliyor!" diyen birçok ebeveyne rastladım. Bazıları (ayna karşısında alıştırma yapmak tekniğinizin gelişmesi için çok önemli olduğu hâlde) kendi banyolarında Yumurcak-ça'yı denemekten bile çekiniyor.

Todd ve Birgitte'e açıkladığım gibi; nazik nazik konuşmak, sakin çocuklarda işe yarayabilir. Ama çocuğunun hissettiklerini yansıtabilmek saygı duyulduğunu hissetmesi için şarttır. Birçok anne- baba çocukları mutlu olduğunda ellerini çırpıp zıplayarak ona eşlik etmekten çekinmiyor. Bu hareket onu ve duygularını onayladığınızı gösteriyor. Aynı şekilde mutsuz olduğu zamanlarda ona duygularını yansıtmak da, çocuğunuz kızgın olsa bile ona sevildiği mesajını verir.

Anne-babaların kendilerini garip hissetmek dışında Yumurcak-ça'yla ilgili huzursuzluklarından bazıları şöyle:

- *Onunla dalga geçiyor gibi hissediyorum.* Yumurcak-ça'nın amacı sevgi ve saygı göstermek. Geçmişte insanların biriyle dalga geçmek için onun taklidini yaptığına şahit olmuş olabilirsiniz. Ancak burada taklit tam tersi bir amaç için kullanılıyor! Bu çılgına dönmüş çocuğunuzun duygularını ve size ne "söylediğini" tam olarak anladığınızı ona göstermenin en iyi yolu.

- *Kötü hareketleri teşvik ediyormuşum gibi geliyor.* Onun mesajını geri yansıtmanız kötü davranmasını teşvik etmek anlamına gelmez. Yalnızca bir şeyle ilgili güçlü duyguları olduğunu anladığınızı gösterir. Duygular ve hareketler arasındaki önemli farkı anlamasına yardımcı olur. Kızgın duyguların serbest olduğunu ona öğretir. (Duyguları içinde tutmak stres, yalnızlık ve daha da fazla kavgaya neden olabilir!) Ancak vurmak, ısırmak, çizmek, kötü sözler söylemek gibi kızgın davranışların kendini nasıl hissediyor olursa olsun asla serbest olmadığını da ona öğretir. (11. Konuda bununla ilgili daha fazla bilgi bulacaksınız.)
- *Ya duygularına hak vermiyorsam?* Çocuğunuzun bakış açısını anlamanız buna katılmanız anlamına gelmiyor. Yumurcak-ça çocuğunuzun onu ve duygularını anladığınızı ve bu duyguları hissetmeye hakkı olduğunu düşündüğünüzü ona anlatır. Sakinleştikten sonra uygun gördüğünüz kadar sert veya yumuşak davranabilirsiniz. Ama neden farklı düşündüğünüzü öğretmek için günün ilerleyen saatlerinde tamamen sakinleşmesini bekleyin.
- *Bebek konuşmasına benziyor, çocuğumu "küçük görüyor" gibi hissediyorum.* Bu konuşma tarzı çocukça gözükebilir, ama karşınızdakinin de eninde sonunda bir çocuk olduğunu unutmamalısınız! Üstelik kızgın olduğunda gittikçe daha ilkel şekilde davranıyor. Sakinleştiği zaman çocuğunuzla nasıl konuşacağınıza karar verebilirsiniz. Ama çığlık çığlığa bağırırken en iyi başlangıç noktası Yumurcak-ça olacaktır!
- *Bütün gün böyle konuşmak çok yorucu olur.* Elbette hiçbir anne- baba 24 saat/7 gün Yumurcak-ça konuşmuyor.

Bu yalnızca çocuğunuz güçlü duygular (mutluluk veya mutsuzluk) yaşarken kullanacağınız bir araç. Başlarda Yumurcak-ça daha fazla konuşmanız gerekecek, ama birkaç gün içinde ne kadar zaman kazandığınızı siz de göreceksiniz!

- *Bazen ne demem gerektiğini bilemiyorum.* İşte Fast-Food Kuralı tam da burada yardımınıza koşuyor. Çocuğunuzun yaptığı, hissettiği ve söylemeye çalıştığı şeyi dillendirdiğinizde asla hata yapmazsınız. *Önce onun derdini ortaya koyun, sonra kendinizinkini anlatın!*
- *Gereğinden fazla saygılı olmak diye bir şey var mı?* Eşiniz size karşı "gereğinden fazla saygılı" davranabilir mi? Zannetmem. Saygı kendini ezdirmek anlamına gelmez. Yalnızca sevginin bir belirtisidir ve buna herkes ihtiyaç duyar.

Yumurcak-ça'yı öğrenmek kolaydı. Zor olan en iyi sonucu almak için benliğimi tamamen bir kenara bırakmak oldu. Başlarda Yumurcak-ça'yı yalnızca evde, çevrede kimse yokken kullanıyordum. Ama artık "Çevremde insanlar varsa var, ne yapayım!" diyorum. "Çocuğum çığlık çığlığa tepinirken insanlar bana nasıl olsa bakacak, en azından oğluma yardım edeyim" diye düşünüyorum!

Elbette nadir de olsa hiçbir şeyin işe yaramadığı zamanlar (özellikle çok yorgunlarsa) oldu. Ama genelde Fast-Food Kuralı "bugüne kadar aldığım en iyi tavsiye" olarak görünüyor. Teşekkür ederim!

Mari, Aidan ve Nate'in annesi

Fast-Food Kuralı'na Devam: Onun Mesajını Aldınız, Şimdi Sıra Sizde!

"Her şeyin bir nedeni vardır."

İncil

Şimdiye kadar öğrendiğiniz üzere; mutsuz ve kızgın bir çocuğa pek fazla şey öğretemezsiniz. Duygular ve dersler ancak zeytinyağı ve su kadar birbirine karışabilir! Küçük ilkeliniz mutluyken bile hayatını mantık kurallarına göre yaşamıyor. Yani çocuğunuz huzursuz olduğunda ona ders vermekten vazgeçin ve yalnızca duygularını yansıtmaya yoğunlaşın.

Ancak Yumurcak-ça'yı kullanarak onu sakinleştirdiğinizde -biraz da olsa- onu rahatlatan sevgi dolu sözlerinizi dinlemeye hazır hâle gelecektir. Önemli dersleri tamamen sakinleştikten sonra vermek yine de daha iyidir, ama onun sakinleşme sürecinin hızlanmasına yardımcı olabileceğiniz çok iyi yöntemler de vardır:

Fiziksel olun. Ona sarılmanızı mı, yoksa sessizce yanında oturmanızı mı tercih ettiğini anlamaya çalışın ve bunu yapın.

Seçenekler sunun. "Bir bardak elma suyu mu istersin, yoksa bahçeye mi çıkmak istersin?"

Duyguları göstermenin diğer yollarını öğretin. "Ne kadar kızdığını bana yüzünle göster!" ya da "Hadi ne kadar kızdığının resmini yap!" deyin. "Beraber yastıkları yumruklayalım mı?" da bir seçenek olabilir.

Duyguları ifade eden sözcükler öğretin. "Vay canına! O kadar kızdın ki kanın kaynadı!" veya "Korkmuş gözüküyordun. Ben korktuğumda kalbim davul gibi *küt küt* atar" deyin.

İstediği şeyi hayali olarak verin. Bu en sevdiğim çocuk numaralarından biridir. Ona istediği her şeyi verebiliyor olmayı dilediğinizi söyleyin!

Fısıldamanın gücünü kullanın. Fısıldamak konuyu değiştirip yeniden arkadaş olmanın en iyi yollarından biridir.

İyi bir davranışını yakalayın. Gördüğünüz en ufak dayanışma hareketini övün. Küçük bir çocuk için bu "Hey! Top... top... senin topun var. Hadi BANA yuvarla!" kadar basit bir şey olabilir. Daha büyükler için ise "Beni çok iyi dinledin. Etkilenmemek mümkün değil. Hadi gidip bebeklerine bakalım acıkmışlar mı?" gibi cümleler uygun olur.

Duygularınızı "sen-ben" cümleleriyle paylaşın. Ortalık sakinleşip konuşma sırası size geldiğinde "sen-ben" kalıbını kullanarak duygularınızı *çok kısaca* anlatın. Mesela; başınızı sallayarak "Anne 'Hayır! Hayır' diyor. *Sen* ısırınca, *ben* kızıyorum, kızıyorum, KIZIYORUM" deyin. Bu olayı sizin açınızdan görmesini sağlayacaktır.

Patty'nin Hikâyesi: Bir Ebeveynlik Zaferi

Tarih Öncesi Ebeveynlik yöntemi kocam ve bana çok uydu. 26 aylık kızımızın tatlı bir bebekten Neandertal'e geçişini, "Ben yapacak!" ve "Hayır" cümlelerini sürekli kullanmaya başlamasından zaten anlamıştık.

Bir gün ona banyo saatinin bittiğini söylediğimde çılgına döndü! Ben de sıcak banyolara bayılırım, bu yüzden onu anlamakta güçlük çekmedim. Elimle suyu göstererek "Biliyorum! Biliyorum! BİLİYORUM!" dedim. Ciddi ama sevgi dolu bir yüz ifadesiyle ve kafamı sallayarak "Banyo istiyorsun! Banyo istiyorsun! İSTİYORSUN! İSTİYORSUN!!!" dedim.

Kira hemen yanıt verdi! Ağlamayı bıraktı ve umutlu bir şekilde yüzüme bakmaya başladı. Ona birkaç kez daha "İstiyorsun" dedikten sonra "Kalmak, kalmak, kalmak KALMAK istiyorsun. Ama, hayır, hayıııııırrr. Üzgünüm tatlım ama gitmek, gitmek, gitmek ve giyinmek gerekiyor! Hem bebeğin de kahvaltı etmek istiyordur" diye ekledim. Biraz numaradan ağladıktan sonra onu kurulayıp giydirmeme izin verdi. Ben de bu sırada ona gün içinde yapacağımız heyecanlı şeyleri anlattım.

Artık Kira'yı giydirmeye çalışırken "Hayır! Ben Yapacağım" diye bağırdığında anlayışlı bir şekilde Yumurcak-ça kullanıyorum. "Tamam! Sen yap! Sen yap! Sen yap! Sen yap!!! Sen yapmak istiyorsun, değil mi?" diyorum. Kira genelde tatlı tatlı gülümseyerek "Evet" diyor ve o bluzuyla uğraşırken ben pantolonunu giydiriyorum; sesini bile çıkarmıyor. Kendimi bir deha gibi hissediyorum!

Yumurcak-ça'yı kullanmanın bana verdiği beklemediğim bir armağan kendimi kızıma daha yakın hissetmem oldu. Artık Kira imkânsız bir şey istediğinde, Neandertal duygularına empati duymam büyülü bir şekilde sevgimi anlamasını sağlıyor ve çok özel bir paylaşım anı yaşıyoruz.

9

Saygı ve Ödüller: İyi Davranışları Teşvik Etmenin Yolları

"Sirke yerine bal kullanarak daha fazla sinek yakalarsınız."

Eski bir deyiş

Ana Noktalar:

- Çocukların işbirliği yapmasını sağlamanın altı harika yolu.
- Saygı: Sevgi kadar besleyici bir güç.
  (Deneyin: Onurunu Korumak)
- Övgü: Çocuğunuza sözcüklerle sarılın.
  (Deneyin: İnandırıcı Övgü)
- Yan Kapı Mesajları: Çocuğunuzun zihnine giden gizli yolu bulun.
  (Deneyin: Dedikodu, Masallar ve Ters Psikoloji)
- Güven: Çocuğunuzu hayat boyu besleyecek hediyeyi verin.
  (Deneyin: Güç Artırıcılar)
- Sabır: Çocuğunuzun uygarlığa adım adım yaklaşmasını sağlayın.
  (Deneyin: Bebek Adımları)
- Ödüller: İşbirliği dişlisini yağlayın.
  (Deneyin: Ele Çizilen "Çek" İşaretleri ve Yıldız Tabloları)

Sevgi Dolu Bir İlişki için Araçlar

Artık Yumurcak-ça konuşabildiğinize göre, tarih öncesinden kalma dostunuz için mükemmel bir *elçi* olmaya hazırsınız. Tüm akıllı diplomatlar gibi zaman zaman sert olmanız gerekecek, ama neyse ki, zamanınızın büyük bir bölümünü ilişkinizi geliştirerek ve işbirliğini teşvik ederek geçireceksiniz.

Bir elçi/ebeveyn olarak işinizi yüz kat kolaylaştıracak altı harika "araç" var. Bu araçlar patlamaları engelleyecek, özgüveni artıracak ve çocuğunuzla aranızda tüm arkadaşlarınızı imrendirecek bir bağ kurmanızı sağlayacak.

Bu altı araç şunlar:

- ***Saygı göstermek.*** Sevginizden sonra çocuğunuzun sizden en çok istediği şey...
- ***Övmek.*** Övgü ve olumlu yorumlar çocuğunuzu daha iyi davranmaya yumuşak bir şekilde teşvik eder.
- ***Çocuğunuzun zihnine giden gizli "ikinci kapıyı" kullanmak.*** Çocuklar kendilerine ders verilmesinden nefret eder. Ama başkalarının konuştuklarını iyice kulak kesilip dinlerler.
- ***Özgüveni artırmak.*** Çocuğunuzun kendine güvenini artıracak oyunlar.
- ***Sabırlı olmayı teşvik etmek.*** Çocuğunuza beklemeyi -yavaş yavaş da olsa- öğretmek.
- ***Ödüller vermek.*** Bazen ödüller işbirliği dişlisi için en mükemmel yağ olurlar.

Şimdi müsaade edin, bu diplomatik araçların minik Neandertal'ınızla sevgi ve işbirliğine dayalı bir ilişki kurmanızı nasıl sağlayacağını göstereyim.

Saygı: Sevgi Kadar Besleyici Bir Güç

"Tek istediğim biraz saygı."

Otis Redding, "Saygı"

Bazı ebeveynler saygının modern, sonradan yaratılmış bir kavram olduğunu düşünüyor. Oysa bu konsept insanlık tarihi kadar eski... Saygı tüm sağlıklı ilişkilerin unsurudur. Yalnızca önemli değil, vazgeçilmezdir. Çocuğunuza "Benim gözümde çok değerlisin. Önemlisin" demenizin yoludur. Aslında ilk çağlardan bugüne kadar *saygısızlık* savaşların ve anlaşmazlıkların en önemli nedenlerinden biri oldu.

Peki çocuğunuza saygı göstermek ne anlama geliyor? Ne isterse yapmasına izin vermek mi? Aile içinde ona eşit oy hakkı sunmak mı? Elbette hayır! Saygı, ona samimi bir şekilde ilgi göstermeniz, fikirlerine değer vermeniz ve mantıklı olduğunda isteklerini karşılamanız anlamına geliyor.

Daha önce de belirttiğim gibi çocuğunuz istediği birçok *şey* olmadan yaşayabilir, ama sevgi ve saygı olmadan asla mutlu olamaz.

Sevgi ve Saygı Aynı Şeyler mi?

Hayır! Sevgi çok önemlidir. Ama en büyük sevgiler bile saygısızlık ve dikkatsizlik yüzünden mahvolabilir.

Saygı Nasıl Gösterilir?

İşte çocuğunuza -veya herhangi bir kişiye- saygı duyduğunuzu göstermenin bazı yolları:

Umursadığınızı hareketlerinizle göstermek:

- Gülümseyin, başınızı sallayın, göz teması kurun ve sonra birkaç saniye aşağı doğru bakın.
- Oturun, diz çökün ve yüzünüzü çocuğunuzunkinden biraz aşağıda olacak şekilde ona yaklaştırın.
- Çocuğunuza doğru eğilin.
- İlgiyle ve lafını kesmeden dinleyin.

Umursadığınızı sözcüklerle göstermek:

- Oyalanmadan yanıt verin.
- Söylenenleri tekrarlayın. (Fast-Food Kuralı)
- Tavsiye vermek için izin isteyin. Bunu küçük çocuğunuzla konuşurken bile mutlaka yapın. Sözcüklerinizi anlayamayabilir, ama saygılı ses tonunuzu mutlaka algılayacaktır.

Deneyin: Onurunu Korumak (Zarif Bir Çıkış Yolu)

Onurunu korumak eski bir deyimdir. Tarih boyunca en iyi diplomatlar kaybeden rakiplerinin onurunu korumaya çalışmıştır. Bu, bugün mücadele ettiğiniz rakibinizin yarın dostunuz olmasını sağlar. (İstediğiniz şey de tam olarak bu zaten!) Çocuğunuzla ilişkinizde kazanan taraf genelde siz olacaksınız. Bu yüzden en azından çocuğunuzun, karşılaşmadan zarif bir şekilde mağlup ayrılmasını sağlamalısınız. Ona merhamet gösterin. Utanmak ve kaybetmek yalnızca onun yaralanmasına neden olur ve intikam duygularını körükler.

İşte çocuğunuzun sıkıştığı köşeden özgüvenini kaybetmeden ve olabildiğince zarif, onurlu bir şekilde çıkmasını sağlamanın yolları:

- *Fast-Food Kuralı'nı kullanın.* İlgiyle dinleyin ve Yumurcak'ça kullanarak söylemeye çalıştıklarını tekrarlayın.
- *Seçenekler sunun.* İki yaş ve üzeri çocuklara seçenek sunulması, kendilerine saygı duyulduğunu hissetmelerini sağlar. Mesela; eğer sorun mızmızlanmaysa, "Hillary 'Anne... Anne... dinle, dinle... ŞİMDİ dinle!!' diyor. Annenin seni dinlemesini istediğini biliyorum tatlım. Seçim senin. Büyük kız sesini veya bebek sesini kullanabilirsin. Ama mızmızlanırsan kulaklarım seni duymayacak" diyebilirsiniz.
- *Bazı küçük çatışmaları kazanmasına izin verin ki, o da diğerlerini kazanmanıza direnmeden müsaade etsin.* Hepimiz "bazen kazanıp, bazen kaybetmeye" razıyız. Ama hiçbir gururlu insan daima kaybetmek istemez. Eğer ufaklığınızın bazı (kendi seçtiğiniz) küçük çatışmaları kazanmasına izin verirseniz, gerçekten kazanmak istediğiniz bir durumda daha kolay pes edecektir.

- *Orta noktada buluşun.* Adil bir şekilde fedakarlık yaparak uzlaşmak zayıflık işareti değildir. Bu çocuğunuza onun arzularını en az kendinizinkiler kadar umursadığınızı gösterir. Çok rekabetçi çocuklar zaman zaman yüzde elliden bile fazla fedakarlık yapmanızı isteyebilirler.
- *Azarlamayın ve dalga geçmeyin.* Çocuğunuz mızmızlanırken yapabileceğiniz en kötü şey onunla dalga geçmektir. Bu, ya özgüvenini darmadağın eder, ya da daha da fazla inat etmesine neden olur.
- *Herkesin kazanacağı ortamlar yaratmaya çalışın.* Kazanmak, her seferinde *sizin* kazanmanız anlamına gelmemeli. Çocuğunuzla yaşayacağınız hemen hemen tüm çatışmalardan galip çıkabilirsiniz, ama siz basit bir kavgadan çok daha fazlasını kazanmaya çalışıyorsunuz. Asıl amacınız, çocuğunuzla ömür boyu karşınıza çıkacak zorluklara dayanabilecek, sevgi ve saygıya dayalı, güçlü bir ilişki kurabilmek. Yani çocuğunuzla aynı fikirde olamasanız bile, onun bakış açısını anlamaya ve ikinizin de *kazanan taraf* gibi hissedeceği bir çözüm bulmaya çalışın.

Saygı: Gerçek Hayattan Sorular

Çocuğum otomobil koltuğuna binmemek için savaş veriyorsa ne yapacağım? Bu durumdan saygı göstererek çıkmanın yolu var mı?

Zaman zaman, güvenlik nedeniyle, çocuğunuzu o koltuğa oturtmak için tüm gücünüzü kullanmak zorunda kalacaksınız. Ama çocuğunuzu zorlarken bile bunu saygıyla yapın! Ağlayan çocuğunuzu otomobil koltuğuna yerleştirip kemerini bağlarken Fast-Food Kuralı'nı kullanın: "'Hayır, hayır, HAYIR!' diyorsun. 'Araba YOK! Hayır, hayır, HAYIR!!!' diyorsun" dedikten sonra ellerinizi ve başınızı samimi bir şekilde hayır anlamında sallayın. Daha sonra "Nefret ediyorsun, nefret! 'Hayır, hayır, hayır, HAYIR!!!' diyorsun. Çok üzgünüm ama Baba seni koltuğa oturtmak zorunda" diyebilirsiniz. (Otoyol güvenliğiyle ilgili konuşmanızı şimdilik erteleyin.) "Eğer istiyorsan bağırmaya devam et, Baba birazdan senin sevdiğin şarkı kasetini koyacak" deyin.

"Çocuğunuzun bazı savaşları kazanmasına izin verirseniz, o da diğerlerini sizin kazanmanıza direnmeden müsaade eder" ne demek?

En küçük çocuklar bile karşılıklılık (alma-verme) konseptinin farkındadır. Siz gülümsediğinizde o da gülümser. Güç çekişmelerinde de aynı durum geçerlidir. Bazı kavgaları kazanmasına izin verirseniz, tavrının genel olarak sertleşmesinin önüne geçmiş olursunuz.

Mesela; ben endişeli bir 18 aylık çocuğu muayene ederken, önce çantamdan beş-altı *sıkıcı* oyuncak çıkarıyorum ve bunları teker teker ona sunuyorum. Çoğu çocuk bu oyuncakları geri çeviriyor. O her oyuncağı geri çevirdiğinde ben Yumurcak-ça "'Hayır, hayır, HAYIR!!! Onu yere at, ŞİMDİ!!! Seni sevmiyorum' diyorsun" diyorum. Sonra çocuğun kızgınlığını yansıtacak şekilde oyuncağı yere atıyorum. Sonunda çok daha ilginç bir oyuncak veriyorum. Bu oyuncağı alırsa (ki çocuk bu noktada oyuncağı kabul ediyor) ben yine de "Hayır, hayır, HAYIR! Bu oyuncağı alacağım ama seni sevmiyorum!" diyorum. Böylece oyuncağı kabul etmesine kesin gözüyle bakmadığımı anlıyor. Ama oyuncağı kabul etmesi ve benim sonra söylediklerim muayeneye başlayabileceğim ve işbirliği göreceğim yönünde bir sinyal oluyor.

Peki, çocuğum saygısızlık yapıp bana vurursa ne olacak? Ona vurmalı mıyım?

Bu 15 aylık bir çocuğu sizi ısırdı diye ısırmaya benzer. Elçi olan, olgun ve yetişkin olan taraf sizsiniz. Onun mantıksız ve ilkel davranmasını bekleyebilirsiniz. Zaten yapabileceğinin en iyisi de budur.

Çocuğunuza vurmak kısa vadede sizi "kazanan" taraf yapabilir, ama uzun vadede hem çocuğunuzu, hem de onunla olan ilişkinizi olumsuz etkiler.

Övgü: Çocuğunuza Sözcüklerle Sarılın

"Çocuklar süt ve övgüyle beslenir."

Charles ve Mary Lamb, *"Çocuk Şiirleri"*, 1809

Hangi bluzu giyiyor olursanız olun, insanlar gülümseyerek çok zevkli olduğunuzu söylerlerse o bluzu büyük ihtimalle tekrar giyersiniz. Bizler birer sosyal hayvanız ve beyinlerimiz (çocukların beyni bile) bize iltifat kazandıran davranışları tekrarlamamızı söyler. Çocuğunuzun çabalarını övmek, onun "iyi davranışlarını yakalamak" sorunları önlemekte bu kadar etkilidir.

Deneyin: İnandırıcı Övgü

Çocuğunuzu güvenini artıracak şekilde övmenin üç yolu şöyle:

1. Çocuğunuza büyük ve küçük övgülerin dengede olduğu bir "diyet" verin.

Övgü, çocuğunuz için en az gıda kadar besleyicidir; doğal olarak gün içinde defalarca onu övgüyle *beslemeniz* gerekir. Ancak abartılı övgüleri çok fazla kullanmak ("Dünyadaki en harika kız sensin!") onu daima pastayla beslemeye benzer. Övgüyü fırında makarna gibi düşünün. Çoğunluğu sade makarnadan oluşur, ama eritilmiş peynir ve biraz baharatla lezzeti dört dörtlük hâle gelir. Sizin övgüleriniz de aynen bu şekilde çoğunlukla ilgi, nazik gülümsemeler, sessiz iltifatlar, hareketlerinin kısa tarifleri, bir parça daha kuvvetli övgü ve zaman zaman abartılı kutlama övgülerinden oluşmalı.

Yapacağınız ilk övgü için en iyi örnek; 24 aylık çocuğunuzun yanına oturup, ilgi dolu bir ifadeyle, yaptığı aktiviteyi kendisine otuz saniye boyunca tarif etmek olur. "Hmm! Kamyonu ittiriyorsun! Bam! Oyuncak ayına çarptın!" Sonra kendi kendini ne kadar güzel eğlendirdiğiyle ilgili bir iltifat yapıp, o oyununa devam ederken siz de günlük işlerinize dönebilirsiniz.

Not: "Büyük" övgüleri küçük dozda kullanma tavsiyemin tek istisnası küçük çocuklar. Çocuklar iki yaşına kadar her duyguyu o kadar yoğun yaşar ki, tüm ilgi ve enerjinizi onlara vermeniz gerekir. Övgülerinizin de bonkör olmasında fayda vardır.

2. Aktiviteyi övün, çocuğu değil.

Eğer bir kek pişirmiş olsanız "Harika bir şefsin" diye iltifat almayı mı tercih edersiniz, yoksa "Kek mükemmel olmuş" diye mi? İkisi de kulağa iyi geliyor ancak yalnızca ikincisi inandırıcı. Hepimiz lezzetli tek bir kek pişirmenin sizi harika bir şef yapmadığını biliyoruz. Bunun detaylarla fazla ilgilenmek olduğunu düşünebilirsiniz, ama genelde oyuncuyu değil, oyununu övmek gerektiğini düşünüyorum. "Harika bir yardımcısın" bir dakikalığına doğru olabilir, ama birkaç saat sonra çocuğunuz hiçbir şekilde işbirliği yapmıyorken etkisini kaybedecektir. Diğer yandan "Dökülen suyu silmekle bana çok yardımcı oldun" demek daima doğrudur. *Üstelik* çocuğunuza yapmasını istediğiniz davranışların ne tarz davranışlar olduğunu göstermiş olur ve özgüvenini pohpohlar.

3. Övgüyü mahvetmeyin.

Bazı ebeveynler çocuklarını överler ve övgülerini hemen geri alırlar. Mesela; "Harikasın! Bütün bezelyelerini yedin... Peki neden bu kadar uzun sürdü?" derler. Övgünün yemek gibi olduğunu unutmayın. Önce verip, sonra tam yutmak üzereyken çocuğunuzun ağzından çıkarmayın. Çocuklarına yaptıkları övgüleri böyle mahvedenler, iltifat almanın tüm eğlencesini ortadan kaldırır ve çocuklarının onları öven kişilere güvenmemelerine neden olurlar.

Yaşa ve Evreye Göre Övgü

Çocuğunuzun hangi evrimsel aşamada olduğu onu nasıl öveceğinizi de belirler.

- *Şempanze Çocuklar ve Diz Yüksekliğindeki Neandertal'ler* (12-24 aylık) kendilerini dünyanın merkezi olarak görürler. Küçük bir numara yaptıktan sonra hemen dönüp, izleyip izlemediğinizi görmek için size bakarlar. Gururla "Bak! Ne yaptığımı gördün mü! Harika değil mi?" der gibidirler. Tarih öncesinden kalma bu ufaklıklar alkışlar ve büyük gülümsemelerden oluşan övgüleri severler. (On sekiz aylık Alex gibi birçok çocuk ise iyi bir şey yaptığında kendi kendisine el çırpar!) Çocuğunuzu çok fazla sözcükle boğmayın. Övgülerinizin kısa ve tatlı olmasına özen gösterin. Ama bunları sevginizi gösteren yüz ve vücut hareketleriyle ve mutlu bir ses tonuyla bonkörce desteklediğinize emin olun.

- *Akıllı Mağara Çocukları* (24-36 aylık) alkışa bayılırlar, ama yavaş yavaş alt mesaj olarak verilen övgüleri anlamaya başlarlar. Övgü çok abartılı olduğunda, bu çocuklar bunu daima hak ettiklerini düşünmeye başlarlar. Çocuğunuzu sevgiyle izlemek, ona gülümsemek, başınızı onaylar bir şekilde sallamak ve "Hımm... Bunu beğendim" gibi cümleler söylemek tatmin edici övgü parçalarıdır. Daha eğlenceli olması için zaman zaman iltifatınızı çocuğunuzun kulağına da fısıldayabilirsiniz. İki yaşından sonra çocuğunuz ses tonundaki bu değişikliğin çok önemli bir şey söylediğiniz anlamına geldiğini anlayacaktır.
- *Yetenekli Köylüler* (36-48 aylık) yanıtlarınız ve duygularınızla çok daha ilgilidir. "O kutuyu taşıdığın için teşekkür ederim. Bana gerçekten yardımcı oldun." Üçüncü yaş günü civarında her şeyi karşılaştırmaya başladığında "Bunu *süper* hızlı yaptın. Bir kaplan kadar hızlı" gibi cümleler onun için çok eğlenceli olacaktır. Ama "Dünyanın en hızlı kızısın" demek birkaç tekrardan sonra küçük bir çocuk için bile inandırıcılığını kaybeder.

Kendi Başlarına Çok Şey İfade Eden Kucaklamalar

İşte çocuğunuzu tek kelime etmeden övmenin on iki yolu:

- Sessizce ama ilgiyle izleyin.
- Gülümseyin.
- Başınızı sallayın.
- Sarılın.
- Saçını okşayın.
- Sırtını sıvazlayın.
- Kaşlarınızı güzel bir sürpriz yapılmış gibi kaldırın.
- Baş parmağınızla "Tamamdır!" işareti yapın.
- "Hımmm" ve "Vayyy" gibi ünlemler kullanın.
- Göz kırpın.
- El sıkışın veya elle "çakma" işareti yapın.
- Çizimlerini duvara asın.

Övgü: Gerçek Hayattan Sorular

İki yaşındaki çocuğum onu övemeyeceğim kadar çok hata yapıyorsa ne olacak?

Övgü, yalnızca olumlu davranışları ödüllendirmenin yolu değil, çocuğunuzun sizin istediğiniz şekilde davranmasının da yoludur. İşte küçük adımlarla onu teşvik edebilmeniz için bir örnek:

Çocuğunuzun yapmasını istediğiniz bir şeyi seçin, kız kardeşiyle kavga etmemek gibi. Bu hedefe ulaşmak için yapması gerekenleri küçük adımlara ayırın: (1) sessice oynamak; (2) kendi kendini eğlendirmek; (3) daha fazla paylaşmak; (4) Kız kardeşi kızgınken onun sözcüklerini kullanmak.

Şimdi bir adım geri atın, elçi şapkanızı takın ve çocuğunuzun bu adımlardan ilkini attığı bir anı yakalamaya çalışın.

Sessiz sessiz oynarken görür görmez ona otuz saniye boyunca ilgi gösterin. Eğer huysuzluk yapmaya başlarsa ekşimiş bir suratla "Grrrhhh! Hayır! Kavga yok... kavga YOK!!" deyin. Sonra bir süre onu görmezlikten gelin. Tekrar sessiz sessiz oynamaya başladığı anda tekrar ilgi gösterin. Saatte birkaç kez böyle kısa süreli de olsa ona ilgi göstermeye çalışın. Bunun yarattığı farkı kısa zamanda fark edeceksiniz. İlk adım başarıyla tamamlandığında yavaş yavaş ikinci adıma, yani kendi kendine eğlendiği anlara daha fazla ilgi göstermeye başlayın.

Çocuğumu övmek, kızgınken ona söylediğim kötü şeyleri telafi eder mi?

Yardımcı olabilir, ama sert sözlerin açtığı yaraları kapatmak için çok çok fazla övgüye ihtiyacınız var. Övgü besleyicidir, öte yandan eleştiri çok daha fazla zarar vericidir. Karp'ın Övgü Yasası'na göre: *Tek bir eleştiri sözcüğünü telafi edebilmek için beş ayrı övgüye ihtiyaç var.* Ama, eleştirilerinizin hesabını vermek için, abartılı övgüler seçme yoluna gitmeyin. Bir kişi eleştirildiğinde gerçekçi olan tek övgü, küçük başarılar hakkındaki sevgi dolu ifadeler olacaktır.

Yan Kapı Mesajları:

Çocuğunuzun Zihnine Giden Gizli Yolu Bulun

"Bir kişinin ne kadar ulaşılabilir olduğunu ona yanaşmadan asla anlayamazsınız; ama herkese mutlaka doğru kapıdan yaklaşmalısınız."

Henry Ward Beecher, Amerikalı düşünür, (1813-1887)

Size insan doğasıyla ilgili ilginç bir bilgi vereyim: İki kişi konuşurken duyduğumuz şeylere, yüzümüze söylenenlerden çok daha fazla inanıyoruz! Mesela; eğer bir arkadaşınız "Bugün çok güzelsin" derse yalnızca kibarlık yaptığını düşünebilirsiniz. Ama eğer ne kadar güzel gözüktüğünüzü bir *başkasına* söylerken duyarsanız dürüstlüğüne büyük ihtimalle inanırsınız. On sekiz aylık çocuklar bile bizim başkalarına söylediğimiz şeyleri duyduklarında bunlara, onlara birebir söylediğimiz şeylerden daha fazla inanıyorlar.

Kulak misafiri olduğumuz şeylere bu kadar yoğunlaşmamız bana büyüdüğüm bahçeli evin yan kapısını hatırlatıyor. Annebabam ön kapıyı kilitlerdi, ama yan kapı, çocukların girip çıkabilmesi için daima açık olurdu. Aslında hepimiz, bir anlamda, o eve benziyoruz. Genelde "ön kapıda" gardımızı alıp, iltifatları kibarlık olduklarını düşünerek geri çeviriyoruz. Ama "yan kapımız" kulak misafiri olduğumuz iltifatları memnuniyetle içeri kabul ediyor.

Çocuğunuzun gizli "yan kapısını" kullanarak onu iyi davranmaya teşvik etmenin üç yolu var:

1. Dedikodu yapmak: Duyulmasını istediğiniz bir şeyi başkasına söylemek.
2. Masal anlatmak: Dilediğiniz mesajı çocuğunuza masala gizleyerek ulaştırmak.
3. Ters psikoloji tekniklerini kullanmak: Çocuğunuza yapmasını istediğiniz şeyin tam tersini söyleyerek işbirliği yapmasını sağlamak.

Deneyin: Dedikodu Yapmak *("Psst... hey- hey, oyuncak ayı, Lauren'ın bugün yaptığı harika şeyi biliyor musun!?")*

Bazen çocuklarımızın anlamasını istemediğimiz şeyleri eşimize harf harf deşifre ederiz. Dedikodu tekniği bunun tam tersi. Çünkü burada düşüncelerimizi karşımızdakine fısıltıyla söyleyerek çocuğumuzun *daha da fazla* ilgi göstermesini sağlıyoruz.

Şaşırtıcı bir şekilde duymamamız gerektiğine inandığımız şeyleri çok daha büyük bir dikkatle dinliyoruz ve bunların doğruluğuna daha fazla inanıyoruz. Bu; çocuklar, yetişkinler ve hatta hükümetler için bile geçerli!

Peki siz bu yöntemi çocuğunuzun üzerinde nasıl kullanacaksınız?

Çocuğunuz yakında bir yerdeyken onunla ilgili övgünüzü, olumlu yorumlarınızı yüksek bir tonda başka birine fısıldayın. Bu kişi eşiniz, arkadaşınız, uçan bir kuş, çocuğunuzun oyuncak ayısı olabilir veya telefonda konuşuyor numarası yapabilirsiniz. *Bunu yaparken çocuğunuza kesinlikle bakmayın.* Dedikodu tekniği ancak onun duymasını istemiyormuş gibi davranırsanız işe yarar. İlgisini çekmek için yüksek tonda bir fısıltıyla başlayın, ama onun sessizleşip sizi dinlemeye başladığını fark ettiğiniz anda sesinizi azaltın ve ağzınızı *-birine sır verir gibi-* elinizle kapatın. (Daha büyük çocuklara uygulayabileceğiniz bir teknik ise, arada homurtular çıkararak anlayamadığı/duyamadığı sözcükler olduğu izlenimini yaratmaktır. Bu hem eğlenceli olur, hem de sırrı onun gözünde daha da kıymetli hâle getirir.)

Günün devamında aynı iltifatı onun yüzüne karşı yapın. Böylece *Galiba doğru söylüyor. Şu sıralar sürekli aynı şeyi duyuyorum* diye düşünecektir.

Dedikodu tekniği 18-24 aylıktan itibaren etkili olmaya başlar. Çünkü çocuklar insanların önemli bir şey söylerken fısıldadığını bu yaşta öğrenirler!

Tüm Yaşlar ve Evreler için "Dedikodu"

Çocuklar üzerinde etkili olan dedikodu tekniğini uygulamanın bazı yöntemleri şöyle:

- *Çocuğunuzun yaptığı bir şeyi övün.* Evde beslediğiniz muhabbet kuşuna "Hey! Psst- hey! Evet, Selma *bütün* bezelyelerini yedi. Ben de 'İyi, bezelyeler, iyi bezelyeler, iyi kız' dedim. Hey... küçük kuş, Psst! Selma sonra bana teşekkür etti. 'Teşekkür ederim' dediğinde gerçekten hoşuma gidiyor. Çok mutlu oluyorum!" deyin. Bu çeşit dedikodu iki yaşındaki çocuklarda bile işe yarar! Küçük çocuğunuz kullandığınız tüm sözcükleri anlayamayabilir, ama ses tonunuzdan onu önemsediğinizi mutlaka anlayacaktır.

- *Belli şeyler öğretin.* Diyelim ki, iki yaşındaki Helen köpekten korkuyor. Ona "Korkma, bu iyi bir köpek" diyeceğinize oyuncak ayısıyla konuşuyor gibi yapın. "Evet, ayıcık; Helen korktu. 'Anne eve gidelim' dedi. Ama sonra ona nasıl cesur olunacağını gösterdim. Köpeğe de 'Git köpecik, kötülük yapma! Kızlara iyi davranman lazım' dedim. Sonra da Helen'e sarıldım, çünkü onu çooook seviyorum."
- *Yardıma ihtiyacınız varmış gibi yapın.* Üç yaşındaki Isabella annesinin yardım isteğini genelde görmezden geliyordu. Sağır gibi davranıyordu. Ama Joyce yan odaya gidip yüksek sesle "Keşke bu oyuncakları toplamak için bana yardım edecek biri olsa" diye fısıldadığında Isabella hemen odaya geliyor ve annesine yardım ediyordu.

Dedikodu ve Hayali Arkadaşlar

Bazı çocuklar kendilerine hayali arkadaşlar yaratırlar (bu, hem her zaman yanlarında bir arkadaş olmasını, hem de sosyal ilişkilerini geliştirme olanağı sağlar). Çocuğunuzun birçok düşüncesini hayali arkadaşına anlattığını duyabilirsiniz: "Anne çok kötü. Televizyon yok diyor." Ancak oyun tek taraflı değil. Siz de bu hayali arkadaşları "yan kapı" gibi kullanarak çocuğunuza dilediğiniz mesajı verebilirsiniz. Mesela; hayali arkadaşın ismi Zuzu ise evden çıkarken "Zuzu ve Suzie, ayakkabılarınızı kendiniz giyerseniz ikiniz de benimle alışverişe gelebilirsiniz" diyebilirsiniz. **Bir uyarı:** Bazı çocuklar hayali arkadaşlarıyla konuşmanızı istemeyebilir. Bunu "O BENİM arkadaşım! Onunla konuşma!" diyerek size de söyleyeceklerdir.

Louise üç yaşındaki Turner'ı boğaz ağrısı şikâyetiyle ofisime getirmişti. Turner ağlamıyordu, ama beni görmezden geliyordu. Ağzını açması için onunla mücadeleye girmektense dedikodu tekniğini kullanmayı tercih ettim. Louis'e doğru eğilip yüksek sesle, "Turner ağzını açıp bana aslan dişlerini gösterdiğinde çok hoşuma gidiyor" dedim.

Bunu söylerken bir elimle ağzımı kapattım, böylece bir sır veriyor gibi gözüküyordum. Ama bu sırada elimi çekip ağzımı açtım ve dilimi dışarı çıkardım. Böylece Turner ne yapmasını istediğimi de tam olarak görmüş oldu. Tüm bunlar olurken ona hiç bakmamış olmama rağmen, Turner'a doğru döndüğümde çocuk âdeta büyülenmiş gibi kendiliğinden ağzını açtı!

Bu küçük hilede çocuğunuzun en sevdiği oyuncağı da "suç ortağı" olarak kullanabilirsiniz. Mesela; Jack'in babası Keith genellikle tavsiye almak için Sihirli Tavşanı arıyor. "Bir saniye bekle, Jack; Sihirli Tavşan'a sorayım!" diyor. Sonra sırtını oğluna dönüp yüksek bir fısıltıyla, "Merhaba, Sihirli Tavşan! Lütfen, lütfen, LÜTFEN bana yardım et! Sence Jack yemekten önce ellerini yıkamalı mı?" diyor. Daha sonra kulağını oyuncağın ağzına dayayıp yanıtı dinliyor gibi yapıyor. "Ama bunu hızlıca yapabilir mi? Çünkü ŞİMDİ yemek yemesi gerekiyor. Tamam, tamam Sihirli Tavşan, ona söyleyeceğim. Teşekkürler!!! Seni seviyorum" diyor. Sonra da oğluna dönüp, "Selam, Jack! Sihirli Tavşan'la konuştum. Ellerini SÜPER hızlı yıkamanı ve sonra bana çakmanı istiyormuş!" diye isteğini oğluna anlatıyor.

Bu rutin genelde bir dakika kadar vakit kaybedilmesine neden oluyor ama ortamın gerilmesini engelliyor. Keith'in bu küçük önlemi, eskiden yarım saat süren ve tüm günü mahveden kavgaları daha başlamadan ortadan kaldırıyor.

Deneyin: Masallar *("Bir zamanlar bir çocuk varmış...")*

"Kırmızı Başlıklı Kız" gibi klasik öyküler ilk kez çok eski zamanlarda kamp ateşinin etrafında, hem çocukları eğlendirmek, hem de onlara tanımadıkları "kurtlarla" konuşmamak gibi dersler vermek için anlatılmıştı. Bu masalların yüzyıllardır jenerasyondan jenerasyona aktarılması etkili olduklarının en büyük kanıtı! Dedikodu gibi masallar da iki yaşından büyük çocukların "yan kapılarını" kullanarak dilediğiniz mesajı iletmenin en iyi yollarından biridir.

Bu küçük hikâyeler çocuğunuzun beyninde gelişmekte olan iki tarafı da çalıştırır. Sol beyin dili konusunda gelişir ve eğlenceli bir hikâyeyi algılar; sağ beyin ise nasıl davranması gerektiği üzerine mesaj alır.

Masal anlatmanın zarif bir şekilde etkili olmasının sırrı ufaklığın bir şeyler öğrendiğinin farkında bile olmamasında yatar. Tohumlar gibi bu masallar da zihnine "ekildikten" sonra yavaş yavaş gelişip meyvelerini verecek ve çocuğunuzun doğru ve yanlışı anlamasını sağlayacaktır.

Masalların genelde üç bölümü vardır:

- **Başlangıç.** Bu bölüm tüm duyguları bertaraf ederek çocuğunuzun masalla ilişki kurmasını sağlar. Burada küçük prensesin ne giydiğini, ne gördüğünü, hangi kokuları duyduğunu, hangi şarkıyı söylediğini, kahvaltıda ne yediğini, güneş ışıklarının yüzüne nasıl vurduğunu, okula yürürken neler gördüğünü anlatabilirsiniz. Girizgah önemlidir, çünkü çocuğunuzun zihnine ilk buradan girersiniz. İkinci bölüme başladığınızda kendini rahat ve güvende hissedeceği için zihninin "yan kapısı" da size *tamamen* açılmış olur.
- **Gelişme.** Öğretmek istediğiniz dersi bu bölümde gündeme getirmelisiniz. Mesela; küçük prenses saçlarını tara-

madığında ya da sırasını beklemediğinde ya da kardeşine vurduğunda ne oldu?

- **Mutlu son.** Hikâyenizi mutlu sonla bitirmek son rötuştur. Hikâyenin sonunda prensesin ailesine, öpücüklere, en sevdiği yemek ya da oyuncağa döndüğünü ve "sonsuza kadar mutlu yaşadığını bilmek" çocuğunuzun düzen ve güven duygusunu tatmin eder.

Size, çocuğunuz için özel olarak geliştirdiğiniz masallar anlatmanızı tavsiye ediyorum. İşte bunu yapmak için birkaç ipucu daha:

- Ana karakterleri sevimli hayvanlar yapın, bunlar çizgi filmlerden tanınan hayvanlar da olabilir.
- Hikâyenizde küçük çocuklar kullanmaktan sakının. Bu hikâyenin fazla gerçekçi ve biraz da korkutucu gözükmesine neden olabilir.
- Sesinizi dikkatli kullanın: Çocuğunuzun ilgisini çekmek veya hikâyeyi hatırlamasını sağlamak için ya sesinizi yükseltin, ya da bazı bölümlerde fısıldayarak konuşun.
- Hikâyeye melek, peri, konuşan bir kurbağa ya da arkadaş canlısı bir ağaç gibi ana karakteri kurtarmaya yardım edecek yardımcı karakterler ekleyin.
- Masala mutlaka homurdanan, çirkin ve sonunda cezalandırılan kötü bir hayvan ekleyin. Çünkü çocuğunuzun dünyasında yalnızca neşeli şeyler değil, korkutucu durumlar da vardır.

Kısa süre sonra çocuğunuzun yarattığınız karakterlerin hikâyelerini hep dinlemek isteyeceklerini fark edeceksiniz. Bu masallar defalarca tekrarlandığında, karakterler çocuğunuz için tatlı bir çocukluk hatırası hâline gelecektir!

Üç yaşındaki Gracie babasının uzak bir ormanda yaşayan Güzel Ayı ve kardeşi Bill ile ilgili anlattığı hikâyelere bayılıyordu. Onun için bu iki karakter en az Uyuyan Güzel ya da Üç Domuzcuk kadar "ünlüydü".

Deneyin: Ters Psikoloji ("Dişlerini fırçalama!")

Neşeli bir çocuk olan üç yaşındaki Nicola eteğini kaldırmaya bayılıyordu. Elbette bunu yapmayı sevmesinin ana nedeni anne- babasını kızdırıyor olmasıydı. Başta yalnızca "Lütfen yapma, bir tanem!" diyorlardı. Ama Nicola çok tatlı bir çocuk olduğu için bunu söylerken yüzlerinde hep bir gülümseme oluyordu. Uzun süre geçmeden Nicola anneannesinin, komşuların ve süpermarket çalışanlarının önünde de aynı gösteriyi yapmaya başladı. Bu kişiler de gülünce Nicola eteğini daha da fazla kaldırmaya başladı.

Anne-babası onu durdurmak için mantıklı konuşmalardan, cezalandırmaya kadar her yöntemi denedi, ama hiçbir şey işe yaramıyordu. Sonunda yaklaşımlarını radikal bir şekilde değiştirdiler. Hemen "Hayır!" demektense ciddi bir sesle "Daha fazla yap! Daha fazla! Daha yukarı kaldır! Ellerini indirme!" diyorlardı. Çok geçmeden Nicola eteğini kaldırmaktan vazgeçti. Bu gösterinin Nicola için tek amacı bağımsızlığını kanıtlamaktı, ama ailesi onu desteklemeye başlayınca oyunun hiçbir anlamı kalmamıştı.

On sekizinci aydan itibaren küçük Neandertal'lerimiz bize meydan okumaya başlar. Bu, hem kendilerini güçlü hissetmelerini, hem de bağımsızlıklarını kanıtlamalarını sağlar. Bu eğilimi kendi çıkarınıza kullanmaya "ters psikoloji" deniyor. (Eskiden "çocuk psikolojisi" olarak biliniyordu.)

Elbette hiçbir teknik her zaman yüzde yüz işe yaramıyor. Ama inatçı ufaklıklar için ters psikoloji kullanmak çok etkili bir yöntem. Ters psikolojinin güzel yanı, çocuğun meydan okumasından vazgeçmek zorunda kalmaması *ve* ebeveynin istediğini yapmasıdır. Yani bu yolla herkes kazanıyor!

Çocuğunuzla iletişim kurarken deneyebileceğiniz bazı eğlenceli ters psikoloji teknikleri şöyle:

- **Sahiplenme duygularını hedefleyin!** Olağan muayenelerden birinin sonunda iki yaşındaki Mia ofisimdeki oyuncağı yanında eve götürmek istedi. Ona oyuncağım olmadan ne kadar üzüleceğimi söyledim ama pes etmiyordu. Sonunda "Tamam, oyuncağı götürebilirsin" dedim. Sonra da onun tüm giysilerini ve ayakkabılarını elime alıp, "Ben de bunları alacağım, tamam mı?" dedim. Hemen yüzünü kaşlarını çatıp giysilerini almak için uzandı ben de oyuncağımı almak için uzandım. Eşyalarımızı aynı anda birbirimize verdik.
- **Yapma!** Çocuğunuza sağlığı için faydalı olan bir şeyi yememesini söyleyin. Hatta çocuğunuz size mutlu bir şekilde meydan okurken "Hayır! HAYIR! Elmanı yeme! Lütfen. Lütfeeeen!" diye yalvarın.
  Başka bir durumda onun sevgisine ihtiyacınız yokmuş gibi yapın. "Bana sarılma! Hayır, hayır! Yapma!" deyin ve arkanızı dönün. Çocuğunuz üstünüze atlayıp sizi öpücüklere boğarken şakadan "İğrenç!" deyin.

Otuz sekiz aylık Mason kız kardeşini muayene ederken sıkıntıdan pat-la-mış-tı! Sonunda dayanamadığına karar verdi ve ayağa kalkıp bana "Parmağımı gözüne sokacağım" dedi. Yalvaran bir sesle "Tamam! Yeter ki parmağınla bacağıma dokunma, lütfen dokunma! Hayır, hayır, HAYIR!!!" dedim. Muzır bir şekilde gülümseyerek gözümün içine baktı ve tabii ki, parmağıyla bacağıma "vurmaya" başladı.

Eğer çocuğunuz komutunuza uymuyorsa onu "Aferin" gibi basit bir övgüyle ödüllendirdikten sonra taktik değiştirin, mesela; başka seçenekler sunun ya da ödül verin.

- **Yapmayacağı şeyleri oyuncaklarına ya da hayali arkadaşına fısıldayın.** Eğer çocuğunuz ısrarla ayakkabılarını giymiyorsa, oyuncak bebeklerinden birinin onun ayakkabılarını yemek isteyen Ayakkabı Canavarı olduğunu söyleyin. "Oyuncak bebek, 'Ayakkabılarını giyme... Ayakkabılarını GİYME!! Onları yiyeceğim. Onları BANA ver... ŞİMDİİİİİ' diyor" deyin. Bu numara işe yararsa çocuğunuz ayakkabılarını bir dakika içinde giyecektir.

Jessica genellikle, annesi Tricia'nın isteklerini yapmayı reddediyordu. Ama Tricia, Jessica'nın hayali arkadaşı Fare Nana'ya kızının istediği şeyi yapmak için çok küçük olduğunu söylediğinde durum değişiyordu. Jessica büyük olduğunu kanıtlamak için annesinin istediği şeyi hemen yapıyordu.

Arturo ise oğlunun en sevdiği oyuncağı alıp, "Bay Köpecik, bana yardım eder misiniz? Havuç nasıl yenir biliyor musunuz? Oğlum Jason bilmiyor, o hâlâ bir bebek" diyordu.

- **Tersini Yap Günü.** Üç yaşındaki oğlunuza o günün Tersini Yap Günü olduğunu söyleyin! Bir saat boyunca söylediğiniz her şeyin tam tersini yapması gerektiğini söyleyin. Elbette bunu on dakikada bitirebilirsiniz. Bu küçük oyun hem eğlencelidir, hem çocuğunuza meydan okumak için kabul edilebilir bir imkân sunar, hem de ona sizi dinlemeyi öğretir. Oyunun sonunda çocuğunuzu ödüllendirmek için ona bir oyuncak ya da tatlı verin.

Güven: Çocuğunuzu Hayat Boyu Besleyecek Hediyeyi Verin

"Umut ve güven olmadan hiçbir şey yapılamaz."

Helen Keller

Kabul edin çocuklar çok zor bir dönemden geçiyor. Küçükler, beceriksizler ve yavaşlar. Bizimle bu kadar çok kavga etmelerine şaşmamak lazım. (Arada sırada da olsa kazanmak istiyorlar!) Ancak kavga etmek zorunda kalmadan ufaklığın güvenini artıracak şeyler de yapabilirsiniz.

Yirmi iki aylık Alice, babası Pat ile küçük bir oyun oynuyor. Ne zaman babasına doğru üflese Pat bir tüy gibi yere yıkılıyor ve Alice neşeli kahkahalar atmaya başlıyor.

Dedesi Milo'yu gıdıklamaya bayılıyor. Ama dedesinin bir "kapatma düğmesi" var. Yani saatlerce gıdıklamaya devam edemiyor. Milo dedesinin burnunu çevirdiğinde gıdıklama da duruyor.

Benim en sevdiğim güven artırıcı oyunlar hem ciddi, hem de komik aktiviteleri bir araya getiriyor. Ciddi olanlara "Güç Artırıcılar", komiklere "Aptalı Oynama" diyorum.

Deneyin: Güç Artırıcılar

İşte çocuğunuzun özgüvenini artırmak için bazı yollar. Böylece hem daha güçlü hissedecek, hem de meydan okuma ihtiyacı azalacak.

- **Yardım isteyin.** Çocuğunuzdan yardım istemek özgüveninin gelişmesinde büyük rol oynar! "Bu biraz ağır. Anneye yardım eder misin?" ya da "Bu biraz zor *olabilir* ama bana yardım eder misin?" gibi cümleler kendini güçlü hissetmesini sağlar. (Bu tekniği çocuğunuzun yapabileceğinden emin olduğunuz bir aktivite için kullanın. Yeteneğini size gösterdiğinde gururdan göğsü kabaracaktır!)
- **Tutarlı, hızlı yanıtlar verin.** Küçük çocuğunuzun ihtiyaçlarına ilgi göstermek ve bunlara uygun tepkiler vermek, onu anladığınızı ve fikirlerine saygı duyduğunuzu hissetmesini sağlar. Evin "kralı ve kraliçesi" olarak gördüğü sizlerin ona prenseslere layık muamele etmesine bayılacaktır!
- **Küçük kararlar verme olanağı sağlayın.** "Süt içmek için kırmızı bardağı mı, yoksa mavi bardağı mı istiyorsun?" Her gün her ikinizin de hayatını ilgilendiren birçok karar alıyorsunuz. Bunlardan birkaçına çocuğunuzun karar vermesi adil olmaz mı? Daha az önemli konularda ona seçim yapma hakkı tanırsanız, sizin için önemli olan konularda itiraz etmeden size ayak uyduracaktır. Çocuğunuzu onlarca seçenekle karşı karşıya bırakıp yormak yerine, basit konularda, en fazla iki-üç seçenek arasından birini seçmesini sağlayın.

Çocuğunuza Seçenek Sunmak

Bir yaşındaki çocuğunuza seçenekler sunmayı deneyebilirsiniz, ama bu yaştaki çocuklar genelde karar verme konusunda pek başarılı değildir.

İki yaşındaki çocuğunuz ise ona tercih hakkı sunmanıza bayılacaktır. Seçenekleri ona açık ve heyecanlı bir ses tonuyla sunun. İkiden fazla seçeneğin aklını karıştıracağını unutmayın.

Üç yaşındaki çocuğunuza tercih sunarken ne yapacağınızı bilemiyormuş ve onun fikrine ihtiyaç duyuyormuş gibi yapın. "Hey, sence mavi tabaklar mı daha güzel, kırmızı tabaklar mı?" Bu küçük oyunu daha da eğlenceli hale getirmek için unutkan bir profesör gibi davranın. Kızınız "Mavi olan" dedikten birkaç saniye sonra "Efendim? Hangisi? Kırmızı olanlar mı dedin?" diye yeniden sorun. Bu çocuğunuzun kararını gözden geçirmesini ve ona karar verirken ani hareket etmemesini öğretir.

Not: Eğer sonucu beğenmeme ihtimaliniz varsa çocuğunuza seçenek sunmayın. Mesela; doktora gittiğinizde "Hemşire ateşini ölçebilir mi?" diye sormayın. Eğer çocuğunuz *hayır* derse hemşire ya işini yapamayacak, ya çocuğunuzun "tercihini" göz ardı edecek, ya da fikrini değiştirene kadar dakikalarca, belki yarım saat uğraşacak.

Deneyin: Aptalı Oynamak

En asi ufaklıklar bile tamamen beceriksiz gözükürsek bize acır. Aptalı Oynamak çocuğunuzu, size karşı koymak yerine göz kulak olması gerektiğine inandıracak. Elbette üç yaş ve üzeri çocuklar normalde bu kadar salak olmadığınızın farkındalar, ama oyunun bir parçası olduklarını da biliyorlar. Ancak yine de çok eğleniyorlar. Bu muhteşem tekniği, çocuğunuzla yaşadığınız çatışmaları kahkaha ve işbirliğine dönüştürmek için kullanın!

İşte bir-dört yaş arası çocukların güvenini artıracak eğlenceli yollar:

- **Beceriksiz olun.** Gömleğinizi ters giyin, beşe kadar sayarken hata yapın, bir oyuncağı masanın tam ucuna koyun ve düşünce "Hayır! Sakın Düşme!" deyin. Bu sahneyi her defasında daha dikkatli davranıyormuş gibi yaparak üç-dört kez tekrarlayın. Oyuncağa "Orada kal, sakın düşme!" gibi komutlar verin.
- **Sakar olun.** Oturduğunuz sandalyeden düşüp durun ya da çocuğunuz topu size attığında bir türlü yakalayamayın.
- **Kör olun.** Tam önünde duran bir nesnenin nerede olduğunu sorun. Çocuğunuz yerini gösterdiğinde salağı oynamaya devam edin. Çevrenize bakıp, "Nerede? Göremiyorum!" deyin.
- **Güçsüz olun.** Çocuğunuzu yakalamaya çalışın, ama her seferinde elinizden kaçmasına izin verin. Bir oyuncağı elinden almaya çalışın, ama her seferinde onda kalmasını sağlayın.
- **Kolayca yaralanın.** İki yaşındaki çocuklar "Çakma" işareti yapmaya ve sonra sizin numaradan yere düştüğünüzü, yaralandığınızı görmeye bayılır. Üç yaşında bir çocuğa ise "Çak bakalım!" dedikten sonra elinizi son anda çekebilir ve "Korkuyorum! Çok mu hızlı vuracaksın?" diye sorabilirsiniz. Eğer bunun ardından size nazikçe "çakarsa" ona teşekkür edin. Eğer sert vurursa olduğunuz yerde zıplayıp ağlar numarası yaparak "Beni kandırdın! Beni *kandırdın!*" deyin.

- **Bebek olun.** Çocuğunuza ait bir şeye uzanıp bebek gibi "Benim! Benim!" diye sızlanın. Sızlanmanızı umursamayarak ona ait olan nesneyi eline alıp size meydan okumasına müsaade edin.
- **Hata yapın.** "Hey, bir dakika! Senin ismin Kris değil. Senin ismin babacık!" deyin. Çocuğunuz gülerek "Hayır! Ben Kris'im" diyecektir.
- **Kolayca kandırılın.** Çocuğunuza ellerinin temiz olup olmadığını kontrol etmeniz gerektiğini söyleyin, ama elleri yerine ayaklarını kontrol edin. Sonra "HEY! Beni kandırıyorsun! Bunlar ellerin değil!" deyin. "Bana ELLERİNİ göster!" diye komut verin, ama ceplerini aramaya başlayın.
- **Züppece hatalı olun.** Bir şarkının sözlerini gururla yanlış söyleyin. "İyi ki *filler* sanaaa!" Çocuğunuz sizi düzeltmeye bayılacaktır. Ama o hata yapıyormuş gibi davranın, "Hayır, ben fil demedim ki!" deyin. Sonra şarkıyı yine yanlış sözlerle söyleyin ve "Hata yapmadım! Ben DÜNYADAKİ en iyi şarkıcıyım!!!" deyin.
- **Ne denirse yapanlardan olun.** Çocuğunuz kızgın olduğunda ona "Biraz lezzetli çamur ister misin?" gibi aptalca ve onun "hayır" diyebileceği seçenekler sunun. Fikrini değiştirmesi için ona birkaç saniye yalvarın. Sonra "Tamam, kazandın. Hiçbir zaman *benim* istediğim şeyleri yapmıyorsun!" deyin. Çocuğunuzun sizi geri çevirmesini sağlamak, gurur koruma adına uygulanan eski bir diplomat taktiğidir. Sizin fikirlerinizi birkaç kez geri çevirdiğinde hem daha çok saygı duyulduğunu hissedecek, hem de diğer konularda size daha az zorluk çıkaracaktır.
- **Absürd olun.** Komik bir sesle, "Lütfen ayakkabını ye!!! Lütfen! LÜTFEN!! Yemeni emrediyorum!!! Tamam, sen

kazandın, ama bu hiç ADİL değil! Hep sen kazanıyorsun. Ben HİÇ kazanmıyorum!!!" deyin. Hele hele rekabetçi bir yumurcağınız varsa ağzı kulaklarına varacaktır!

- **Unutkan olun.** Çocuğunuzun ayakkabısını alın, ayağına doğru uzanın ve *ayak* sözcüğünü hatırlayamıyormuş gibi, "Bana... Hmmm, ah... Neyini verecektin? Bana..." deyin. Bu bitmemiş cümleyi defalarca tekrarlayın. Birkaç saniye içinde çocuğunuz hem ayağını kaldıracak, hem de cümlenizi sizin yerinize tamamlayacaktır! Bu küçük oyun çocuğunuzun akıllı hissetmesini sağlayacak!

Çocuğunuzun Aptal Olduğunuzu Düşünmesi Kötü Bir Fikir mi?

Çocuğunuz elbette gerçekten aptal ya da salak olduğunuzu düşünmüyor. Sonuçta, çoğunlukla gayet akıllı ve güçlüsünüz. Bu yalnızca eğlenceli bir taktik (yoksa 24 saat uygulanacak bir ebeveynlik yöntemi değil). Aptalı oynamak, güreşte çocuğunuzun yenmesine izin vermek ya da saklambaçta onu bulamıyormuş gibi yapmaktan farksızdır. Bu diplomasinin en eski hilelerinden biri ve basit bir eğlence aracıdır!

Ebeveynlerin en hüzünlü "keşiflerinden" biri, çocuklarını büyütürken yaptıkları her şeyin, aslında onları yuvadan uçmaya bir adım daha yaklaştırdığını fark etmektir. Çocuğunuzu evi ve sizi bırakıp kendi hayatına başlayacağı gün güçlü, bağımsız, güvenli bir kişi olması için hazırlıyorsunuz. Bu yüzden en önemli görevlerinizden biri özgüvenini mümkün olduğunca beslemek!

Yani onun saygısını kaybetmek konusunda endişelenmeniz gerekmiyor. Kaybetmeyeceksiniz! Aksine; arada sırada aptal numarası yapmanız ona, hayatta en "mükemmel" kişilerin bile (anne ve babası) zaman zaman hata yapabileceğini öğretir!

Sabır:
Çocuğunuzun Uygarlığa Adım Adım Yaklaşmasını Sağlayın

"Binlerce kilometrelik yolculuklar bebek adımlarıyla başlar."

Eski bir Çin atasözünün adaptasyonu

Andrew Carnegie 1920'li yıllarda dünyanın en zengin kişilerinden biriydi. Nasıl bu kadar zengin olduğu sorulduğunda, başarının bir altın madenine girmeye benzediğini söylemişti. "Başta içeri girdiğinizde tek gördüğünüz pisliktir. Sonra eğer şanslıysanız ufacık bir altın parçası bulursunuz." Carnegie; insanın, pisliği yok sayıp altına konsantre olursa, madenden cepleri hazinelerle dolu olarak çıkacağını söylemişti.

Çocuğunuza sabrı öğretmek altın aramak gibidir. Bulduğunuz her küçük sabır parçasının kıymetini bilmelisiniz. Çocuğunuzun sabra doğru attığı bebek adımlarını bol bol ilgi ve övgüyle ödüllendirin. Böylece kısa sürede paylaşmayı; banyoda, mutfaktaki işinizin bitmesini beklemeyi, yani sıra kavramını öğrenecek.

Deneyin: Bebek Adımları, Sabrı Öğretme Yolu!

Sabır bir kasa benzer; egzersiz yaparak güçlenir. Çocuğunuzun sabır kasını güçlendirmenizin birçok yolu var. İşte onlardan biri:

Bir yaşındaki çocuğunuz ilgi çekmek için mızmızlanmaya başladığında ona bakın ve dikkatini çekmek için ellerinizi üç kez çırpın. Sonra "Bekle!" deyin ve birkaç saniye onu umursamıyormuş gibi başka tarafa bakın. Bu sırada rakamları parmağınızla da göstererek "Bir... İki... Üç..." diye yüksek sesle sayın. Sonra hemen çocuğunuza dönüp birkaç dakika ona ilgi gösterin. Sabrı için onu ilgiyle ödüllendirdiğinizde çocuğunuz annesinin daima sözünde durduğunu bilerek büyüyecektir.

İki yaş ve üzeri çocuklarda elinizle saymak yerine alarm kullanabilirsiniz. Önce ona "Sen beklemeyi çok iyi başarıyorsun. Anne 'Bekle!' dediğinde Bay Zil çalana, *Zııır* diyene kadar (ona saati gösterin) beklemeni istiyorum" diye kısa bir açıklamada bulunun. Sonra ona saatin nasıl çaldığını gösterin. "*Zıırrr* deyince oynayacağız, tamam mı?" deyin.

Başlangıçta saati yalnızca on saniyeliğine kurun. Çaldığında çocuğunuzun yanına gidip onunla oynayın. Gün içinde bu alıştırmayı tekrar yapın, ama bu kez saati otuz saniyeye kurun. Bu sırada çocuğunuzu bir oyuncak ya da kitapla ilgilenmesi için teşvik edin. Zil çalmadan önce sizi bölmeye çalışsa bile onu umursamayın. Sonra zil çalar çalmaz çabalarına teşekkür etmek için ona sarılın, onunla oynayın.

Önümüzdeki birkaç hafta boyunca bunu her gün deneyin (arada sırada onu zil çalmadan ödüllendirerek sürpriz yapın). Çocuğunuz kendi kendine "Beklemek o kadar da zor değilmiş" diyecektir. Bu yöntemle bir-iki ay içinde çocuğunuz kendini üç-beş dakika boyunca oyalamayı başaracaktır. Geceleri yatarken ona, gün içinde onu bekleyerek ne kadar harika bir şey yaptığını söylemeyi de ihmal etmeyin.

Eğer çocuğunuz beklemekte zorlanıyorsa onunla beklemenin ne kadar zor olduğu konusunda konuşun. "Keşke ŞİMDİ oynayabilseydik!!" ya da "Bekle, bekle; iğrenç! Keşke *bütün* gün oynayabilseydik, HİÇ beklemek zorunda olmasaydık!!!" deyin. Sonra ona beklerken yapabileceği şeyler gösterin: Oyuncaklarıyla oynamak, resim çizmek, bebeklerine banyo yaptırmak gibi... Eğer bunların hiçbiri işe yaramazsa "Al bakalım sana bir parça kurabiye. Kalanını Bay Zil *Zıııırr* yapınca vereceğim!" deyin.

Ebeveynlerin de Sabra İhtiyacı Vardır...

Çocuğunuz sizin beş saniyede yapacağınız bir şeyi beş dakikada yapıyorsa, bekleyin! Biraz uğraşmasına müsaade edin. Bu erken çocukluk dönemi göz açıp kapayıncaya kadar geçecek ve çocuğunuzu yine böyle küçücük ve tatlı görebilmeyi özleyeceksiniz!

Ellerinizi cebinize koyun, ağzınızı mühürleyin, yavaş ve derin nefes alın ve bekleyin. Onu sevgiyle izleyin, ama akbaba gibi çevresinde dolaşıp durmayın. Eğer uğraştığı şeyi kendi başına yapmayı başarırsa, bir yaşındaki bir çocuk bile gururla, "EVET! Ben yaptım!" diyecektir.

Sabır Görev Başında: Bebek Dişleri için Bebek Adımları

Çocuğunuzun altını değiştirirken, ona yemek verirken veya beraber diş fırçalarken yaşadığınız sorunların üstesinden bebek adımları kullanarak gelebilirsiniz.

Başlarda ilkel çocuğunuz diş fırçasını ağzına yalnızca birkaç saniye koymanıza izin verebilir. Bu, ilerleme için iyi bir bebek adımdır. Bu aşamada "Harikasın! Çak bakalım. Hadi gidip oynayalım!" deyin.

Birkaç saniyede dişleri fazla temizleyemeyeceğinizi biliyorum, ama çocuğunuz daha fazlasına yavaş yavaş izin verecektir. Neden? Çünkü konuyu büyütmüyorsunuz ve işbirliğini eğlenceyle ödüllendiriyorsunuz.

Eğer diş fırçasını ağzına koymanıza bile izin vermiyorsa, kavga etmeyin. Bu, kazanamayacağınız bir savaş. Bunun ye-

olabilir? Unutmayın, tıpkı ilkel mağara adamları gibi çocuğunuz da vücuda çizilen desenlere bayılıyor!

Gece yatmadan önce elindeki kalem işaretlerine teker teker bakıp, hangisini neden koyduğunuzu beraber hatırlamak çocuğunuzun çok hoşuna gidecektir.

Deneyin: Yıldız Tabloları

Yıldız, üç yaş civarındaki çocukları ödüllendirmek için kullanılan, daha ciddi bir yöntemdir. Çocuğunuzdan geliştirmesini istediğiniz üç davranışı seçin. Bunların ikisinin çorap giymek, ellerini yıkamak gibi çocuğunuzun kolay başarabileceği şeyler; diğerinin ise brokoli yemek, oyuncaklarını beş dakikada toplamak, dişlerini fırçalamak gibi daha zor bir şey olması gerekiyor. *Not:* Bu egzersiz için belirsiz, ölçümü zor olan "daha az kavga" gibi davranışları seçmeyin.

Daha sonra tabloyu çocuğunuzla birlikte hazırlayın. Onu mağazaya götürüp, kullanacağınız yıldız yapıştırmalarını veya diğer yapıştırmaları beraber seçin. Dergilere bakıp buradan keserek tabloyu süsleyebileceğiniz resimler bulmaya çalışın. Tüm bunlar çocuğunuzun sürece dâhil olmasını sağlar (sonuçta bu *onun* tablosu).

Çocuğunuzun, seçtiğiniz üç davranıştan herhangi birinde her başarılı oluşunda tabloya birlikte bir yıldız yapıştırın.

Yıldız Tabloları eğlencelidir; çünkü, bu yaştaki çocuklar görselliğe çok yatkındır. Çocuğunuz tablonun yanından geçip, odasında veya mutfakta başarısını simgeleyen yıldızları her gördüğünde "görsel bir övgü" almış olacaktır. Çocuğunuzun tablodaki başarıyı geliştirmek için sarf ettiği çabayı beğendiğinizi ona göstermek için bunu dedikodu tekniğiyle oyuncak bebeklerine söyleyebilirsiniz.

(Anne-babalar genelde Yıldız Tabloları'nı birkaç hafta kullandıktan sonra ya yeni davranışlarla ikinci bir tablo hazırlıyorlar, ya da istedikleri davranış gelişince tabloyu yavaş yavaş ortadan kaldırıyorlar.)

10

İlgi Zamanı: Rutin ve Oyunlar İlkel Dostunuzu Nasıl Sakinleştirir

"Hayatta alışkanlıktan daha güçlü bir şey yoktur."
Ovidius, *"Sevme Sanatı"*, İ.Ö. 1

Ana Noktalar:

- İlgi zamanı, her gün çocuğunuzla geçirdiğiniz eğlenceli zaman dilimini anlatır.
- Günlük rutinler ve oyun, çocuğunuz için onu sevdiğinizin bir kanıtıdır ve bunlar onun sizinle işbirliği yapmasını sağlar.
- Bir-dört yaş arası çocuklar rahatlatıcı rutinleri çok sever: Masaj, özel eşyalar, Özel Zaman, onaylama ve nefes alma egzersizleri.
- Her güne eğlenceli aktiviteler yerleştirin. Bu parka gitmek, yaratıcı oyunlar ya da çocuğunuza kitap okumak olabilir.

Hiç kullanmadıysanız bile "dinlenme zamanının" ne olduğunu mutlaka duymuşsunuzdur. Dinlenme zamanı ya da mola dediğimiz teknikte çocuğunuzu birkaç dakika yalnız bırakıp ilgi ve güler yüzünüzden uzak kalmasına neden oluyorsunuz. Bu, sakinleşmesi için işe yarıyor; çünkü çocuğunuzun en sevdiği şeylerin başında, sizinle vakit geçirmek geliyor. Bu yüzden her gün çocuklarımızla geçirdiğimiz mutlu dakikalara "ilgi zamanı" deniyor.

İlgi zamanı, gün içinde çocuğunuza sevgi dolu bir şekilde ilgi gösterdiğiniz herhangi bir aktivite olabilir. Yani; sabahları onu giydirmek, akşamüstleri parkta oynamak, yemek saatinde onunla konuşmak veya uyku masajından önce onu banyoya sokmak buna dâhildir. İlgi zamanı, çocuğunuza sevgiyi, çevresine ve kendine güvenmeyi öğretir.

İlgi zamanı, işbirliğini artırmak için de harika bir araçtır. Gün içinde çocuğunuza birçok kısa ilgi zamanı ayırmak, gün boyu yaşanabilecek olası çatışmaların sayısını azaltır.

Vayy canına! diyeceksiniz. Kısa kısa oyunlar oynamak ve gece hızlıca bir masaj yapmak çatışmaları gerçekten azaltabilir mi?

Evet! En küçük çocuklar bile, siz onunla ne kadar fazla vakit geçirip oyun oynarsanız, size o kadar işbirliği borcu olduğunu anlar. İşin özünde, rutin ve yeniden canlandıran molalar çocuğunuzla aranızda bir iyi niyet hazinesi yaratacaktır. (On sekiz aylık çocukların bazıları sürekli sizden alacak ve daha fazlası için savaşacaktır. Ama bu küçük Neandertal'ler bile, gün içinde ona ilgi zamanları ayırdığınızda daha uyumlu hâle gelir.)

Hepimiz ağlayan, vuran ve ebeveynlerin söylediklerini tamamen kulak ardı eden küçük çocuklar görmüşüzdür. Bazılarının böyle davranmasının nedeni, ailelerinin ebeveynlik tekniklerinin zayıf olmasından kaynaklanıyor. Diğerleri ise yalnızca tüm gün kafese sıkışmış gibi evde oturmaktan nefret eden küçük Mağara Adamlarıdır! Sonuçta çocuğunuzun olumsuz davranmasının nedeni ne olursa olsun, zor anlarını işbirliğine çevirmenin yalnızca iki yolu vardı: Gözdağı vermek veya sevgi göstermek.

Birçok anne-baba, çok yanlış olduğu hâlde kötü davranışın tek ilacının gözdağı olduğunu düşünür. Elbette hepimizin zaman zaman sert davranması gerekiyor. (Bunu gelecek konuda tartışacağız.) Ancak taşkın bir çocuğu mahallenin en mutlu yumurcağına kalıcı bir şekilde çevirmenin en iyi yolu onu sevgi, saygı, tutarlılık ve oyunla beslemektir! İlgi zamanları bu yüzden bu kadar önemlidir.

Rutinler: Önceden Tahmin Edilebilir İlgi Zamanları Çocuğunuzun Kendini Güvende Hissetmesini Sağlar

Bazen anne-babalar rutinin esiri olmaktan korkuyor. Aynı şeyleri her gün tekrar tekrar yapmak bizim için sıkıcı olabilir, ama bu çocuklarımız için süt ve güneş ışığı kadar besleyicidir. Peki neden?

- *Rutinler çocuğunuzun meşgul gününde rahatlatıcı molalar olur.* Çocuğunuz yeni oyuncakları ve gezecek yeni yerleri çok seviyor olabilir. Ancak bir süre sonra çok fazla değişim kendini huzursuz hissetmesine neden olacaktır. Böyle yeni şeyler heyecan vericidir, ama tanıdık ortamlar sıcak ve rahatlatıcıdır. Her anın yeniliklerle dolu olduğu bir gün içinde rutinler, küçük maceracınıza dinlenme ve önceden tahmin edebileceği şeyler yaşama şansı verir.
- *Rutinler, çocuğunuzun anlama ve ait olma duygularını güçlendirir.* Küçük çocuğunuz genelde anlamadığı şeylerin ve kendisinden başka herkesin anladığı sözcüklerin tam

ortasında yaşar. Bu koşullarda zaman zaman kendisini müthiş huzursuz ve dışlanmış hissetmesine şaşırmamak lazım. (Eğer dilini konuşamadığınız bir ülkeyi ziyaret ettiyseniz bunun nasıl bir duygu olduğunu aşağı yukarı biliyorsunuz demektir.) Oysa rutinler, çocuğunuz için çok tanıdık olduklarından kolayca anlaşılır. Çocuğunuza da ailedeki herkes gibi ne olup bittiğini ve ne olacağını anlama şansı tanır! Yani herkesi eşit hâle getirir.

- *Rutinler, çocuğunuzun "zamanı" anlamasını sağlar.* Saati ve pencereleri olmayan bir ofiste çalıştığınızı hayal edin. Bu, zaman kavramınızı kaybetmenize neden olur. Rutinler çocuğunuzun zamanı takip edebilmesini ve gün içindeki kaosa mola vermesini sağlar: "Uyandıktan sonra giyinip kahvaltı ediyorum. Öğlen yemeğinden sonra uyuyorum" gibi. Tüm bu önceden bilinen aktiviteler çocuğunuzun kol saati gibidir.

Aynı Ama Farklı: Rutinler Zaman İçinde Nasıl Değişiyor

Gün içine yerleştirdiğiniz rutinler hem sizin, hem de çocuğunuzun günü olabildiğince yumuşak bir şekilde atlatmasını sağlar. Üstelik bu rutinler muhteşem çocukluk hatıraları olur.

Şempanze Çocuk ve Diz Yüksekliğindeki Neandertal (12-24 Aylık)

Birinci doğum gününden itibaren çocuğunuz günün içindeki rutinler konusunda neredeyse uzmanlaşacaktır. Sabahları kalktığında yeni bez takıldığını, akşamları yatmadan önce yıkandığını biliyor. Ona sürekli sevgi vererek ve ihtiyaç duyduğunda daima yanında olacağınızı hissettirerek, kucağınızın rahatlığını bırakıp dünyaya açılacak kadar güvenli bir çocuk olmasını sağlayabilirsiniz.

Rutinler, 12-24 aylık çocuklar için önemlidir; çünkü, her şeyin sürekli değiştiği bir dünyada bazı şeylerin önceden tahmin edilebilir olması anlamına gelir. Bir yaşındayken dünya yeni sesler, görüntüler ve gösterilerden ibarettir. Tanıdık rutinler çocuğunuzun kendisini toparlayıp, bir sonraki heyecanlara kendini hazırlamasını sağlar. Uyku içermeyen rutinler bile (her öğlen yemek yemek, akşamları yatmadan masal okumak gibi) yoğun bir günün içinde "dinlenme molaları" görevini görür. Böyle rutinler olmadan yeni deneyimler çocuğunuzu boğar ve strese sokar. (Bazı çocuklar bu konuda diğerlerine göre daha dayanıklıdır. Altıncı Konudaki huy ve karakter özellikleriyle ilgili bilgileri yeniden gözden geçirin.)

Akıllı Mağara-Çocukları (24-36 Aylık)

Aylar geçtikçe bu günlük rutinler sizin için biraz sıkıcı hâle gelebilir. Çocuğunuzun bu rutinlerden hoşlanmasının en önemli nedeni tutarlılık taşımalarıdır. Rutinler bir yaşındaki çocuklara yardımcı olur, iki yaşındaki çocuklar için ise *kocaman* bonuslardır. Bildiğimiz faydalarının yanı sıra (güven duygusu, rahatlama, zamanı takip etme) küçük çocuklardaki önceden bilme arzusunu tatmin ederler.

Mağara Çocukları her şeyi "olduğu gibi" severler. Bir şeyi anlamak için uzun süre çaba gösterdikten sonra bu şeyin aynen olduğu gibi kalmasını isterler. Böylece yeni bir şeyin keşfine başlayabilirler. Çünkü krakerin kırılması ya da misafirin *Baba'nın* sandalyesine oturması gibi bize basit gelen en ufak değişiklikler bile çocuğunuzun her şeyi en baştan incelemeye almasına neden olur.

Mağara adamlarının da "yeni ve farklı" şeylere fazla ilgi duymadığını unutmayın. Tam 100 bin yıl boyunca aynı taş aletleri kullandılar! Philip'in annesi Joan, her sabah altıda uyanan oğlu çizgi film videosunu tekrar tekrar izlemek için yalvarırken kendi kendine söyleniyor. Ama 22 aylık Philip için bu tekrar tam bir mutluluk kaynağı. Çünkü bunun olacağını bilmek kendisini bir deha gibi hissetmesini sağlıyor. Çizgi filmi neşe içinde izlerken içinden neredeyse "Bunun böyle olacağını *biliyordum*" dediğini fark edeceksiniz.

Yani çocuğunuz aynı tabağı, aynı bardağı, aynı kitabı, aynı koltuğu istediğinde amacı size zorluk çıkarmak değil. Buna *ihtiyacı* var. Her gün yaşananları ve kullanılan nesneleri olabildiğince aynı tutmaya çalışın. Çocuğunuza masal kitabı okurken telefonunuz çalarsa geri döndüğünüzde ilkel ufaklığınızın en baştan, birinci sayfadan başlamanızı istemesine şaşırmayın.

Yetenekli Köylü (36-48 Aylık)

Üç yaşındaki çocuğunuzun dünyayı gittikçe daha iyi anlaması yeni korkular ve endişeler yaratmasına neden olabilir. Rutinler onun için her şeyin yoluna gireceğini hatırlatan rahatlatıcılar gibi olacaktır. Marie parkta oynamaya giderken her gün prenses kostümünü, tacını ve bale ayakkabılarını giyiyordu. Arnie ise, itfaiyeci giysilerini ve şapkasını o kadar çok seviyor ki, geceleri bile bunlarla uyumak istiyor!

Ancak iki yaşındaki çocuklar hayatlarının her anında aynılık *talep ederken*, üç yaşındakiler daha esnek oluyor. Rutinlerini daha bilinmez ve dolayısıyla eğlenceli hâle getirmek için küçük değişiklikleri göze alıyorlar. Mesela; her gün aynı giysileri giymek isteyip, haftalar sonra bir anda kıyafetlerini değiştirebilirler. Çünkü artık çeşitlilik daha büyük önem taşıyor. Mesela; üç yaşındaki çocuklar her gece değişik masallar dinlemek ister.

Ayrıca ona her gün, banyo zamanının geldiğini belli etmek için söylediğiniz şarkıya arada sırada komik sözcükler eklemeniz daha etkili olacaktır!

Sizin *Rutinleriniz* Nasıl?

Çok çok eskiden küçük çocukların her günü, büyük ihtimalle, aynı şekilde geçiyordu. Anneleri ve diğer kadınlarla oturuyor; daha büyük çocukların oyun oynamasını izliyor; çevrelerinde gördükleri taşları, otları ya da dikkatlerini çeken herhangi bir şeyi ellerine alarak bunları inceliyorlardı.

Bugün hayatlarımız çok daha yoğun geçiyor. Küçük bir çocuk için tipik bir gün dışarıda yapılan gezintilerle (parka gitmek, ana okuluna gitmek, mağazaya gitmek) dolu. Üstelik bu gezintilerin her biri yeni görüntüler, sesler, insanlar, deneyimlerle dolu. Bu günlük aktiviteler bize sıradan gözükebilir, ama çocuğunuzun genç zihni için çok yorucu olabilir. Bu yüzden rutinler, çocuğunuzun yeni deneyimlerle dolu gününde virgülün cümlenin ortasında soluklanmanıza müsaade etmesi gibi etkili olur.

Peki gününüz ne kadar karmaşık geçiyor? Çocuğunuza rahatlayacağı ve huzur bulacağı rutinleri hangi aralarda sunabilirsiniz?

Bu soruya yanıt vermek için birkaç gün boyunca yanınızda küçük bir defter taşımanızı tavsiye ediyorum. Bu deftere çocuğunuzla yaptığınız her şeyi yazın. Aşağıdaki tabloyu size rehberlik etmesi için kullanın:

Birinci Gün:

06:00-09:00: ____________________

09:00-12:00: ____________________

12:00-15:00: ____________________

15:00-18:00: ____________________

18:00-21:00: ____________________

İkinci Gün:

06:00-09:00: ____________________

09:00-12:00: ____________________

12:00-15:00: ____________________

15:00-18:00: ____________________

18:00-21:00: ____________________

Üçüncü Gün:

06:00-09:00: ____________________

09:00-12:00: ____________________

12:00-15:00: ____________________

15:00-18:00: ____________________

18:00-21:00: ____________________

Amaç, çocuğunuzun tüm gününü dakikası dakikasına planlamak değil. Tavsiyem; gün içinde ne yaptığınızı aşağı yukarı bilmeniz ve bunun arasına rutinler serpiştirmeniz.

Zaten büyük ihtimalle çocuğunuzla birçok şeyi her gün aynı saatte ve aynı yerde yapıyorsunuz. Şimdi bu rutinleri (diş fırçalama, giyinme, yemek yeme) daha da tahmin edilebilir hâle getirmenin yollarını arayın. Mesela; her gece yatmadan önce aynı şeyleri, aynı sırayla mı yapıyorsunuz? Yemekten hemen önce ve hemen sonra ne yapıyorsunuz? Gün içindeki aktivitelerinize küçük şarkılar ya da oyunlar ekleyerek (mesela; dişlerini her fırçaladığınızda çocuğunuzla birlikte iki kez olduğunuz yerde zıplamak) ufaklığın gününü daha düzenli ve tutarlı hâle getirebilir misiniz?

Rutinleri Daha Eğlenceli Yapan Küçük Ritüeller

Ritüeller özeldir ve rutinleri daha sevimli hale getirir. Bunları yaratması ve yapması da eğlencelidir. İşte birçok ebeveynin ve çocuklarının zevkle yaptığı bazı ritüeller:

- Her sabah ve akşam diş fırçalarken özel bir şarkı söyleyin.
- Yemeklerden önce oyuncak bir davul çalarak masanın etrafında üç kez dönün.
- Otomobile her bindiğinizde aynı müziği çalın ya da en azından bu müziğin yolculukta dinlediğiniz ilk kaset olmasını sağlayın.
- Asansöre binmeden önce çocuğunuzun "sihirli bir kelime" söylemesini sağlayın.
- Çocuğunuzun ertesi gün giyeceği giysileri, ayakkabıları ve çorapları yere koyarak orada bir korkuluk insan yaratın.

Ekstra! Ekstra! Çocuğunuzun Bayılacağı Özel Rutinler

Sabahları evi topladıktan sonra bir çay içmek ya da Pazar günleri kız kardeşinizi aramak gibi rahatlatıcı rutinleriniz mutlaka vardır. Çocuğunuzun gününe böyle güzel anlar eklemek onun da aynı şekilde rahatlamasını sağlar. Masaj, özel eşyalar, Özel Zaman, onaylama, nefes alma egzersizleri ve Açılış-Kapanış Törenleri bunlardan bazıları. Bunların her birini şimdi detaylarıyla anlatacağım. Belki bir tanesi çocuğunuzun yeni tutkusu olur.

Yumurcak Masajı: Dokunma Mucizesi

"Masaj, iki kişinin aynı nefesi almasıdır."

Frederick Leboyer, bebek masajının öncüsü

Önceki konuda söylediğim gibi; "Çocuklar süt ve övgüyle beslenir" diye bir deyiş var. Ancak süt ve okşamalarla beslendiğini söylemek de aynı derecede doğru olurdu. Dokunmak, süt gibi, büyümek için vazgeçilmez bir "gıdadır." Çocuğunuz süt olmadan yaşayabilir, ama sizin sevgi dolu dokunuşlarınız olmazsa hayat boyu yaralı kalacaktır.

Geceleri masaj yapma rutini çocuğunuz için harika bir hediye olacaktır. Çünkü masaj büyüyen kasları rahatlatır, nazik ve samimi olmayı öğretir, bağışıklık sistemini güçlendirir ve çocuğunuzu sakinleştirip uykuya hazırlar. İşin iyi yanı masaj yapmak *sizin* de stresinizi, sıkıntınızı, huzursuzluğunuzu azaltır ve *size* özgüven verir!

Peki neden çocuklarımıza masaj yaparak onlarla bağımızı güçlendirmiyoruz? Diğer kültürlerde çocuklara dokunuluyor, çocuklar saatlerce okşanıyor, kucakta sallanıyor. Ama Batı ülkelerinin çoğunda çocuklar günde en fazla birkaç dakika kucakta ilgi görüyor. Üstelik bu fiziksel ilgi neredeyse daima iki taraf da giyinikken gösteriliyor.

Lütfen bu yanlış eğilimle savaşın. Çocuğunuzu sevgi dolu dokunuşlarınızla şımartın! Tenin tene değmesinin hem ebeveynler, hem de çocuklar için ne kadar faydalı olduğuyla ilgili araştırmalar her geçen gün artıyor. Ünlü psikolog Virginia Satir hayata tutunması için günde en az dört kez çocuğunuza sarılmanız gerektiğini söyler, sakin kalması için sekiz, daha güçlü olması içinse on iki kucaklaşma gerekir.

Montreal'deki McGill Üniversitesi'nde yakın zamanda yapılan bir araştırma da bu yanlış eğilimi onaylamıyor. Araştırmada "Fiziksel olarak daha fazla temas etmek hayvanların zekasını artırır mı?" sorusuna yanıt arandı. Araştırmacılar iki farklı kobay fare grubunu incelediler. Birinci grubun anneleri çok "sevgi doluydu" ve sürekli yavrularını yalayıp yakınlarında tutuyordu. İkinci grup ise bu tip fiziksel bir yakınlıktan nasibini çok daha az alıyordu.

Fareler labirent oyunları öğretilecek kadar büyüdüğünde bilim adamları ekstra fiziksel sevgi alanların çok daha zeki olduğunu gördü. Beyinlerin öğrenme güdüsünü tetikleyen bölümü daha fazla gelişmişti.

Hikâyeden çıkaracağımız ders ortada: Çocuğunuza sarılmak yalnızca kendini iyi hissetmesini sağlamaz, IQ'sunu da artırabilir!

"Abigail, bir aylık olduğunda ona masaj yapmaya başladık. Çünkü çok hassastı ve bu yolla onu rahatlatabiliyorduk. Kısa süre içinde ellerime masaj yağı sürdüğümü fark eder fark etmez gülümsemeye başladı!

Bebekliğinden beri ona her gün masaj yapmaya devam ettik. Artık 18 aylık ve her banyodan sonra "Ov, ov!" diyor. Bu bizim birbirimizle iletişim kurduğumuz özel bir zaman oluyor. Dahası masaj iç huzurunu bulmasını sağlıyor, böylece en zor günler bile sakin ve sıcak bir ortamda sonlanıyor."

Çocuğunuza mükemmel bir masaj yapmanın beş yolu şöyle:

1. *Ortamı hazırlayın.* Banyodan hemen sonra ışıkları söndürün, mümkünse evin ısısını artırın ve bu yolla çocuğunuzun sinir sisteminin rahatlamasını sağlayın. Daha sonra takılarınızı çıkarın, telefonun telini çekin ve yu-

muşak bir müzik koyun. Yanınıza biraz bitkisel (tercihen badem) yağ alın ve ne olur ne olmaz diye yakınlarda bez ve küçük havlular da tutun.

2. *Kendinizi anın içine taşıyın.* Rahat, pamuklu giysilerle yatakta çıplak çocuğunuzun yanına oturun. Eğer yatmayı kabul etmezse, masaja otururken başlayın. Üşümemesi için üzerine bir havlu örtün. Bu harika deneyimi tam olarak yaşayabilmek için iki derin nefes alın (masaj mekanik bir rutin değildir, bir sevgi alış-verişidir). Parmak uçlarınıza, çocuğunuzun yumuşak tenine ve sevginize yoğunlaşın.

   Eğer çocuğunuz direniyorsa ilk masajlar yalnızca birkaç dakika sürebilir. Ama endişelenmeyin; ikiniz de bu ilginç deneyime alıştığınızda çocuğunuz rahatlayacak ve ona verdiğiniz bu muhteşem hediyenin tadını çıkaracaktır.

3. *Çocuğunuzla ellerinizi kullanarak konuşun.* Masaj yağını bir süre avucunuzun içinde tutarak ısıtın. Sonra çocuğunuzun kollarını ve ellerini ovmaya başlayın. Her eklemi teker teker ovun, dokunuşunuz akıcı ama sıkı olmalı. Bir hamur yoğurduğunuzu hayal ederseniz mükemmel oranı tutturmuş olursunuz. Yavaş yavaş ovuşunuzu sakin sakin nefes alır gibi, uzun ve yavaş hâle getirin. Bir elinizin daima çocuğunuzun tenine dokunduğundan emin olun.

   Ellerinde, kollarında, bacaklarında, ayaklarında, kulaklarında, göğsünde ve son olarak karnında yumuşak, kendini tekrarlayan vuruşlar kullanın. Vücudunu yavaşça çevirin, çekin, esnetin... Neyi sevdiğini öğrenin. Kollarını ve bacaklarını hafifçe, ıslak bir bezi sıkar gibi çevirin.

4. *Çocuğunuzla sevgi sözcükleri kullanarak konuşun.* Çocuğunuza masaj yaparken ona o gün yaptığı şeylerden sizi memnun edenleri anlatın. Kaslarının ne kadar güçlü ve

sağlıklı olduğundan, iyi beslenmenin öneminden, onu ne kadar çok sevdiğinizden bahsedin. Birlikte geçirdiğiniz bu zamanın tadını çıkarın.

5. *Çocuğunuzun verdiği sinyallere dikkat edin.* Eğer çocuğunuz hareketlenmeye başlarsa bu ritminizi değiştirmeniz veya masajı bitirmeniz gerektiği anlamına gelir. Yağın fazlasını vücudundan alın. Birazını ise cildi beslemesi için bırakın.

Taşınabilir Rutin: Favori Battaniyesi ve Oyuncağı

Üç yaşındaki Natalie artık neredeyse paramparça olan çocukluk battaniyesini çok seviyor. Battaniyenin bir kısmını ağzına sokuyor, diğer ucuyla yanağını okşuyor.

Ünlü karikatür kahramanı Snoopy'nin arkadaşı Linus her yere meşhur "güvenlik battaniyesi" ile gidiyordu. Başka bir karikatür kahramanı olan Calvin, oyuncak kaplanı Hobbes olmadan dışarı çıkmıyordu. Christopher Robin'in ise Winnie the Pooh'su vardı. Birinci yaşını bitiren çocukların birçoğu belli bir battaniye, bebek ya da ayıcığa özel bir sevgi duymaya başlar. Eğer sizin çocuğunuzun da böyle ayrılamadığı bir objesi varsa çok şanslısınız demektir.

Bu özel eşyalar bazı ebeveynleri endişelendirir. Bunların yere sürünmesinden, pislenmesinden, mikrop kapmasından ve en önemlisi *kaybolmasından* korkarlar. Diğerleri ise çocuklarının bebek gibi görüneceğini düşünerek bu objeleri yok sayarlar. Ama kendinize karşı dürüst olun: Bir-dört yaş arasındaki çocuğunuz aslında hâlâ bir bebek sayılır. Peki bu objelerin gece uyumayı kolaylaştırdığını ve korktuğu zaman çocuğunuzu sakinleştirdiğini söylesem? Artık o kadar da kötü bir fikir gibi gözükmüyorlar, öyle değil mi!?

Size, çocuğunuzu ince bir battaniye ya da pikeyle "özel bir ilişki" kurmaya teşvik etmenizi tavsiye ediyorum. Bu pikeyi gün boyu onun yanında tutun. Geceleri yorganın üzerine bunu da örtün ve kendiniz de bu battaniyeye sık sık dokunun. Böylece kokunuz pikeye siner ve çocuğunuzun yeni arkadaşını "Anne gücüyle" donatmış olursunuz.

Aslında bu rahatlatıcı nesne ve oyuncaklar Anne'nin yerine geçer. Anneyle çocuğun ilk gerçek arkadaşı arasında bir köprü görevi görürler (bu nedenle "geçiş objeleri" olarak da bilinirler). Siz yakında olmadığınızda çocuğunuzun sevgi ve güven ihtiyacını karşılar. Bu güvenlik battaniyeleri hastalık, boşanma, seyahat, yeni kardeş, korkutucu olaylar ve aklınıza gelebilecek her türlü stresli durumda (mesela; doktora giderken) çocuğunuzun yardımına koşar. Yatma vakti geldiğinde ise bu "ilk arkadaşlar" çocuğunuzun sizden ayrılıp rahatlamasını ve bir an önce uykuya dalmasını kolaylaştırır.

Çocuğunuzu bebek gibi göstermez. Tam aksine, böyle nesneler çocuğun olgunluğa ve kendi kendine yetme dönemine büyük bir adım attığının göstergesidir. Eski atkılarla, tahta oyuncaklarla, peruklarla ve oyuncak arabalarla böyle özel bir ilişki kuran birçok çocuk gördüm. Alex adında küçük bir çocuk yıllarca Peter Pan hikâyesindeki Kaptan Hook'un eline taktığı çengelle (tabii ki plastik ve sivri uçlu olmayan oyuncak versiyonuyla) uyudu. Bazı çocukların ise yumuşak ve ipeksi olan tüm objelere ilgi duyduğunu gördüm. Ama genellikle bunlar da yalnızca bir nesneye karşı gerçek bir bağlılık taşırlar.

Eğer çocuğunuz belli bir objeye bağlandıysa onun aynısını bulmaya çalışın (ya da bir pikeyse yarısını kesip saklayın). Orijinaline bir şey olması olasılığına karşı böyle bir önlem almak tahmin edebileceğinizden çok daha önemlidir. Elbette çocuğunuzun bu iki farklı nesneyi iki-üç haftada bir değiştirerek kullanmasını sağlamanız gerekiyor ki, ikisi de benzer şekilde koksun ve aynı rahatlıkta olsun.

Çocuğunuzun sevdiği bu objeleri asla ceza olarak ellerinden almamalı, hatta bunun tehdidini bile yapmamalısınız. Bunu yaparsanız çocuğunuz sizi dinlemez; aksine, kendini daha da güvensiz hisseder ve siz Anne'si dışında güvendiği tek arkadaşının rahatlatıcı etkisini azaltmış olursunuz.

Emzik, Parmak ve Biberonlar

Emmek bir-dört yaş arası çocuklar için çok rahatlatıcı bir eylemdir ve tamamen normaldir. Milyonlarca yıl boyunca mağaralarda büyüyen tüm çocuklar üç-dört yaşına kadar annelerinin memelerini emdi (ki bazı toplumlarda hâlâ bu yöntem uygulanıyor).

Oysa Batı toplumlarında annelere genellikle emzirmeyi en geç bir-iki yaşında bırakmaları tavsiye ediliyor. Ama birçoğu çocuklarına biberon ve emzik vermeye devam ediyor. Bazı çocuklar ise kontrolü ele alarak parmak emmeye başlıyorlar. Bu çocuklar için parmak emmek, diğer çocukların güvenlik battaniyeleri ya da ayıcıklarıyla aynı görevi görür. Genelde emmek akıllıca bir şeydir! Özgüvenin arttığının bir işaretidir. Emzik, parmak ya da biberon emmekle ilgili potansiyel sorunlar elbette var. Ama bunlar genellikle çocuğunuzu bu harika, rahatlatıcı mekanizmadan mahrum bırakmadan atlatılabiliyor.

Bunu Biliyor muydunuz?

Emzik veya parmak emmenin genetik olduğunu biliyor muydunuz? Bu yatkınlık saç rengi ve çilli olmak kadar genlere bağlıdır. Emmek çok nadiren güvensizlik ve duygusal olarak olgunlaşamamanın işaretidir.

Biberonların tuzaklarına düşmemek:

- Çocuğunuza yatarken biberon vermeyin. Bu kulak enfeksiyonu riskini artırabilir. (Yatağın başucuna katlanmış bir battaniye koyarak başının vücuduna göre biraz daha yüksekte durmasını sağlayabilirsiniz.)
- Uyurken biberonu emmesine izin vermeyin. Biberondan otuz-altmış dakika boyunca aralıksız emmek, dişlerin yapısını bozabilir.
- Çocuğunuzun biberonu ağzında taşımasına müsaade etmeyin. Biberonlar (genelde yirmi dakika içinde) içilmek içindir.
- Her küçük mutsuzlukta biberonu bir avuntu aracı olarak sunmayın. Çocuğunuz gerçekten stres altında olduğunda -hastayken ya da yeni bir kardeşi olduğunda- işe yararlar, ama günde iki-üç biberondan fazla içirilmemesini tavsiye ediyorum. Böyle bir strateji hem rahatlamalarını, hem de başka rahatlama yolları da bulmalarını sağlıyor.

Emzik ve parmağın tuzaklarına düşmemek:

- Eğer çocuğunuz sık sık kulak enfeksiyonu geçiriyorsa emzikten sakının. Bunun yerine ona biraz önce anlattığımız, öznel bağ kurabileceği bir obje sunun. Neyse ki emmeyi seven çocuklar genelde yumuşak, ipeksi kumaşları da severler.
- Çocuklarınızın dişlerinin bozulmaması için emziği en geç üç-dört yaşında bıraktırın. (Aslında ben emziği parmağa tercih ediyorum. Çünkü emzikten vazgeçirmek, parmağı ağızdan çıkarmaktan daha kolaydır.)

Özel Zaman: Çok Kısa Bir Süreyi Eğlenceyle Doldurmanın Harika Bir Yolu

"Gözlerim Yalnızca Senin için Varlar."

Harry Warren ve Al Dublin'in şarkısı,
"Dames" filminden, 1944

Çocuğunuza *saatler* ayırıyorsunuz. Peki öyleyse neden telefonda konuşmak için onu bir anlığına bıraktığınızda daha fazlası için ağlamaya başlıyor? Bunun nedenleri şöyle sıralanabilir:

- *Çocuğunuzun zaman algısı zayıftır!* Sizinle eğlenirken zaman uçar gider. Yalnız kaldığında ise dakikalar geçmek bilmez.
- *Çocuğunuz modern zamanlarda yaşamayı beklemiyordu.* Tarih öncesi çağlar çocuklar için bitmeyen eğlence anlamına geliyordu! Çevrede koşturan hayvanlar ve çocuklar, keşfedilecek bir doğa ve birçok ilginç yetişkin vardı. Şimdilerde onlar için bir köşede tek başına oturup sizi beklemek ise oldukça sıkıcı!
- *Çocuğunuz sizi her an yanında istiyor.* Sizin her gün yapacak birçok önemli işiniz var. Ama çocuğunuzun yalnızca iki işi var: Çevreyi incelemek ve sizinle vakit geçirmek. Sizinle geçirdiği zaman yalnızca eğlenceli değildir, onun özgüvenini de besler. *Eğer evin şahane kralı ve kraliçesi benimle vakit geçiriyorsa gerçekten özel olmalıyım* diye düşünür.

Gerçek şu ki; bir ebeveyn için (bir çift için bile) iş ve ailenin tüm sorumluluklarını yerine getirmek (bir de üstüne bir köyün tüm eğlencesini çocuğuna sunmak) zordur.

Neyse ki, hem işlerinizi hâlletmenin, hem de çocuğunuza arzu ettiği "siz-siz-siz" vaktini vermenin bir yolu var. Ben buna "Özel zaman" diyorum. Özel Zaman, reklamcılık dünyasının bazı hilelerinden yaralanarak, çocuğunuzun onunla geçirdiğiniz zamandan maksimum derecede zevk almasını sağlar.

Tek yapmanız gereken günde iki-üç kez, beş-on dakikanızı çocuğunuzun yapmak istediği bir şeyi yapmak için ayırmak. Özel Zaman'ın geldiğini çocuğunuza özel bir şarkıyla duyurabilirsiniz: "Tony'nin Özel Zamanı geldiiii!" Daha sonra saati kurup süreniz dolana kadar tüm dikkatinizi çocuğunuza vermeniz gerekiyor. Zil çaldığında "Oo... Üzgünüm tatlım, Özel Zaman bitti... Gerçekten çok eğlendim... Birazdan (ya da yarın) yine Özel Zaman yaparız" diyebilirsiniz.

Bunun çok kısa bir süre gibi gözüktüğünü biliyorum. Çocuğunuzla oyun oynarken çok daha fazla zaman zaten geçiriyorsunuz. Ama bu farklı. Bir hediye, bir bonus gibi düşünebilirsiniz. Çocuğunuz bu küçük armağana bayılacaktır. Bunu tanıtmanız, anons etmeniz ve belirlediğiniz sürede dikkatinizi tamamen çocuğunuza yoğunlaştırmanız bu rutinin gerçekten *özel* olmasını sağlayacak.

Özel Zaman için Bazı Kurallar

- Her gün aynı saatte (ama uykudan önce ya da sonradan farklı bir saatte) yapın. Günde iki Özel Zaman, bir uzun özel zamandan daha iyidir.
- Saat alarmı kullanın. Böylece Özel Zaman'ın başlangıcı ve sonu net, kesin olur.
- Kimsenin sizi rahatsız edemeyeceğinden emin olun. Telefonu kapatın ya da bir kenara bırakın.
- Özel Zaman'ın reklamını yapın. Gün içinde bundan bahsederek çocuğunuzun beklentilerini yükseltin ve daha özel

hâle gelmesini sağlayın. ("Birazdan Özel Zaman'ımız başlayacak. Acaba bugün bizi hangi eğlenceler bekliyor?")

- Özel Zamanı özel bir şekilde başlatın. Başlangıç ve bitişte belli bir şarkı söyleyin ya da dans edin. Böylece Özel Zaman günün geri kalanından ayrılmış olur.
- Oynayacağınız oyunu çocuğunuza seçtirin. (Gerekiyorsa tavsiyelerde bulunun.) Beraber kitap okumak, resim yapmak, dans etmek, böcek yakalamak gibi interaktif oyunlar en iyi seçeneklerdir. Eğer televizyon izlemekte ısrar ederse -ki bunu kesinlikle yapmamanızı tavsiye ediyorum- bunun hoş bir çizgi film olmasını sağlayın ve izlerken gördüklerinizi çocuğunuzla konuşun, tartışın.
- Özel Zamanı iptal etme tehdidini asla yapmayın. Özel Zaman özellikle zor bir gün geçiriyorsanız daha da etkili olur. Bunu tekrar arkadaş olmak için bir bahane olarak kullanabilirsiniz.
- Özel Zaman çocuğunuzla geçirdiğiniz uzun sürelerin *yerini tutmaz!* Yalnızca bir bonustur!

Eğer çocuğunuz Özel Zaman bittiğinde oynamaya devam etmek isterse anlayışlı ama sıkı olun. Özel Zaman'dan ne kadar hoşlandığını bildiğinizi söyleyin. Bir sonraki Özel Zaman'ın ne zaman olacağını hatırlatın ve sonra başka bir şeyler yapmaya başlayın.

Eğer iki yaşındaki çocuğunuz zor bir gün geçiriyorsa Özel Zaman'la ilgili daha esnek davranabilirsiniz. Gün içine ekstra bir Özel Zaman koymak işe yarayabilir: "Tatlım, anne telefonda konuşuyor. Ama zil çaldığında Özel Zaman yapacağız. Yaşasın!" Telefonu söz verdiğinizden de çabuk kapatmaya çalışın. Bu, hem çocuğunuzun size güvenmesini sağlar, hem de ona beklemenin çok da kötü bir şey olmadığını hatırlatır.

Özel Zaman, rutin (ne yapılacağını bilmek) ve rekreasyonun (eğlence, eğlence, eğlence) mükemmel birleşimidir. Yapacağınız aktiviteyi o seçtiği ve sizin kesintisiz ilginizi aldığı için kendisine saygı duyulduğunu hisseder. Özel Zaman kısa sürelidir, ama bu vakit *yalnızca* ona ait olduğu için çocuğunuz bu dakikaları sabırsızlıkla bekler.

Onaylama: Çocuğunuzla Pozitif Düşünmenin Gücünü Paylaşmak

"İyi ya da kötü diye bir şey yoktur; düşünceleriniz bunu belirler."

William Shakespeare, *"Hamlet"*

Dokuzuncu konuda çocuğunuzun özgüvenini gün içinde ona küçük övgüler yaparak geliştirebileceğinizi söyledim. Bunu yapmanın en güçlü yollarından biri gecelik rutinine "onaylama" dediğimiz bir yaklaşımı eklemektir.

Onaylama çocuğunuzun güçlü noktalarını, olumlu hareketlerini ve iyiliğini tarif eden cümlelerdir. Bunlar uyumadan önce kulağına fısıldayabileceğiniz sevgi dolu hediyelerdir. Uykunun hemen öncesi övgü için çok iyi bir zamandır, çünkü bu sırada çocuğun zihni nazikçe ikna edilmeye açıktır.

Onaylama farklı "tatlarda" sunulabilir:

- O gün yaptığı, bir şeyi paylaşmak, iyi dinlemek, yemeğini bitirmek, çağırdığınızda dişlerini fırçalamaya gelmek gibi küçük şeyleri nazikçe övün.
- Sahip olduğu özelliklerden beğendiklerinizi yavaşça sıralayın. Ona düşünceli ya da yardımsever olduğunu, başkalarının duygularını düşündüğünü ve sırasını beklemeyi bildiğini söyleyin.

- Onu izlerken hissettiğiniz güzel ve derin duygulardan, onu ne kadar çok sevdiğinizden bahsedin.
- Ertesi günün programını birlikte gözden geçirin.
- Yakında hayatında olabilecek harika şeylerden bahsedin. "Biliyor musun, çok yakında bir sürü arkadaşın olursa hiç şaşırmayacağım!"

Mahallenin En İyi Onaylayan Ebeveyni Olmak için Tavsiyeler

1. Çocuğunuz her söylediğinizi anlamıyorsa endişelenmeyin. Anlamıyorsa bile sözcükleriniz ardındaki duyguları anlayacaktır.
2. Onaylamayı sarılma ya da masaj zamanında veya bunlardan hemen sonra yapın.
3. Abartmayın. Üç yaşına geldiklerinde çocuklar övgülerden şüphe duymaya başlarlar. Onaylama havalı bir havai fişek gösterisinden ziyade güzel, sessiz bir mum gibi gözükmelidir.
4. Spesifik olun. Mesela; "Resminde kullandığın kırmızı rengi çok beğendim!" demek "Çok güzel bir resim yaptın!" demekten daha iyidir.

Açılış ve Kapanış Törenleri: Sakin Nefes Alma Rutini

Hiç çok kızdığınızda kendi kendinize, "Tamam, sakin ol, derin derin nefes al" dediğiniz oldu mu? Strese girdiğimizde, korktuğumuzda veya acı çektiğimizde otomatik olarak kendimizi sıkarız ve nefesimizi tutarız. Bu böyle uzun süre devam ederse baş ağrısına, aşırı sıkıntıya, yüksek tansiyona ve diğer hastalıklara neden olabilir. Bu yüzden stresle başa çıkabilmek büyük bir yetenektir. Batı kültüründe insanlar stresle başa çıkabilmek için iki yöntemden birini denerler: Dinlenmek (uyumak gibi) veya başka bir şeye yoğunlaşmak (televizyon izlemek gibi). Ancak vücudumuzda stresi azaltmak için programlanmış üçüncü bir mekanizma daha vardır: Nefes almak! Yavaş ve derin nefes almak çocukların bile hızla rahatlamasını sağlar.

Elbette ele avuca sığmayan ufaklığınızı on dakika boyunca oturtup meditasyon yapmasını, dua etmesini sağlayamazsınız. Ama derin nefes almayı ona öğretmenin en iyi yollarından biri benim "Açılış- Kapanış Töreni" dediğim oyundur. Aslında bu isim Olimpiyat Oyunları'ndan geliyor.

Olimpiyat Oyunları daima atletlerin ve bayrak taşıyıcıların stadyumda yavaş yavaş yürümesiyle başlar ve biter. Bu Olimpiyatlar boyunca yapılan heyecanlı oyunların hemen öncesinde ve hemen sonrasında yapılan bir ritüeldir. Sizin de nefes alıp vermeyi aynı şekilde çalışmanızı tavsiye ediyorum. Çocuğunuzla oynayacağınız hareketli bir oyundan hemen önce ve sonra rahatlatıcı nefes alma egzersizlerini yapın. Böylece çocuğunuz taşkın bir ruh hâlinden, huzurlu ve sakin bir ruh hâline geçmeyi öğrenecektir. Tüm egzersizlerde olduğu gibi bunda da çocuğunuz, daha fazla çalıştıkça ustalaşacaktır. Çok yakında çocuğunuzun daha uygar, güvenli, kendi kendine yetebilir ve duygusal olarak daha esnek hâle geldiğini fark edeceksiniz.

Kafanız mı karıştı? Gelin ne yapmanız gerektiğini adım adım ele alalım:

Açılış-Kapanış Törenlerini Nasıl Yapacaksınız

Önce çocuğunuza derin nefes almayı öğretin (30 aylık ve daha büyük çocuklarda daha çok işe yarar):

- Dudaklarınızla küçük ve sıkı bir "O" şekli yapın ve yüksek sesle nefes alıp verin. Her nefes ıslık sesi çıkarmalı ve ortalama altı saniye sürmelidir.

- Nefes alıp verirken kollarınızı de aynı anda hareket ettirin. Her nefeste kollarınızı aynı hızda kaldırın indirin. (Çizimi inceleyin.)

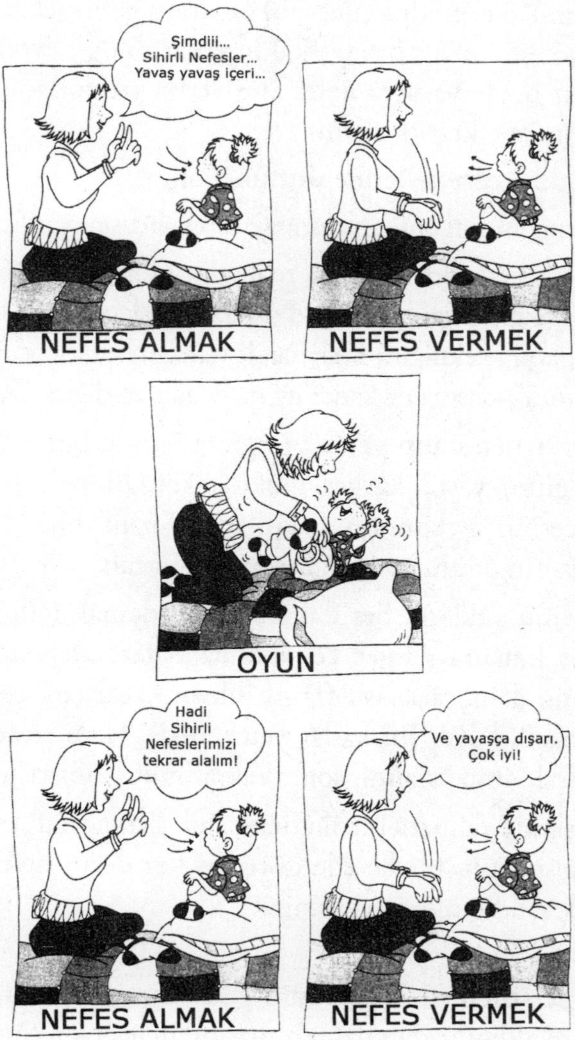

Tüm bunları çocuğunuza öğretirken zorlayıcı olmayın. İlk hafta nefes alıp vermeyi çocuğunuz sizinle beraber otururken yalnızca birkaç kez yapın. Merak edip sizi taklit etmeye çalışabilir.

Nefes alıp verirken çıkan ses ve ellerinizin hareket etmesi ne yaptığınızı anlamasını kolaylaştıracaktır. Bazı anne-babalar çocuklarının ellerini dua eder gibi bir araya getirmelerini sağlayıp, her nefeste onları havaya kaldırmalarını öğretiyorlar. Eğer çocuğunuz böyle yavaşça nefes alıp vermekte zorlanıyorsa bir ay bekleyin ve tekrar deneyin.

Nefes alma egzersizlerine yardımcı olun:

- Çocuğunuzun önüne oturun ve nefes almasına yardımcı olun. İki- üç nefes boyunca ona rehberlik edin ve "Hmm... İyi gidiyor!" gibi övgülerle onu daha da heveslendirin. Gün içinde dedikodu tekniğini kullanarak eşinize ya da çocuğunuzun oyuncak ayısına ne kadar iyi nefes alıp verdiğini söyleyin.
- Derin nefes alıp vermeyi öğrendiğinde bunu yakalamca, güreş, yastık kavgası gibi hareketli bir oyunun hemen öncesinde ve sonrasında kullanın. Sizinle birkaç nefes almasının ödülü oynadığınız oyun olacak.
- Oyunu yaklaşık beş dakikayla sınırlamak için bir çalar saat kullanın. Eğer çocuğunuz itiraz ederse, "Tatlım, Anne daha fazla istediğini biliyor... Bu çok eğlenceli... Ama Bay Zil 'Bu kadar yeter' dedi. Hadi şimdi mutlu nefeslerimizi alalım, sonra tekrar güreşebiliriz" deyin.
- Başlarda yalnızca bir-iki nefes alın. Birkaç hafta sonra çocuğunuzun, bir kerede dört-beş kez derin nefes alabilir hâle geldiğini göreceksiniz.

Bu egzersizlerden maksimum yararlanmanın sırrı, verdiğiniz nefesin aldığınızdan uzun olmasından geçiyor. Şimdi derin bir nefes alın. Nefes almanın vermekten daha uzun sürdüğünü göreceksiniz. Ama rahatlatıcı nefes almak için gittikçe *daha yavaş nefes vermeyi* öğrenmeniz gerekiyor

Çocuklar genelde yavaşça nefes vermeleri istendiğinde ne yapacaklarını bilemezler. Bu yüzden ellerinizi kullanarak çocuğunuza rehberlik etmeniz ona yardımcı olur. Daha büyük çocuklarla kullandığım ikinci bir yöntem on santimlik bir tuvalet kağıdını dudağımın hemen üstünde tutarak buna üflemek. Çocuklar kağıda üflediğim müddetçe uçtuğunu görüyor. Onlar da bu numarayı denediklerinde daha uzun süre nefes vermeyi öğrenmiş oluyorlar.

Derin nefes alıp vermek çocuğunuz için kolay hâle geldiğinde bunu onu rahatlatmak için kullanabilirsiniz. Önce Fast-Food Kuralı'nı Yumurcak-ça uygulamanız gerekiyor. Mesela; "O köpek ne kadar korkunçtu. Korktun. 'Git köpek! GİT!' dedin..." diyebilirsiniz. Biraz yatışmaya başladığında nefes egzersizleriyle tamamen sakinleşmesini sağlayın.

Açılış-kapanış nefesleri çocuğunuzun kendi kendini kontrol edebilmesini sağlar. Artık kendi "aktivite motorunu" nasıl çalıştırıp kapatabileceğini biliyor.

Derin nefes alabilmek güçlü ve olumlu bir alışkanlıktır. Çocuğunuz bu değerli kabiliyeti kazandığında hayatı boyunca yaşayacağı korkulu, üzüntülü ve stresli anlarda nefes egzersizlerinden yardım alabilecek.

Açılış-Kapanış Törenleri için Ekstra Tavsiyeler

- Bu törenleri daima aynı yerde yapmaya çalışın. Çocuğunuz bu belirli koltuğu ya da yeri rahatlık köşesi olarak görmeye başlayacaktır. Böylece buraya geldiğinde çok daha hızlı sakinleşebilir. Çocuğunuz derin nefes alıp vermeyi çok iyi yapmaya başladığında "törenleri" istediğiniz yerde yapabilirsiniz.

- Haftada birkaç kez çalışın. Ne kadar fazla egzersiz yaparsanız çocuğunuz o kadar ustalaşacaktır. Sonuçta çocuğunuz stres altındayken bunları kendi kendine yapmayı da öğrenecek.
- Çocuğunuz tekniği yeni yeni öğrenirken törenleri uykudan önce veya zaten yorgun olduğu akşam saatlerinde yapmak daha iyidir.
- Çocuğunuzu nefes alıp vermesi için asla zorlamayın. Eğer itiraz ederse ona kibarca "sihirli nefesleri" almadan oyun oynayamayacağını hatırlatın. Eğer daha da itiraz ederse umursamaz bir şekilde "Peki, biz de sonra güreşiriz. Acaba kim kazanacak?" deyin ve bir-iki dakika başka bir şeyle ilgilenin.
- Eğer çocuğunuz bu işi hemen anlamazsa pes etmeyin. Çocuklar için nefes egzersizlerini tam olarak yapmaya başlamak beş-on beş denemeden sonra gerçekleşebilir.

Oyun: Hayatın Ana Damarlarından Biri!

"Her şey oyunda gizlidir."
William Shakespeare, *"Hamlet"*

Oyun Bağışıklık Sistemini Güçlendirir

Kahkaha atmak bağışıklık sistemini güçlendirir ve stresin olumsuz etkilerini siler. Yetişkinlerde kahkahanın kanser ve romatizma gibi ciddi hastalıkları yenmek için kullanıldığını gösteren araştırmalar da bulunuyor. Neyse ki, bu hastalıklar çocuklarda fazla görülmüyor, ama çocukların da stres yaşadığı kesin! Bir-dört yaş arası bir çocuk için ana okuluna giderken anne-babasından ayrılmak veya sokakta gördüğü büyük bir köpek stres nedenleri olabilir.

Oyun stresten hemen kurtulmayı sağlar. Çocuğunuzun daha mutlu ve sağlıklı olmasını sağlamanın bu kadar *eğlenceli* olabileceğini hiç düşünmüş müydünüz?

Eğlenmek çocuğunuzun doğuştan sahip olduğu mutluluk, sağlık ve mükemmelliği canlandırır. Çok faydalı olduğu için oyunu bir-dört yaş arası çocukların en önemli vitamini olarak görüyorum. Çocuğunuzun bu "vitamine" her gün bol miktarda ihtiyacı var.

Oyun...

- duyguları harekete geçirir.
- çocukların hareket yeteneklerini geliştirir.
- zihne esneklik kazandırır.
- dil kullanımını geliştirir.
- arkadaş edinme yeteneğini zenginleştirir.
- bağışıklık sistemini güçlendirir.
- özgüveni artırır.
- gece uykusunun aralıksız ve huzurlu olmasını sağlar.

Küçük Çocuklar En Çok Hangi Oyunlardan Hoşlanır?

Tarih öncesi insanlar çocukları için oyun günleri tayin etmek zorunda kalmıyordu. Onlar için hayat bitmeyen bir fiesta gibiydi (rüzgâr, hava, ağaçlar, kuşlar, kabilenin evcilleştirdiği hayvanlar ve çocuklar hep bir aradaydı). Çocuklarımız doğduklarında böyle bir dünyaya geleceklerini zannediyorlar! Geçen yüz yıl içinde havasız, dört duvar evlerin arasına sıkıştığımızı ve; ya hiç, ya da en fazla bir-iki insanla yaşadığımızı bilmiyorlar. Bir bebek veya köpek yavrusunun yanından her geçtiğinde çocuğunuzun neden gülümsediğini şimdi daha iyi anlıyor olmalısınız.

Çeşitlilik hayatın baharatıdır. Çocuğunuzun fiziksel oyunlarından; müzik ve şarkılardan; sanat oyunlarından (hamur oyunları, boyalar, patates baskısı); rol yapma oyunlarından (bebekler, kostümler); taklit oyunlarına (süpürgeyle evi temizlemeye yardım etmek) kadar farklı deneyimlerden oluşan dengeli bir "diyete" ihtiyacı vardır.

Oyun konusuyla ilgili başlı başına bir kitap yazılabilir. Ancak her gün oynanmasının şart olduğunu düşündüğüm üç çeşit oyun var: Sokak oyunları, yaratıcı oyunlar, okumak!

Sokak Oyunları: Çocuklar Bütün Gün Evin İçinde Kaldıklarında Neden "Deliriyorlar"?

Çocukken çim bir yokuştan aşağı yuvarlandığınızı, bir çamur birikintisinde zıpladığınızı ya da kuru yaprak birikintilerinin üstüne atladığınızı hatırlıyor musunuz? Dışarıda yapılan aktiviteler çocuklar için birebirdir! Sokakta sürekli değişen bir ışık, ses, görüntü, doku gösterisi ve birçok çocuk vardır!

Biraz taze hava almak için dışarı çıkmak istemenin nasıl olduğunu bilirsiniz. Çocuklar açık havayı yalnızca istemiyor, ona i-h-t-i-y-a-ç duyuyorlar! Bütün gün evde kalan bir çocuk deli ceketi giydirilmiş Tarzan gibidir.

Çocuğunuzun günlük programını yaparken dışarıda geçecek oyun zamanları ayarladığınıza emin olun. Havanın çok soğuk, çok sıcak, çok ıslak veya çok karlı olmasını umursamayın. Bizi sıcak tutan giysilerimiz, yağmur geçirmeyen botlarımız ve güneş ışığından koruyan kumaşlarımız olduğu için çok şanslıyız. Gerçekten sıra dışı koşullar dışında çocuğunuzu dışarı çıkarmamak için hiçbir bahaneniz olmamalı. Hatta yağmur ve diğer hava koşullarının eğlenceyi daha da artırdığı bile söylenebilir!

Yaratıcı Oyun: Hayal Gücü Denen "Eğlenceli Buluş"

Eski insanın sanatsal yönünden bize kalan tek kanıt mağaralardaki resimler değil. Arkeologlar 40 bin yıldan daha eski olan boncuk kolyeler, heykeller de buldu. Bu tarih öncesi Picasso'larda bir şey "klik" etti ve sanat eserlerini yapma isteklerini ve yapmalarını tetikledi. "Klik" eden şey hayal gücüydü!

Bilgisayarımın yanında Albert Einstein'ın bir resmi var ve üzerinde "Hayal gücü bilgiden daha önemlidir" yazıyor. Hayal gücü yaratıcı kıvılcımdır. İnsanoğlunun sanat ve bilim alanındaki müthiş ilerlemesinin temelinde de hayal gücü yatıyor.

Küçük *sanatçınızın* eserlerini yaratabilmesi için ihtiyacı olan tüm materyallere sahip olduğuna emin olun. Ona bir insan ya da kediyi "nasıl" çizeceğini göstermekle vakit kaybetmeyin. Yaratıcı ruhunun serbestçe hareket etmesine müsaade edin. Yaptığı resimler size çok çirkin gözükse bile, bunlarla ilgili söyleyecek olumlu bir şey bulmaya çalışın. Mesela; "Vayy canına! Bir sürü yuvarlak kullanmışsın! Ben yuvarlakları *gerçekten* çok severim!" deyin.

Çocuğunuzun ortaya çıkardığı her türlü yaratıcılık ve icadı överek onu teşvik edin. Hayal gücünün hayatı boyunca kullanabileceği olağanüstü bir araca dönüştüğünü göreceksiniz! (Bu arada Einstein'ın sözünün tamamı şöyle: "Hayal gücü bilgiden daha önemlidir. *Bilgi şu anda bildiğimiz ve anladığımız şeyleri ifade eder, hayal gücü ise keşfedebileceğimiz ve yaratabileceğimiz şeylere işaret eder.")*

Çocuğunuz Bebekleri mi,
Yoksa Oyuncak Kamyonları mı Tercih Ediyor?

İki yaşındaki erkek çocukları oyuncak kamyonlara neden bayılır? Bir buçuk yaşındaki kızların oyuncak ayıları sevmesiyle aynı nedenden: Evrim!

Erkek çocuklar aksiyon oyuncaklarını tercih ederler, çünkü milyonlarca yıllık bir hareket geleneğinden geliyorlar. Taş Devri'nde erkeklerin gün boyu koşturup yemek bulması gerekiyordu. Vücut özellikleri de kaçan hayvanları yakalayabilecek şekilde gelişiyordu. Küçük kız çocukları ise "bakabilecekleri" oyuncakları severler, çünkü binlerce yıl önce mağaralarda çocuklarla beraber kalan ve onlara bakan Taş Devri kadınlarının genlerini taşıyorlar.

Peki bu erkeklere yanlıca oyuncak araba, kızlara de bebek alacağınız anlamına mı geliyor? Tabii ki hayır. Ancak milyonlarca yıldır jenerasyondan jenerasyona aktarılan genlerin etkisini inkar edemezsiniz. Yani küçük prensesinizin klasik kız çocuğu oyuncaklarına ilgi duyduğunu fark ederseniz, ona bu oyuncakları vermeniz gerekiyor demektir!

Kitap Oyunu: Okumak Beslenmektir

Eğer çocuğunuzun akıllı ve sağlıklı bir zihni olmasını istiyorsanız onu beslemeniz gerekiyor! Beyni beslemenin en iyi yollarından biri okumaktır. Bir-dört yaş arası bir çocukta önemli olan ise onunla *birlikte* okumanızdır, *ona* okumanız değil!

Son derece aktif olan 18 aylık çocuğunuz için bir köşeye oturup kitap karıştırmak oldukça zordur. Dolayısıyla fiziksel olarak daha yorgun olduğu, yani resimlere bakmaya ve sayfaları çevirmeye daha uygun olduğu bir zamanı seçmeniz gerekiyor.

Kitaba bakarken gördüğünüz her şeyle ilgili sözlü bir yorum yapın. "Köpeğe bak! Köpek ne diyor?" (Kalın karton sayfaları olan kitaplar bir yaşındaki çocukların konsantre olmasını kolaylaştırır. Üstelik iki dakikada bir onu sayfayı yırtmaması için uyarmak zorunda kalmazsınız.) Çok aktif bir çocuk için kitabı başlı başına bir oyun hâline getirmeniz gerekiyor: "Hadi kitaptaki köpek ol! Bana kemiğini getir. Şimdi, bakalım diğer hayvanlar neler buluyor?"

Kurallara bayılan iki yaşındaki çocuğunuz ezbere bildiği kitapta tek bir heceyi dahi atlarsanız sinirlenip sizi en baştan başlatır. "Hayır, hayır! Olmadı!" der. Kendisi kurallara uyduğu gibi, *sizin* de uymanızı bekler!

Üç yaşındaki Köylü'nüz değişik yer ve insanlarla ilgili öykülere bayılır. Kitapta olup bitenlerle ilgili soruları olacak ve hatta bunları tartışmak isteyeceklerdir. Köylü'nüzün kendisi de dört dörtlük bir hikâye anlatıcısıdır. Onu kitapta beraber öğrendiğiniz satırları bebeklerine ve oyuncaklarına anlatırken yakalayabilirsiniz.

Çocuğunuzla okumak onun beynini besler ve hayal gücünü alevler. Ama kitabı yalnızca onu daha zeki yapacağı için okumayın. Kitabı onunla yan yana oturup eğlenmek adına muhteşem bir fırsat yarattığı için okuyun.

11

Nazik Diplomasi: Kurallar Koymanın ve Uygulamanın Yolları

"Disiplinden vazgeçin, çocuğunuzu şımartın."

Dr. T. Berry Brazelton

Ana Noktalar:

- Çocuğunuzun görevi sınırları zorlamak, sizinki ise kibarca bunları korumaktır.
- İyi çocuklar bazen neden "kötü" davranırlar?
- Çocuğunuzun saygı duyacağı kuralları nasıl koyacaksınız?
- Barikat değil dolambaçlı yollar: Dikkat dağıtma ve değiş-tokuşu işbirliği sağlamak için nasıl kullanabilirsiniz?
- Küçük ilkeller için mükemmel cezalar: Ne zaman onu umursamayacaksınız, haklarını elinden alacak ya da "dinlenme zamanı" vereceksiniz?

Sınır Koymak: Çocuğunuza Hayat Yolunda Nasıl Rehberlik Edeceksiniz

Tüm ebeveynlerin ilk görevi çocuklarına sevgi, yemek ve kalacak bir yer vermektir. Ancak çocuğunuz yarım yamalak da olsa yürümeye başladığı andan itibaren karşınıza bir görev daha çıkar: Sınırlar koymak. Küçük mağara çocuğunuzun pencere camına vurmaya kalkıştığında, elinizi bırakıp sokağa koştuğunda ya da köpek mamasını yediğinde engelleneceğini bilmesi gerekiyor.

Sevgi dolu sınırlarınız çocuğunuza hayat yolunda rehberlik edecek duvarlar gibidir. Bu duvarları birbirine olabildiğince yakın (katı kurallar ve birçok sınırlama koyarak) ya da birbirinden uzağa (esnek ve az kurallar koyarak) yerleştirebilirsiniz. Ama nasıl olursa olsun bazı sınırlamalar koymak zorunda kalacağınızı biliyorum, çünkü çocuğunuzun artan hareketliliği ve merakı sizi buna mecbur bırakacak!

Koyduğunuz sınırlamalar çocuğunuzun doğruyu, yanlışı ve tehlikeli olan şeyleri ayırt etmesini sağlayacak. Ancak hiçbir çocuğun onun için çizilen yolda dümdüz yürümeyeceğini unutmayın. Yola girer girmez yapacağı ilk şey duvarı ittirerek onu yıkıp yıkamayacağını test etmek olacaktır. Eğer duvarınız (koyduğunuz sınırlama) sağlamsa çocuğunuz bir süre sonra pes edip yolunda ilerlemeye devam eder. Ancak eğer sınırlamanız "pelte" gibiyse, çocuk onu yıkana kadar uğraşır ya da siz mesajınızı daha sert hâle getirirsiniz.

Yumurcağınız şu aşamada koyduğunuz sınırlamalara itiraz ediyor olabilir, ama bunlar uzun vadede onun daha mutlu olmasını sağlayacak. Sınırlamaları olmayan çocuklar kendilerini kontrolü kaybetmiş, güvensiz ve sevgisiz hissederler. Biz ayağımızı yere koyana kadar zorlamalarına şaşırmamak gerekir. Üstelik bu, tatlı çocuğunuzun bir anda sizi ezip geçmesinin nedenlerinden yalnızca biri!

Sınırlar koymaya karar verdiğinizde, sağlam olduğuna emin olun!

Sınırları Zorlamak:
İyi Çocuklar Neden "Kötü" Davranır

Gelin en iyi huylu çocukların bile neden zaman zaman ebeveynlerine karşı isyan ettiklerinin altı nedenini inceleyelim:

1. **Çocuklarınız bazı kuralları zorlamadan dünyayı araştıramaz.** Çocuğunuz dört dörtlük bir araştırmacı (ısrarlı, sağlam içgüdüleri var ve işleri kendi bildiği gibi yapmayı seviyor). Onun işi çevresini araştırmak, nesnelere dokunmak ve her şeyi çekiştirmek. Bu yüzden size sınırları *sürekli* zorluyormuş gibi geliyor. Siz ise onu düzenli olarak sinir ediyorsunuz, çünkü en büyük zevkini, keşfetmesini engelliyorsunuz.

2. **Çocuğunuz atak, benmerkezci ve kısa görüşlüdür.** Ne kadar maceracı olursa olsun küçük dostunuz Indiana Jones sayılmaz. İçgüdülerine göre hareket eder ve sonucu fazla umursamaz. On sekiz aylık, hatta üç yaşındaki bir çocuğun bile ilaçları şeker zannedip içmeyeceğine ya da karşıdan karşıya geçerken elinizi bırakmayacağına güvenemezsiniz.
3. **Kurallarımız genellikle karmaşıktır.** Sınırlar dâhilinde olmak çocuğunuza garip gözüküyor olmalı. *Koltukta zıplamayı her şeyden çok seviyorum ve annem beni durdurmaya çalışıyor. Yoksa beni artık sevmiyor mu?* diye düşünüyor.
4. **Kurallarımız genelde gerçek dışı oluyor.** Bazen çocuklarımız bize "kötü" davranıyor gibi gözüküyor, çünkü bizim beklentilerimiz çok yüksek oluyor. Bu genelde anne-babalar normal çocuk davranışlarının ne olduğunu bilmediğinde oluyor. On sekiz aylık çocuğunuzun bir şey paylaşmasını, iki yaşındaki çocuğunuzun yalan söylememesini ve üç yaşındaki çocuğunuzun sinemada hareket etmeden oturmasını bekleyemezsiniz. **Uyarı:** Eğer standartlarınız çok yüksekse çocuğunuz isyan edip, *"Neden uğraşayım ki! Nasıl olsa memnun etmem çok zor!"* diye düşünebilir.
5. **Kötü davranışları istemeden teşvik ediyoruz.** Çocuğunuz doğduğu günden beri sizi dikkatle inceliyor. Şikâyet edip mızmızlanmayı öğrendi, çünkü bunların işe yaradığını gördü. Bir yaşındaki çocuklar bile dikkat çekmek için ne şekilde ve hangi ses tonuyla ağlamaları gerektiğini bilirler.
6. **Çocuğunuz kötü bir gün geçiriyor olabilir.** Hepimizin iyi veya kötü hissettiği günler vardır. Havamız sokakta

para bulduğumuzda ya da trafikte ceza yediğimizde tamamen değişebilir. Duygusal Neandertal'lerimiz ise tüm bunlardan çok daha kolay etkilenir.

Uykusuzluk, açlık, diş çıkarma, hastalık, sıkılmak, kıskançlık, anne-babaların kavga etmesini izlemek, televizyon, rutinin değişmesi, kafein (kola, çikolata ya da bazı ilaçlarda bulunuyor) ve şeker ilkel çocuğunuzun daha da ilkelleşmesine neden olabilir. Bu sorunlar hız engelleri gibidir; tek çareniz, yavaşlayıp engelin etkisini azaltmaktır.

Tarih Öncesi Diplomasi Sanatı

"Sevdiğiniz şeylere yoğunlaşın ve geri kalanı ya görmezden gelin ya da yapılmamasını sağlamaya çalışın."

Karp'ın diplomasi yasası

Laf dinlemeyen ufaklığınız sizi çıldırma noktasına getirebilir. Ama lütfen kollarınızı sıvayıp çocuğunuzla *(adam adama)* savaşmaya başlamayın. Unutmayın; siz bir elçisiniz ve daima gururlu, kontrollü ve diplomatik olmalısınız.

Siz bir süper gücün temsilcisi gibisiniz. Eğer isterseniz çocuğunuzun tüm baş kaldırma girişimlerini baş parmağınızla durdurabilirsiniz. Ama güç kullanmak her zaman ters teper. Çocuğunuzun güvenini yerle bir edebilir, karşı koymasını daha da güçlendirebilir veya daha da kötüsü, intikam duygularını körükleyebilir. Bu yüzden en başarılı devlet adamları birbirleriyle çatışmaktan kaçınır ve bunun yerine çekiciliklerini, ikna yeteneklerini, pazarlık kabiliyetlerini kullanarak saygı üzerine kurulu uzun süreli ilişkiler kurmayı hedeflerler.

Daha önce çocuğunuzu dikkatli bir şekilde dinleyerek, onu överek ve onunla oyun oynayarak olumlu hareketlerini nasıl ödüllendirebileceğinizi anlattım (8, 9 ve 10. Konular). Şimdi de Karp'ın diplomasi yasasının ikinci kısmını anlatacağım: İstenmeyen davranışları frenlemek.

Islak Patates Cipsi Yasası

Thomas Gordon'un *"Etkili Anababa Eğitimi"* adlı olağanüstü kitabında çocukların patates cipsini çok sevdikleri, hatta cipsin olmaması durumunda sırılsıklam cipsleri bile yiyebilecekleri yazıyor. Benzer şekilde bir-dört yaş arası çocuklar bizim dikkatimizi çekmeyi o kadar çok seviyor ki, kızıp bağırmamızı onları umursamamamıza tercih ediyorlar. Bu yüzden aileleri yalnızca kuralları yıktığında kendileriyle ilgilenen çocuklar, gittikçe daha fazla yaramazlık yapmaya başlar!

Elbette çocuklarımıza kızgınlık krizi geçirmelerini öğretmeyi *bilinçli olarak* hedeflemiyoruz. Ama bilinçsiz verdiğimiz mesajı küçük çocuklar bile anlar: Uslu uslu oynarsan kimse seni umursamaz. Baş belası olursan herkes seninle ilgilenir. İlkel zihninde çocuğunuz kuralları her yıktığında aslında "Hey, bana baksana!" diyor olabilir. Elbette kendisine *bağırılmasını* istemiyor. Ama canı o kadar çok "patates cipsi" (sizin ilginiz) istiyor ki, "ıslak patates cipsi" yemeyi (ona kızmanızı) hiç yiyememeye (onu umursamamanıza) tercih ediyor.

Peki, çözüm nedir? Bol bol ilgi zamanı ayarlayarak çocuğunuzun ilginize aç kalmadığından emin olmak ve gerektiğinde kurallar koymak.

Çocuğunuzun Saygı Duyacağı Kuralları Nasıl Koyacaksınız?

"Tanrım; bana değiştiremeyeceğim şeyleri kabullenmek için sabır, değiştirebileceklerimi değiştirmek için cesaret ve ikisini ayırt edebilmem için akıl ver."

Sukûnet duası

Ebeveynler genellikle sınır koymakta sorun yaşarlar. Çocuklarımızı bebek olarak mı, yoksa mantıklı küçük insanlar gibi mi görmemiz gerektiğine bir türlü karar veremeyiz. Bu yüzden genellikle disiplin yerine mantık, nedensellik ve çatışmayı önleme teknikleri kullanıyoruz. Bu, sakin ve daha büyük çocuklarda etkilidir, ama hırslı bir Neandertal üzerinde fazla işe yaramaz. Çocukların kesinlikle saygı görmesi gerektiğine inanıyorum. Ancak ebeveynlik her şeyi politik açıdan doğru yapmaya çalışanlar için uygun bir iş değildir. Aileniz bir demokrasi *değil!* Sizin hem elçi, *hem de* kural koyucu olduğunuz, kâr gayesi gütmeyen bir diktatörlüktür.

Nazik davranma, adil olma ve sabır gösterme kadar cesaret ve kararlılık çok önemlidir. Nezaket ve tevazu göstererek sağlam kurallar koymak sizin için bir seçenek değil bir sorumluluk. Bu yüzden gelecek birkaç yıl boyunca çocuğunuzu sürekli ödüllendirmek ama aynı zamanda cezalandırmak zorunda da kalacaksınız.

Elbette ödülleriniz, cezalarınızdan fazla olacak. Her güne neşeyle, affedip unutmaya hazır olarak başlayın. Ancak gerektiğinde neşenizin yerini ebeveynlik gücüne bırakıp, ne yapılması gerekiyorsa yapmaktan kaçınmamalısınız.

Şimdiye kadar öğrendiğiniz gibi kural koymak ayrı, bunlara

uymak ayrı bir şeydir. İşte başarılı bir şekilde kural/sınır koymanın yedi sırrı:

1. Uygun beklentilerle başlayın.

Şiddet, riskli hareketler, kötülük ve sizin için önemli olan bazı konularda (beyaz koltuğunuzun üzerinde zıplanmaması gibi) kurallarınız elbette olacak. Ancak eğer beklentileriniz çok yüksekse bu çocuğunuzu boğar (çocuğunuzun fiziksel ve zihinsel yeteneklerini hatırlamak için 6. Konuya kadar olan konuları tekrar gözden geçirin). Evdeki kırılabilecek eşyaları kaldırarak ya da koltuğa örtü sererek evinizi çocuğunuza uygun hâle getirmek, onu değiştiremeye çalışmaktan daha iyidir.

2. Uygulatabileceğinizden emin olduğunuz kurallar koyun.

Ebeveynin siz olduğunu biliyorum ama bir ebeveyn bile her kavgayı kazanamaz. Mesela; çocuğunuzun brokoli yemesini, dişini fırçalamasını, tuvaleti kullanmasını, özür dilemesini, paylaşmasını, korkmamasını, merdiveni çıkmasını... aynı anda sağlayamazsınız. Bu bölümü anlamanız çok önemli, çünkü kazanamayacağınız savaşlar verirseniz otoritenizi kaybetmeye başlarsınız. Bunun ardından da kaos ve isyanın gelmesi kaçınılmazdır. (Temkinli çocuğunuz bu durumda daha çok korkabilir, hareketli çocuğunuz ise daha da isyankar hâle gelir.)

Çocuğunuzla kazanamayacağınız bir çatışmaya girdiğinizde taktik değiştirip deneyimli bir diplomat gibi etkileme, özveri ve yaratıcılık tekniklerinden faydalanmaya hazır olun.

Jessica'yı gerçekten rahatsız eden şeylerin başında üç yaşındaki kızı Lucy'nin, dokuz aylık kardeşi Camille'e vurduktan sonra ısrarla özür dilememesiydi. Sonunda Lucy'yi zorlamaktan vazgeçti. Bunun yerine ikisinin arasına girdi ve sırtını daha büyük olan Lucy'ye dönüp Camille ile tatlı tatlı ama ablasının duyabileceği bir sesle konuşmaya başladı; "Lucy sana vurduğunda çok üzülüyorsun. Ona 'Vurmak canımı yakıyor! Hoşlanmıyorum' de! Ama eğer Lucy özür dilerse Anne çok mutlu olacak!"

Lucy bunun üzerine birkaç dakika sonra özür diledi. Jessica da hemen kızına dönüp, "Teşekkür ederim, Lucy" diyerek Camille'e döndü ve duyulabilecek kadar yüksek bir tonda fısıldadı; "Duydun mu, Camille? Lucy senden özür diledi. Özür dilemek için sözcüklerini kullanarak çok iyi bir iş yaptı. Sözcüklerini böyle kullanması çok hoşuma gidiyor. Harika, Lucy!" Sonra her ikisini de yanına alıp, "Hadi bakalım gidip limonata içelim" dedi.

3. Cümleleriniz kısa ve olumlu olsun. Çok fazla sözcük aleyhinize olur.

Eğer çocuğunuz sizi dinlemiyorsa bunun nedeni "kötü dinlemesi" olabilir, ama bu *"kötü anlatmanızdan"* da kaynaklanıyor olabilir. "Debbie, buraya gel ve otur. Ayakkabılarını giyme vakti..." diyebilirsiniz, ama eğer çocuğunuz sizi umursamıyorsa bu çok fazla sözcük kullanmanızdan kaynaklanabilir.

Yorumlarınızın kısa ve tatlı olduğuna, bunları güvenli ve eleştirmeyen bir ses tonuyla çocuğunuza aktardığınıza emin olun. "Oyuncaklar kutuya gidiyor" ya da "Oyuncaklar kutuda mutlu" deyin. Çocuğunuzun giyinmesi için "Bluz! Ayakkabı! Şimdi!" komutunu verin (Drew'in annesi, çocuğuyla konuşurken kullandığı samimi ama kesin ses tonunu köpeklerini eğitirken mükemmel hâle getirdiğini söylemişti).

Çocuğunuza bir kuralı hatırlatmak, ona bir şey yapmasını söylemekten daha etkili olur ve isyan etme riskini azaltır. "Koşma" ya da "Otur" komutları yerine, "Burası yürüme alanı" ve "Sandalyeler oturmak içindir" cümlelerini kullanabilirsiniz.

4. Tutarlı olun. Tutarlı olun. Tutarlı olun.

Eğer her hızlı gittiğinizde trafik cezası alsanız hızlı gitmekten vazgeçerdiniz. Ama hız limitini iki yüz kez aştığınız hâlde yalnızca bir kez ceza aldıysanız, büyük ihtimalle direksiyona her geçtiğinizde hız limitini aşmak istersiniz.

Etkili disiplinin özünde tutarlılık ve önceden tahmin edilebilirlik vardır. Çocuğunuz kuralları çiğnediğinde ceza almadığını fark ettiğinde daha da rahat davranmaya başlayacaktır. Ama kurallarınızı tutarlı bir şekilde, her koşulda uyguladığınızda çocuğunuzun doğru ve yanlışı anlamasına yardımcı olursunuz.

5. Maksimum başarı için onun dilini (Yumurcak-ça) kullanın.

Mesajınızı iletmek için Yumurcak-ça'nın dört bölümünden de faydalanın: Kısa cümleler, tekrar, dramatik bir ses tonu, belirgin yüz ve vücut hareketleri. Mesela; çocukları otoparkta koşmak gibi tehlikeli bir hareket yaparken gördüğümde onları biraz korkutuyorum. Çok endişeli gözüküyorum ve kaşlarımı çatarak "Hayır, hayır, hayır, hayır, hayır, hayır! Bak! ARABA! Tehlike... O! Oo! Ooo!!!" diyorum. (Bu durumda, otomobil altında kalmak ve karşıdan karşıya geçerken iki tarafa bakmakla ilgili konuşmanızı gün içinde daha sakin olduğunuz bir zamana erteleyin.)

Tehlike nedeniyle hemen harekete geçmek zorunda değilseniz, önce Fast-Food Kuralı'nı uygulayın (8. Konuya bakın). *Onun* hareketlerini ve duygularını dillendirmek, çocuğunuzun da *sizin* duygularınıza karşı daha hassas olmasını sağlayacaktır.

Mesela; eğer oğlunuz Aaron'ın en yakın arkadaşına vurmak üzere olduğunu görürseniz, önce küçük Neandertal'inize onu anladığınızı belli edin. Ayağınızı yere vurun, başınızı sallayın ve kollarınızı sallayarak "anlaşma iptal oldu" işareti yapın. Aynı anda tutkulu bir şekilde "Kızgın! Kızgın! KIZGIN!!! Aaron kızgın!!! 'Hayır, Tommy! Kamyon yok! Hayır, hayır, HAYIR!!' dedin. Kızgın! Kızgın! KIZGIN!!!" deyin.

Olay anında duygularını Yumurcak-ça'yı iyi bir şekilde kullanarak yansıtabilirseniz, çok daha başarılı bir elçi olursunuz. Bundan otuz-altmış saniye sonra ise *kısaca* kuralınızı söyleyebilirsiniz. "Vurmak yok. Vurmak yok! Hayır, hayır, hayır!! Vurmak yok, Aaron!!" Gün içinde herkes sakinleştiğinde olayla ilgili Aaron'ın oyuncak ayısına dedikodu yapın veya Aaron ile doğrudan konuşun. İşte vurmanın neden kötü bir şey olduğuyla ilgili küçük dersinizi bu sırada vereceksiniz.

Claudia, "Benjamin yüksek sesle homurdandığımda ciddi olduğumu anlıyor" diyor. "'Nazik nazik' ya da 'Sözcüklerini kullan' dememden daha çok işe yarıyor. Isırmayı hemen bırakıyor ve biraz üzülse de yanıma yatıp benimle arkadaş olamaya çalışıyor. Ona kızgın olduğunda ısırmak yerine homurdanmayı bile öğrettim. Homurdanma ona sinirini dışarı atma imkânı sunuyor, ama aynı zamanda ısırmanın kötü olduğu mesajını da veriyor. Artık Benjamin'le yatakta ayı taklidi yaparken bacaklarımızı hareket ettirip homurdanıyoruz! Bu ikimiz için de eğlenceli oluyor. Üstelik bence içinde biriken enerjiyi de dışarı çıkarmasını sağlıyor. Kendimi çocuğuna dersler veren anne ayıcık gibi hissediyorum."

Homurdanmayı ilk denediğinizde çocuğunuzun kafası karışabilir. Gülümseyebilir veya size homurdanarak yanıt verebilir. Eğer böyle olursa ikili bir homurdanma, gürleme deneyin: Önce homurdanın ama bu kez daha az tehditkar bir ton kullanın ve sonra arkanızı birkaç saniyeliğine dönün. Sonra çocuğunuza dönün ve bu kez daha yüksek sesle tekrar homurdanın ve kaşlarınızı çatın. Başınızı sallayarak "Hayır. Hayır. Dokunmak yok!" deyin. Eğer kazara gülümserseniz kafanızı çevirin, kendinizi toplayın ve çocuğunuza bakarak "Yüzümün gülümsediğini biliyorum ama içimden gülümsemiyordum. 'Hayır! Hayır' Vurmak yok!' diyorum" deyin. (Eğer boyun eğmemeye devam ederse mola dediğimiz, birazdan anlatacağımız tekniği kullanın.)

Harrrikkaaaaaa Bir Sözsüz Mesaj!

Çocuğunuza ciddi olduğunuzu göstermenin diğer bir yolu da *homurdanmaktır!* Tüm büyük ve hiddetli hayvanlar (ve tarih öncesi çocuklar) bu sesi anlar. Ciddi bir duruş ve alçak bir *grrrrr* sesi diğer canlıları *hemen* durmaları için uyarır! Bu yöntem tüm çocuklarda işe yarar, ama özelikle bir ve iki yaşındaki çocuklar mesajı hemen alır.

Homurdanırken ellerinizi hızlı bir şekilde birkaç kez çırpın. Katı bir yüz ifadesi ve ciddi bir ses tonuyla "Hayır, hayır, HAYIR!!!" deyin. Sonra kaşlarınızı çatın, gözlerinizi kısın, yavaşça başınızı sallayın ve köpek gibi uluyun.

Gülmeden homurdanmayı başarana kadar tüm bunları bir aynanın önünde çalışın. Rol yapıyor gibi hissettiğinizi biliyorum, ama kendinize biraz zaman tanıyın. Kısa süre içinde homurtu en sevdiğiniz disiplin aracı olabilir!

6. Karışık mesajlardan kaçının: Ciddiyken gülümsemeyin ya da tatlı bir ses tonu takınmayın.

Çocuğunuz kuralları yıkarken gülümsüyor olabilir. Bu saygısızlık yaptığı ya da hareketini komik bulduğu anlamına gelmiyor. İçgüdüsel olarak size gülümserse, sizin de ona gülümseyeceğinizi biliyor ve sizin gülümsemeniz her şeyin hâlâ yolunda olduğu anlamına geliyor. (Sözsüz mesajların gücünü hatırlayın!) Karışık mesajlar yollamadığınıza emin olmak için sesinizi alçaltın ve ciddi bir yüz ifadesi takının.

7. Yaratıcı olun.

Hareketli çocuklar emir almaktan nefret ederler. Bu zor çocuklarla iletişim kurarken kuralları ve yasakları daha eğlenceli ve daha az zorlayıcı bir dille söylemenin yollarını arayın! Nasıl? Fısıldamak, trampet sesi çıkararak çocuğunuza bir yasak açıklamak üzere olduğunuzu haber vermek, komik bir şapka takmak, komik bir ses tonu kullanmak, kirli çorapların çamaşır makinesine nasıl "kendi kendilerine" yürüdüğünü göstermek farklı seçeneklerden bazıları olabilir. Emirler vermeden mesajınızı nasıl iletebileceğinizi düşünmeye başladığınızda, bunların dışında birçok eğlenceli yol bulabileceğinize iddiaya girerim.

Rick, ikizleri Bethany ve Brittany'ye pijamalarını giydirmek için ilginç bir yol buldu. "Kamp müdürü" sesi takındıktan sonra "Evet, ufaklıklar; harika, muhteşem, pijama giyme yarışmasının zamanı geldi çattı! Yarışmacılar, motorlarınızı hazırlayın! Rrrrrrrrrrrrrrr! Hazır, BAŞLA!" diyor.

İlişkiyi Olumlu Tutmanın Yolu: Sandviç Tekniği

Ricalarınızı ve gereksinimlerinizi çocuğunuzun hoşlanacağı aktiviteler arasına sıkıştırmaya, yani "sandviç" yapmaya çalışın. Mesela; "Haydi şu kitabı okuyalım! Sonra en çok oyuncağı hangimizin toplayacağını görmek için yarışma düzenleyeceğiz. En sonunda da bir şeyler yiyeceğiz!" deyin.

Barikat Kullanmayın, Yolu Değiştirin: Kuralların İşe Yaraması için Dikkat Dağıtma ve Değiş-Tokuş Yöntemlerini Kullanmak

"Rehineleri elinde tutan bir kişiye asla 'Hayır' demeyin, bu ilk kuraldır."

Samuel L. Jackson, *"The Negotiator"* filminden

Çocuğunuz ciddi bir yasağı çiğnediğinde bunu bir daha yapmaması için karşısına ceza gibi bir barikat koymak isteyebilirsiniz. Ama sınırı yalnızca *biraz* zorluyorsa onu büyük bir "Hayır"la boğmayın. Bunun yerine duygularını tekrar ederek onu umursadığınızı gösterin: "Evet! Bunu gerçekten İSTİYORSUN!" Onu gerçekten anladığınıza ikna olduktan sonra ona "dolambaçlı bir yol" sunarak tekrar havaya girmesini sağlayın.

Dolambaçlı yollar (dikkat dağıtma ve değiş-tokuş) özellikle zor çocuklarda barikatlardan (hayır demek ve cezalandırmak) daha çok işe yarar. Ona istediği şeyi hayali olarak vererek dikkatinin başka bir şeye yoğunlaşmasını sağlayabilirsiniz. "Hey! Keşke sana bundan milyonlarca verebilseydim" diyebilirsiniz ya da biraz özveride bulunmayı teklif ederek (ve özveride bulunarak) ikinizin de kazanacağı bir durum yaratabilirsiniz. Aslında bu yaklaşım en iyi elçilerin yıllardır uyguladığı bir kural: "Hayır" denmesi, kendine saygı duyan birçok kişinin daha da inat etmesine neden olur; özellikle de bu kişi bir Neandertal ise!

"Hayır" denmesi kapının yüzünüze çarpılması gibidir. Aklınızdan geçen bu bile olsa hemen "Hayır" dememeye özen gösterin. Bunun yerine duygularını tekrarlamaya çalışın: "Kızgınsın, kızgınsın, KIZGINSIN! Kurabiyeleri istiyorsun... ŞİMDİ!!

Ama haaayıııııııırr!.. Yemek yiyene kadar kurabiye yok... Ama sana üzüm verebilirim ya da yakalamaca oynayabiliriz!"

Beni yanlış anlamayın. Bir ebeveyn olarak "Hayır" demek zorunda kalacağınız birçok durum olacaktır ve kesin bir sınır koymanız gerektiğinde bunu yapmaktan çekinmemelisiniz. Mesela; çocuğunuz sıcak fırına dokunmak üzereyse yüksek sesle ve hemen "HAYIR!!!" demeniz gerekiyor! Ama genelde çocuğunuzla konuşurken ağzınızdan çıkan ilk sözcük "Hayır" ise bir güç çatışmasına davetiye çıkarıyorsunuz demektir.

İlk adım olarak çocuğunuzun duygularını anlamanız ve bunu ona belli etmeniz daha akıllıca olacaktır. Bir şeyi ne kadar "çok, çok, çok" yapmak istediği konusunda hemfikir olduğunuzda dikkatini saygılı bir şekilde başka tarafa çekebilir, ona özveride bulunmayı teklif edebilir ya da gerekirse yasağı katı bir şekilde uygulayabilirsiniz.

Dikkat Dağıtma: Her Mevsimin Dolambaçlı Yolu

On üç aylık Maisy, kitaplığa doğru gidip kitapları tek tek yere atmaya başladı. Babası Bryan onu kucağına alıp legolarıyla oynamasını sağlamaya çalıştı, ama birkaç dakika sonra Maisy yeniden kitaplarının başına döndü. Byran "Hayır! Hayır!" diye bağırmak yerine, kızını kütüphaneyi mahvetmekten vazgeçirmek için dolambaçlı bir yol kullanmaya karar verdi. Heyecanlı bir şekilde Yumurcak-ça kullanarak, "Kitap istiyorsun! KİTAP!!!! Kitap!" dedi. Maisy bir anlığına durdu. Bunun üzerine Bryan hemen alternatifini sundu. Kulağına eğilip fısıldayarak, "İkimizin beraber okuyabileceği sihirli bir kitap var! Ne dersin?" dedi.

Nedir: Yanlış davranışlara verilebilecek en basit tepki konuyu değiştirmektir. Eğer çocuğunuzun ilerlediği yol engebeli hâle geldiyse yan yolu kullanarak onu başka bir yere ya da oyuna yönlendirin.

En iyi kullanıldığı yer: On iki-on sekiz aylık çocukların dikkati çok daha kolay dağıldığı için bu yöntem en çok onların üzerinde işe yarar. Ama tüm çocuklar, koşullar olumlu olduğu müddetçe, hemen başka bir şeyle ilgilenmeye başlayacaklardır.

Nasıl yapacaksınız: İlk adımınız Fast-Food Kuralı'nı ve Yumurcak-ça'yı kullanarak çocuğunuzun duygularını dillendirmek olmalı. Bundan sonra basit bir şekilde dikkatini dağıtmaya çalışın. Mesela; "Ben yapamıyorum" diyerek bir konuda yardımını isteyin ya da "Biliyorum, hadi şimdi buradan başka bir yere gidelim!" diyerek mekanı değiştirin.

Beğenmediğiniz davranışlarını değiştirmek için ona alternatifler sunun. Mesela; çocuğunuz kediyi kovalıyorsa "Hayır!" demek yerine, ona içinde kedi resimleri olan bir kitap getirin ya da çocuğunuzun kedi taklidi yapacağı bir oyun uydurun.

Eğer tüm bu çabalar sonuç vermezse, yasaklarla ilgili biraz daha sert davranma yoluna gidebilirsiniz.

İçinize Atmayın!

Çocuğunuzun sinirini dışarı boşaltmasını sağlayın. Bu duygular birikirse yıpratıcı patlamalara dönüşebilir. Çocuğunuzun hissettiği, düşündüğü her şeyi dillendirin. Çocuğunuzun duygularını ona geri yansıtmak, duygularını ifade etmenin içine atmaktan ya da kavga etmekten daha iyi bir yolu bulunduğunu ona öğretir:

- *Şempanze Çocuklar (12-18 aylık):* Sıkıntıyı nasıl dışarı atabileceğini ona kendiniz üzerinden gösterin. Ayağınızı yere vurun, ellerinizi çırpın, başınızı sallayın veya kızgın olduğunda nasıl "Gırrrrrr!" diyeceğini öğretin.
- *Neandertal'ler (18-24 aylık):* Yukarıdakilerin hepsini yapın ve duygularını "Benim!" "Hayır!" veya "Dur!" gibi sözcükleri tekrar ederek nasıl ifade edebileceklerini onlara gösterin.
- *Mağara Çocukları (24-36 aylık):* Sakin bir günde çocuğunuzun farklı yüz ifadelerini çalışmasını sağlayın: "Bana mutlu yüzünü göster... üzgün yüzünü... kızgın yüzünü!" Kendiniz de bunların taklidini yapın ki, çocuğunuz ne demek istediğinizi anlayabilsin. Resimli kitaplarda belli duyguları yaşayan çocukların yüz ifadelerini çocuğunuza gösterin ve "Üzgün bebeğe bak!" deyin. Dergilerde bulduğunuz farklı yüz ifadeleri resimlerini keserek bunları bir deftere yapıştırın ve çocuğunuzla zaman zaman inceleyin.
- *Köylüler (36-48 aylık):* Kızgın olduğunda kullanabileceği sözcükler öğretin. Kitaplarda okuduğunuz öykülerin resimlerini başlangıç noktası olarak alabilirsiniz. "Çocuk nasıl hissediyor? Kız neden üzgün" diye sorun. "Kızdığımda benim kanım kaynıyor ve böyle hissediyorum (yüz ifadesini gösterin)!" deyin.

Değiş Tokuş ve Özveri: Diplomatlar *Olmaz-Olmaz'ı Kazanç-Kazanç'a* Nasıl Çeviriyor

Üç yaşındaki James yere üzüm attığında annesi Tess kızgın bir sesle, "Onları yerden al!" dedi. James yardım istediğinde de, "Onları yere sen attın. Kendin toplamak zorundasın!" yanıtını verdi. James itiraz edip, "Hayır! Yardım istiyorum!" dedi.

Şimdi Tess ciddi bir savaşla karşı karşıyaydı ve kolay kolay kazanabileceğe benzemiyordu. Peki çıkış yolu ne oldu? James'e özveride bulunmayı teklif etti: "Onları yere sen attın ama benden yardım etmemi istiyorsun. Hmmm, peki, eğer ilkini sen alırsan ben de... Sence kaç tane toplamalıyım? İki? Üç?"

Nedir: Mal değiş-tokuşu ve özveride bulunarak herkesin kazanmasını sağlamak eski bir diplomat tekniğidir. Mağara adamları değiş-tokuş yapmaya bundan 100 bin yıl önce başladı. Pazarlık birçok kültürde doğal karşılanıyor, karşılıklı dostluk ve güven oluşturan bir adet olarak görülüyor.

Ancak bu tip bir pazarlık Batı kültürüyle büyümüş birçok kişiye yabancı geliyor. Biz doğrudan konuşmayı ve kozumuzu paylaşmayı tercih ediyoruz. *Ancak tarih öncesinden kalma yumurcağınız dünyayı böyle görmüyor.*

Özveride bulunmak sosyal hayatın en eski alma-verme taktiklerinden biridir. Özellikle üç yaş ve üzeri çocuklar sıkı pazarlık yapılan, sonra iki tarafın da biraz özveride bulunup birbirine sarıldığı ortamlarda kendilerini rahat hissederler. Çünkü bu, çocuğunuzun (bir yaş civarında filizlenen) duygularınızı anlama yeteneğiyle, birkaç farklı fikri aynı anda değerlendirebilme yeteneğini (iki-üç yaş arası başlar) birleştiriyor.

Bazı ebeveynler, çocuklarıyla karşılıklı özveride bulunmaları gerektiğini söylediğimde şaşırıyorlar. "Bu pes etmek anlamına gelmiyor mu?" ya da "Bu çocuğumu şımartmaz mı?" diye soruyorlar. Elbette her çatışmada *pes ederseniz* bu çocuğunuzu şımartır. Ancak zaman zaman özveride bulunmak ona, birbirini seven insanların karşı taraf için bazı şeylerden feragat edebileceklerini ve yine de güçlü olacaklarını öğretir.

Üstelik, çocuğunuzun birçok küçük çatışmayı kazanmasına izin vermezseniz; bu, daha önemli konularda onun gururundan ödün vermeden sizin kazanmanıza müsaade etmeyeceği anlamına gelecektir.

En iyi kullanıldığı yer: İki yaş ve üzeri çocuklar değiş-tokuş tekniklerine, dikkat dağıtmaya oranla daha olumlu tepki gösterirler. Değiş-tokuş ve özveri, çocuğunuzla, lafınızı utandığı ya da korktuğu için değil, size saygı duyduğu ve kendine saygı duyuluyormuş gibi hissettiği için dinlediği, sevgi dolu bir ilişki kurulmasını sağlar.

Ancak en küçük çocukların bile basit bir değiş-tokuş yapma arzusu vardır. Eğer 15 aylık çocuğunuz güneş gözlüklerini alır ve geri vermeyi reddederse hemen onunla savaşa girmeyin. Gözlükleri görmezden gelin ve giysilerini çıkarmaya başlayın! Çıkardığınız her parçada "Benim! Hepsi benim!!! Benim, benim, benim!!!" deyin. Genelde "el koyduğunuz" üçüncü veya dördüncü parçadan sonra sizinle anlaşma yapmak için gözlükleri geri verecektir.

Nasıl kullanacaksınız: Pazarlık yapmanın ilk kuralı, büyük bir talepte bulunmaktır. Havalı bir şekilde "Tüm bezelyeleri ye! Yemek zorundasın!!! Israr ediyorum!" deyin. Eğer çocuğunuz teklifinizi geri çevirirse geri adım atın; büyük bir adım! Oyunu kuralına göre oynayın! Talebinizi küçültün ama sonra pişman olmuş gibi yapın. "Tamam, yalnızca beş bezelye! Ama olmaz, en azından altı bezelye olmalı! Bu son teklifim, tamam mı?" deyin. Çocuğunuz "Hayır, bir tane!" diye yanıt verdiğinde "Hayır! Bir çok az!" deyin. İtirazlarınız ne kadar kuvvetli olursa, çocuğunuz zaferinin o kadar büyük olduğuna inanacaktır!

Sonuçta, yarım bezelye bile yese, "Tamam! Tamam! İyi bir pazarlıkçısın! Yarım bezelye yedin, şimdi biraz daha süt içebilirsin" deyin. Bu kesin bir zaferdir. Çocuğunuza işbirliği yapmanın faydalarını göstermek için ona ekstra ilgi gösterin. Çocuğunuzla karşılıklı saygıya dayalı bir ilişki kurmanın yolu da buradan geçer. Gelecek sefere birkaç ekstra bezelye daha yemesi için mücadele verebilirsiniz.

Peki çocuğunuz yemekten hemen önce kurabiye yemek için yalvarırsa ne olacak? Bunu yasaklamayı ve ona dikkatini dağıtacak bir şeyler sunmayı deneyebilirsiniz; "Kurabiye yok! Kural böyle! Ama hadi dışarı çıkıp yakalamaca oynayalım!" Orta noktada buluşmayı da seçebilirsiniz; "Bu meyveyi ye. Sonra bir lokma kurabiye de yiyebilirsin" ya da "İşte yarım kurabiye. Kalanını yemekten sonra yiyebilirsin."

Üç yaşındaki Jack yalnızca sandalet giymeyi seviyordu. Los Angeles güneşli bir kent olduğu için genelde sorun olmuyor, ama bugün hava çok yağmurlu ve Jack sandaletlerini giymekte ısrar ediyor. Annesi Shaya Fast-Food Kuralı'nı denediği hâlde Jack ikna olmadı. Bunun üzerine annesi orta noktada buluşmayı denedi: Şimdi bir ayağına sandalet, diğerine ayakkabı giyebilirdi. Ama okula gidince öbürüne de ayakkabı giyecekti ya da arabaya kadar sandaletlerini giyecek ama okula girmeden önce ayakkabılara geçecekti. Jack ikinci teklifi kabul etti. Shaya da, oğlunun işbirliği yapmasını ödüllendirmek için, bir kalemle elinin üzerine küçük bir "çek" işareti koydu. Her şey yolundaydı.

Ne Zaman Konuşacağınızı ve Ne Zaman Geri Çekileceğinizi Bilmeniz Lazım

Tüm usta pazarlıkçılar taraflar adil olmadığı zaman geri çekilmeleri gerektiğini bilir. Eğer çocuğunuz özveride bulunmaya hiçbir şekilde yaklaşmıyorsa, arkanızı dönüp birkaç dakika onu görmezden gelmek zorunda kalabilirsiniz. Daha sonra pazarlık yapmayı tekrar deneyebilirsiniz. (Görmezden gelme tekniğini birazdan detaylarıyla anlatacağız.)

En Çok Rastlanan Üç Disiplin Tuzağı: Karşılaştırma, Abartma, İncitici Sözler Kullanma

Karşılaştırma yapmayın. "Kardeşin yapıyor, sen niye yapmıyorsun?" gibi cümleler kurmayın. Karşılaştırma yapmak çocuğunuzun içerlemesine neden olur ve ona yanlış bir ders vermiş olursunuz. Çocuğunuzun kurallara doğru şeyler olduğuna inanarak ayak uydurmasını istiyorsunuz, başkaları yaptığı için değil! Aslında birkaç yıl içinde çocuğunuza sürekli başka çocukların yaptıklarını yapmamasını öğütlemeye başlayacaksınız! Üstelik o sizi diğer anne-babalarla karşılaştırmaya başladığında bundan tam anlamıyla nefret edeceksiniz.

Daha iyi bir yol: Yalnızca çocuğunuzun hareketlerine yoğunlaşın, diğer çocuklarınkini umursamayın.

Abartmaktan kaçının. "Sen asla..." ya da "Sen hep..." gibi cümleler kurmamaya çalışın. Çünkü bu tip cümleler nadiren doğru olur. Doğruluk payı olduğunda bile bu kadar kesin ifade edilmeleri moral bozucudur ve çocuğunuzun kırılmasına neden olur.

Daha iyi bir yol: "Sen-ben" mesajlarını kullanın. Mesela; çocuğunuza "Sen kötü kalpli olduğumu söylediğinde, ben çok üzülüyorum" veya çocuğunuza genelde doğru hareket ettiğini hatırlatarak "Normalde ayağını koltuğa koymazsın ama bugün unuttun herhâlde" deyin.

İncitici sözler kullanmayın: Bir elçinin başka bir ülkenin devlet başkanına "aptal" dediğini hayal edebiliyor musunuz? İncitici sözcükler çocuğunuza en az tokat ya da dayak kadar zarar verebilir. Çünkü bu sözcükleri kullandığınızda çocuğunuzun özüne saldırmış olursunuz. Bu tip sözcükleri sık kullanan ebeveynler genelde bilinçsiz bir şekilde, çocukken maruz kaldıkları hakaretleri tekrarlıyorlardır. Küçük Neandertal'inize karşı incitici sözler sarf etmek ya da ona hakaret etmek onda kızgınlık ve kırgınlığa neden olur.

Daha iyi bir yol: Kızgın olduğunuz zaman çocuğunuzun hareketini eleştirin, *çocuğunuzu* değil. "Johnny'ye vurduğun için kötü bir çocuksun" yerine "Vurmak kötüdür" deyin.

İlkel Ufaklıklar için Mükemmel Cezalar: İlgilenmeme, Haklarını Elinden Alma, Mola

Suzanne aklını kaçırmak üzere. On sekiz aylık oğlu Shane uslu ve uyumlu bir çocuktu. Ama şimdi istediği olmayınca kıyameti koparıyor. Suzanne "Dikkatini dağıtmaya çalıştım ama artık işe yaramıyor. Bazen pazarlık yaparak olayı çözebiliyorum" diyor. "Ama son zamanlarda kızdığında karşısındakine vurmaya başladı. Ne yapacağımı bilemiyorum. Ona vurmak kesinlikle istemiyorum; bir tanemin gözlerinin içine bakıp, lafımı dinlemediğinde ne yapmam gerektiğini bilmiyorum!"

Diyelim ki, empati, mizah, dikkat dağıtma ve pazarlık da dâhil tüm yöntemleri denediniz, ama ilkel yumurcağınız hâlâ tüm kuralları yıkmakta ısrar ediyor. Ne yapacaksınız? Tüm deneyimli elçilerin bildiği ve uyguladığı gibi sözlerinizi davranışlarla desteklemeniz gerekiyor. Gelin; yolu değiştirme, dikkat dağıtma, pazarlık gibi yöntemler işe yaramadığında çocuğunuzun yanlış davranışlarını nasıl cezalandıracağınızı konuşalım.

Çocuğunuz sizin adil ve mantıklı kurallarınıza uyamayacak kadar kızgın ya da muzip olduğunda onun davranışlarını kontrol etmek sizin sorumluluğunuzdur. Ceza vermek, sınırları, artık özveride bulunamayacağınız kadar zorladığını ona söylemenin başka bir yoludur.

Daha ilerlemeden size şunu hatırlatmak istiyorum: Ceza kötü bir şey değildir. Kızgın olduğunuzda, intikam almak ya da kötülük yapmak için asla ceza vermemelisiniz, ama cezanın kendi kendini kontrol edemeyen çocukları durdurmak için en etkili fren olduğunu da unutmamalısınız. Deneyimli ebeveynler cezayı yalnızca yapacak başka hiçbir şey kalmadığında kullanırlar.

Çocuğunuzun cezaya kendi kendine neden olduğunu unutmayın. Çünkü o anda kendisinin de en büyük düşmanı kendisidir. Bir elçi olarak ona verdiğiniz mesaj; "Sevgili rakibim, duvarları boyamana izin veremediğim için çok üzgünüm. Ama ricalarıma kulak asmadığın için üç dakikalığına mola vermekten başka çarem kalmıyor."

Elbette ceza vermeden önce 8 ve 11. konular arasında anlatılan Yumurcak-ça konuşma, ilgi zamanı ayırma, kesin sınırlar koyma, dışarıda oyun imkânı sunma, özveride bulunma gibi yöntemleri denemelisiniz. Ancak bunların hiçbiri işe yaramıyorsa, çocuğunuzun evdeki otoritenin *siz* olduğunu daha sert bir yöntemle hatırlaması gerekebilir.

Disiplinin Antik Kökeni

Disiplin sözcüğü Latince'deki *discere* fiilinden gelir ve "öğrenmek" anlamını taşır. *Cezalandırmak* (punish) ise, antik Yunan dilindeki "ödeme" ve "penaltı" sözcüklerinden gelir.

İlgilenmeme: Çocuğunuza Burun Kıvırmanın Mükemmel Yolu

On beş aylık Sadie, sesini kullanmanın yeni bir yolunu buldu: Tiz bir sesle çığlık atmak! Anne-babasının ilgisini ne zaman istese ciyak ciyak bağırıyordu. Babası Bill tepkilerini "Başta ne oldu diye bakmak için hemen yanına koşuyorduk" diye anlatıyor. Ancak kısa sürede Sadie'nin bunu bir alışkanlık hâline getirdiğini fark ettiler. Böylece hemen yanına giderek onu ödüllendirmek yerine, sessizleşene kadar Sadie'yi umursamama yoluna gittiler.

Artık Bill 15 aylık kızına uygun bir dille, "İstiyorsun! İstiyorsun! Kitabı istiyorsun! Ama çığlık yok! Uf!!! Uf!!! Sevmiyorum!!!" diyor. Sonra kaşlarını çatıp işaret parmağını sallıyor ve başını "Hayır" anlamında iki yana çevirdikten sonra Sadie'ye otuz saniye boyunca arkasını dönüyor. Bill, "Bu inanılmaz bir şey. Birkaç saniye içinde hemen susuyor" diyor.

Nedir: Tüm aktörlerin bir izleyiciye ihtiyacı vardır. Çocuklar kimse onlarla ilgilenmediğinde yaramazlık yapmayı bırakırlar. Çocuğunuza "burun kıvırmak" kulağa sert gelebilir, ama aslında değildir. Çünkü yalnızca sırtınızı ona otuz-altmış saniye kadar dönmeniz anlamına geliyor. Bunu mini bir mola olarak görebilirsiniz.

En iyi kullanıldığı yer: İlgilenmeme, agresiflik ve tehlikeli hareketler gibi daha ciddi durumlarda kullanılmamalı. Ama mızmızlanma, kucaktan inmeme, yalvarma, çığlık atma, şantaj yapma, kabalık gibi rahatsız edici durumlarda kullanılabilir. Ayrıca meydan okuduğunda (çocuğunuz gözünüzün içine bakarak yere yemek attığında) ya da sizi ısırdığında da bu yöntem işe yarayacaktır.

Unutmayın, sıkılan çocuklar sizden olumsuz bile olsa bir tepki almak isterler. Bu yüzden bazen tepki vermemek en iyi reaksiyon olur.

Nasıl kullanacaksınız: Çocuğunuza burun kıvırmak için üç adımlı bir metot kullanacaksınız:

1. Önce Fast-Food Kuralı'nı ve Yumurcak-ça'yı kullanarak çocuğunuzun mesajını (sıkıntı, kızgınlık...) dillendirin.
2. Daha sonra kısaca onun bu hareketinin kendinizi kötü hissetmenize neden olduğunu söyleyin. Eğer 12-18 aylık bir çocuğunuz varsa homurdanmak daha çok işe yarayabilir. Çocukların sözsüz iletişime ne kadar dikkat ettiklerini unutmayın! Samimi ama dramatik davranın. Kaşlarınızı çatın, derinden gelen bir tonla homurdanın ya da uluyun ve "Şaka yapıyor olmalısın" der gibi kafanızı sallayın.
3. Son olarak çocuğunuz hâlâ direniyorsa uzaklaşın. Meşgul gözükün ki, çocuğunuz bir-iki dakika boyunca sizinle iletişim kuramasın. Ama davranışı birdenbire olumlu yönde değişirse onunla ilgilenmeye daha çabuk başlayın.

İlgilenmeme yönteminin amacı, çocuğunuzun, huysuzluk yaptığında onu dinlemeyeceğinizi anlamasıdır. Bu mesajı en iyi onu "bekletmeye alarak" verirsiniz. Peki bunu nasıl yapacaksınız?

Davranışına karşılık birkaç saniye boyunca homurdandıktan sonra birdenbire parmağınızı havaya kaldırın (birine beklemesini işaret ediyormuş gibi) ve parmağı havada tutarken birkaç saniye boyunca başka bir yöne bakın. Birini telefonda beklettiğiniz zamanki gibi, bu davranışla da "Patron benim. Sen *beni* bekleyeceksin!" mesajı vermiş olursunuz. Daha sonra ona tekrar bakın, biraz surat asın ve "Hayır! Hayır ŞİMDİ dur!!" deyin. Sonra tekrar başka bir yöne bakın. Çocuğunuz en az on saniye boyunca düzgün davrandığı zaman ona biraz ilgi göstermeye başlayın.

Daha büyük çocuklarda parmağınızı kaldırın ve diğer yöne dönmeden önce "Bu çığlık sesi kulaklarımı acıtıyor. Normal sesinde konuşmaya başladığında seni dinlemekten memnuniyet duyarım" deyin. Küçük Neandertal'iniz ona şeker vermediğiniz için çığlık çığlığa bağırmaya hazırlanıyorsa şunu deneyin: "Kızgınsın, kızgınsın, KIZGINSIN!! Ç-ı-ğ-l-ı-k atmak istiyorsun!! Ama hayır, hayır, hayır...hayır!! Anne çığlığı sevmiyor. Beni incitiyor ve üzüyor. Anne GERÇEKTEN kızgın olduğunu biliyor!!! Şekeri çoooook istemiştin. Ama çığlık sevmiyorum. Sen bağırırken ben de yan odaya geçeceğim, orası sessiz daha sessiz."

Kanayan Bir Diz En Büyük Nimetiniz Olabilir

Umarım ebeveynliğinizin şu evresinde artık çocuğunuzla ilgili harika bir şeyi keşfetmişsinizdir: Esneklik! Çocuğunuz tüm sorunlardan korunması gereken bir sera çiçeği değil. Onu tüm anlaşmazlıklardan ve davranışlarının sonuçlarından korumaya çalışmayın. Dr. Wendy Mogel'in *"Kanayan Diz En Büyük Nimetiniz Olabilir"* adlı kitabında anlattığı gibi, zor durumların çok faydalı bir yanları da vardır (çocuklara hayatın zorlukları ve çelişkileriyle mücadele etmeyi öğretirler). "Güçlü olan hayatta kalır" lafını duymuş muydunuz? Zorluklar çocuğunuzun duygusal olarak daha güçlü olmasını sağlar.

Haklarını Elinden Alma: Daha Büyük Çocukların "Aldığı" Ceza

Maura'nın 32 aylık ikizleri Jake ve Pete aynı kırmızı topu istiyordu. Maura tutkulu bir şekilde "TOP!! TOP!! TOP!! TOP!! TOP!! İkiniz de istiyorsunuz!" dedi. "ŞİMDİ istiyorsunuz! Ama kavga yok yoksa Anne topu alır. Tatlı tatlı oynadığınızda mutlu oluyorum."

Maura çocuklarına ilgi göstererek bir süre topu onlarla beraber ileri geri yuvarladı. Ama üç dakika sonra tekrar kavga etmeye başladılar. Maura, "TOP!! TOP!! TOP!! İkiniz de istiyorsunuz. Ama unutmayın Anne 'Kavga yok! Kavga yok!' dedi. O yüzden top şimdi gidiyor. Sonra oynarsınız" dedi ve topu kaldırdı. Bunun yerine onlara birbirinin aynı iki oyuncak kamyon verdi.

Nedir: Haklarını elinden alma, çocukların da adalet duygusuna hitap eden basit bir cezalandırma yöntemidir. Çocuğunuz hayatının ilk aylarından itibaren bazı şeylerin daima bir arada meydana geldiğini, dünyada her şeyin uyum içinde olduğunu keşfetti. Mesela; büyük ihtimalle, anahtar sesini her duyduğunda gitme vakti olduğunu biliyor. Çocuğunuzun neden-sonuç arasındaki ilişkiyi anlama kabiliyetini kullanarak daha uyumlu olmasını sağlayın. Bir hareketin geri tepip ceza almasına neden olduğunu anladığında, ne kadar eğleniyor olursa olsun, bunu tekrar yapmadan önce iyice düşünecektir.

Daha büyük çocukları cezalandırırken onların olayla ilgisiz bir haklarını da ellerinden alabilirsiniz. Mesela; odasını toplamadan arkadaşına gitmesine izin vermezsiniz. Ancak bu yaklaşım bizim anı yaşayan yumurcaklarımız için (bir-dört yaş arası çocuklar) fazla uygun değildir. Çünkü küçük çocuklar yakın geleceği bile planlamazlar. Taş Devri'nden kalma çocuğunuzun dersini alması için, yanlış hareketiyle doğrudan bağlantılı bir şeyden mahrum kalması gerekiyor.

En iyi kullanıldığı yer: Bir-dört yaş arası tüm çocuklar.

Nasıl kullanacaksınız: Çocuğunuzun yaptığı yanlış hareketle bağlantılı bir hakkını hemen ondan geri alacaksınız. Mesela; çocuğunuz oyuncak sopasıyla arkadaşına vurursa hemen sopayı elinden alacaksınız.

Ancak çocuğunuzdan aldığınız nesne herhangi bir şey olamaz. Daima düzeltmeye çalıştığınız hareketlere bağlantılı olması gerekiyor. (Çocuğunuzun özel ilişki kurduğu battaniyeyi ya da oyuncağı ondan asla almayın.)

Eğer çocuğunuz krakerleri yere atıp duruyorsa onları elinden alın. Eğer parka giderken bir türlü giyinmek bilmiyorsa saati kurun ve "Zil çalana kadar giyinmezsen parkta oynamaya vaktimiz kalmayacak" deyin. Sonra birkaç dakikalığına ona arkanızı dönün. Eğer inat ederse onu birkaç kez daha uyarabilirsiniz, ama yalvarmaya ve uzun uzun uyarmaya devam etmeyin. Eğer laf dinlemiyorsa sonuçlarına katlanarak dersini öğrenmek zorunda kalacak. Çocuğunuzun herhangi bir hakkını elinden alırken, bunu ne kadar çok istediğini bildiğinizi Yumurcak-ça (yukarıdaki örnekte Maura'nın yaptığı gibi) ona anlatın.

İdeali çocuğunuzun yanlış davranışını anında yakalamaktır. Çünkü bu, ders vermek için en iyi zamandır. Bazı hastalarımın anne-babaları, eve aynalar yerleştirerek, çocuklarının yanlış davranışını yan odada ve sessiz sedasız olsa bile yakalıyorlar.

Tarih Öncesi Mola: Jokeriniz

Nedir: Molalar kendilerini bir türlü durduramayan çocuklar için harikadır. Benim deneyimlerim bu yöntemin bir-dört yaş arası çocuklarda, tüm diğer yaş gruplarından daha çok işe yaradığını gösteriyor. Çocuklarının birinci yaş kontrolüne gelen tüm ebeveynlere mola tekniğini basitçe anlatıyorum. Çünkü bir-iki yaş arası, en tehlikeli dönemdir ve anne-babalar çocuklarının "hemen durmalarını" sağlayacak bir yönteme ihtiyaç duyarlar.

Çocuğunuzun, söylediklerinizi ciddiye alması için, molaları birinci yaş gününden itibaren sürekli kullanmanızı tavsiye ediyorum. Lütfen bu tekniği sizin ya da çocuğunuzun başarısızlığı olarak görmeyin. Mola yalnızca değerli ebeveynlik araçlarından bir tanesi, çocuğunuzun kaotik hayatına düzen getiren rutinlerden biridir.

Molalar işe yarar, çünkü çocuğunuzun çok değerli bir şeyden, sizden, (çok, çok, çok kısa süre) mahrum kalmasına neden olur.

Ne zaman kullanacaksınız: Çocuğunuz birinci yaş gününden itibaren molalara hazırdır. Bu yaşta olayların düzenini ve ritmini fark etmeye başlar. Mesela; kendisi sayı saymayı bilmese bile, siz ciddi bir yüz ifadesi ve ses tonuyla üçe kadar saydığınızda onu uyardığınızı, yaptığı şeyi hemen bırakmazsa mola geleceğini anlar. Dört yaşına gelindiğinde molalar eskisi kadar gerekli olmaz. Daha büyük çocuklar pazarlık, hakları elinden alma gibi fazla tehditkar olmayan yöntemlere daha iyi yanıt verirler.

Zaman zaman çocuğunuzu uyarmadan mola vermek zorunda kalabilirsiniz. (Mesela; şiddet içeren, çok saygısız veya tehlikeli bir şey yaparsa!) Ancak genelde moladan önce çocuğunuzu mutlaka uyarmalısınız.

Nasıl kullanacaksınız: Çocuğunuzun davranışını hemen durdurmanız gereken bir durum yoksa Fast-Food Kuralı'nı bir kez daha deneyin. Böylece empati kurduğunuzu ve ona ceza vermek istemediğinizi anlatmış olursunuz.

Mesela; Jamie, annesi şeker kasesiyle oynamasına izin vermediğinde bağırmaya başlıyorsa annesi: "Kızgın, kızgın, kızgın. Jamie Anne'ye kızgın. KIZGIN!" diyebilir. Çocuğun ilgisini çekmeyi başardığında ise "Ama şekerle oyun olmaz! Hayır. Hayır. Hayır!" diye devam edebilir. Bu işe yararsa, daha önce anlattığımız dikkat dağıtma gibi taktikler yoluyla her şey tatlıya bağlanabilir. Ancak işe yaramıyorsa mola kaçınılmazdır: "Şu anda kurallara hiç ayak uyduramıyorsun! Sanırım bir molaya ihtiyacın var!" Bunun üzerine üçe kadar sayarak davranışını değiştirmezse mola vereceğinizi belli edin.

Bu sırada çok fazla sözcük ya da duygu kullanmayın! Saymaya başladığınızda konuşma zamanı bitmiş demektir. Artık cesaretli bir şekilde kararınızı uygulamanız gerekiyor. Ciddi bir yüz ifadesi ve ses tonuyla başınızı sallayın, biraz homurdanın ve parmağınızı havaya kaldırıp saymaya başlayın.

Her sayı arasında iki saniye bekleyin. Eğer çocuğunuz davranışını değiştirmediyse onu mola mekanına koyun. Koltuklar veya ferah odalar uyumlu çocuklar için uygun mola mekanlarıdır, ama daha yaramazları için oyun parkı (iki yaşın altında) veya odaları (iki yaşın üstünde) daha çok işe yarar. Eğer çocuğunuzu odasına koyarsanız, çevresinde kırılacak ya da bir yerine batacak eşyalar olmadığına emin olun. Çocuğunuzu asla bir dolaba, banyoya ya da kilere kapatmayın.

Sınırı Zorlayan Tarih Öncesi Ufaklıklar için Mola Tavsiyeleri

Birkaç küçük detaya dikkat etmek sizi molalar konusunda uzman hâle getirecek:

Fazla konuşmayın. Molanızı etkisiz hâle getirmenin en kolay yolu fazla konuşmak veya duygularınızı belli etmektir.

Mola verdiğinizde sakin ve neredeyse biraz umursamaz olmanız gerekir. Mola bittiğinde açıklama yapma ve tekrar arkadaş olma fırsatı bulacaksınız.

Molaları daima aynı şekilde uygulayın. Böylece çocuğunuz ne beklemesi gerektiğini bilir. Genelde beş-on moladan sonra çocuğunuz üçe kadar sayarak onu uyardığınızda bunu anlayacak ve hemen davranışını değiştirecektir. İster inanın, ister inanmayın ama tutarlı ve önceden tahmin edilebilir olmanız, daha üçe kadar saymadan isteğinizi yerine getirmesini ve size saygı göstermesini sağlayacak! Hatta birkaç ay mola tekniğini deneyen ebeveynler, buna gittikçe daha fazla ihtiyaç duymaya başladıklarını fark edecekler!

Yirmi altı aylık Jim'in annesi Janie, çocukken annesinin cezanın yaklaştığıyla ilgili onu uyarmak için yalnızca bir kaşını kaldırdığını söylüyor. Hemen durması gerektiğini, yoksa cezadan hiç hoşlanmayacağını düşündüğünü hatırlıyor.

Fazla beklemeyin. Lynn'in 18 aylık oğlu Stuart her şeyi istiyordu. "Ona hiç mola cezası vermiyordum, ama bazen ben o kadar kızıyordum ki, kendime mola hakkı tanıyordum" diyor. Lynn'in yapması gereken, çocuğunu yalnız bırakacak kadar kızmadan *önce,* Stuart'a mola vererek olayı kontrol altına almak.

"Yeter artık. Cezalısın" diye bağıracak hâle gelen bir ebeveyn çok beklemiş demektir. Bu duygusal patlamanın birkaç olumsuz etkisi olabilir. Çocuğu korkutabilir veya ona annesini nasıl çileden çıkaracağını deneyimletebilir. Çocuk da her sıkıldığında ya da kızdığında annesini çileden çıkarmaktan hiç çekinmez.

Molalar İlgi Zamanı Olmadan İşe Yaramaz

Molaların başarısı çocuğunuza birçok *ilgi zamanı* vermenizle doğru orantılıdır. Hatta çocuğunuzun molalardan kaçınmasının nedeni cezanın sertliği değildir (aksine, molalar oldukça hafif cezalardır). Mola çocuğunuzu çok kıymetli bir şeyden mahrum bıraktığınız için işe yarar: Sizin sevgi dolu ilginiz! Çocuğunuz sizinle beraber vakit geçirmeyi çok, çok sever!

Yeni Başlayanlar için Mola

Molayı denemeye başladığınız ilk seferler çocuğunuzu tamamen yalnız bırakmanız gerekmiyor. Eğer isteğinizi yerine getirmiyorsa ("Bana çatalı ver... *şimdi!* Bir... iki... üç!") onu yerinden kaldırın ve başka bir odaya götürün. Odadan çıkın ama kapıyı açık bırakın ve çatalı elinden almayı da ihmal etmeyin! Bu ilgi göstermemenin biraz daha sert bir versiyonudur.

Molanın bu hafif şeklini birkaç değişik durumda denedikten sonra onu bir dakikalığına gerçekten uygulayabilirsiniz. Üçe kadar sayın, çocuğunuzu belirlediğiniz mola yerine götürün ve otuz-altmış saniye boyunca onu tamamen görmezden gelin. (Eğer çocuğunuz iki yaşından büyükse ve onu odasına koymaya karar verdiyseniz, kapı açık kaldığında dışarı çıkıyorsa, kapıyı kapatmanız gerekebilir.)

Ağlasa bile onu yalnız bırakın. Ona bakmamaya çalışın (bazı anne-babalar duvarlara ayna yerleştirerek çocuklarını gizlice izliyor). Molanın tüm amacı çocuğunuzu sevecen gülümsemenizden kısa süre mahrum bırakmaktır. Kendini terk edilmiş hissedeceğinden korkmayın. Günün geri kalanında, 23 saat 59 dakika boyunca ona aralıksız gösterdiğiniz sevgi ve ilgi bu kısa süreli hakareti telafi edecektir!

Süre dolduğunda (hâlâ kızgın olsa bile) yanına gidin ve onunla sessiz sessiz oyun oynayın. Hâlâ kendini kontrol edemiyorsa onu mola yerinden çıkarın, ama otuz-altmış saniye daha görmezden gelin.

Moladan hemen sonra ona ders vermeye kalkmayın. Yarım saat boyunca ona moladan, ne yaptığından ve sizin tepkinizden bahsetmeyin bile. Bu deneyimden ne öğrenmesini istediğinizle ilgili daha sonra konuşabilirsiniz. Daha da iyisi; bunu, siz onun oyuncaklarına "fısıldarken" duymasını sağlayabilirsiniz! Böylece ona ders veriyormuşsunuz gibi hissetmez ve size tepki göstermez.

Aslında çocuğunuz 12-15 aylık olduğunda mola vermek için bahaneler yaratmanızı tavsiye ediyorum! Çünkü yakında otoparkta yanınızdan kaçmak ya da lambayı çekiştirmek gibi çok tehlikeli kazalara açık hâle gelecek. Üstelik o caddeye adım atmak üzereyken ona doğru koşarsanız bunu bir oyun zannedip daha da hızlanabilir! Ciddi bir yüz ifadesi ve kesin bir ses tonuyla "Hayır!" dediğinizde hemen durması gerektiğini öğrenmesi gerekiyor. Bu bir oyun değil!

Çocuğunuz molalara alıştığında, yalnız kaldığı süre yaşına göre ayarlanmalı. Mola çocuğunuz bir yaşındaysa bir dakika, iki yaşındaysa iki dakika sürmeli. Zamanı ayarlamak için alarm kullanmanız daha etkili olur. Bazı uzmanlar, mola bittiğinde çocuğun yapmayı reddettiği işin başına getirilmesini ve bunu tamamlamaya zorlanmasını tavsiye ediyor, ama ben buna katılmıyorum. Küçük çocuklar için mola, yasağı çiğnemesinin bedelidir ve bu ona yeterlidir. Kavga nedenine geri dönmek güç çatışmalarını yeniden başlatmaktan başka işe yaramaz!

Molalar: Gerçek Hayattan Sorular

Odasından çıkıp duruyorsa ne yapacağım?

İki yaşın altındaki çocuklarda oyun parklarının (ben bunlara oyun hapishaneleri diyorum) kullanılmasını tavsiye ediyorum. İki yaşından büyük olan ve mola sırasında bir türlü odasında durmayan çocuklar için ise kapıya çengel gibi basit bir kilit sistemi konabilir. Mutlu ve sakin olduğu bir zamanda ona kapıya taktığınız çengeli gösterin ve bir dahaki molada bunun kapıyı kapalı tutacağını anlatın. Kapıyı kilitleyin ve sonra açmaya çalışmasını söyleyin. Açamadığında da "Gördün mü tatlım? Açılmıyor! Açmak yok!" deyin. Böylece çengel kapatıldığında kapıyı açamayacağını öğrenmiş olur.

Kapıyı kapalı tutmak için kilit kullanmak, onu içeri koyduğunuzda kapıyı tutmak zorunda kalmayacağınız anlamına geliyor. Mola yalnız kalması ve sizden ilgi görmemesi anlamına geliyor. Eğer sizinle kapıyı çekiştirme "oyunu" oynayabileceğini fark ederse molanın hiçbir etkisi kalmaz.

Oyun oynarken üçe kadar sayarsam karıştırıp mola geldiğini zanneder mi?

Hayır. Çocuğunuz molanın geldiğini üçe kadar saymanızdan değil, yüzünüzdeki ve sesinizdeki ciddi ifadeden anlar.

Molalar çocuğumun psikolojisine zarar verir mi?

Bunu yaparken çocuğunuzu yalnızca utandırırsanız. İnadını kırmak için "Hemen odana gidiyorsun! Beni duydun mu?" gibi cümleler kurmaktan sakının. Molayı, spor müsabakalarındaki molalar gibi görmek yardımcı olabilir (müsabakalarda mola yalnızca aksiyona bir süre ara vermek anlamına gelir). Çocuğunuza "Pardon tatlım, ama galiba biraz sakinleşmeye ihtiyacın var" demeniz çok daha sağlıklı bir yaklaşım olur.

Bazı anne-babalar çocuklarını kucaklarına oturtup, sıkı sıkı tutmayı ceza olarak görüyorlar. Bu işe yarıyorsa sorun yok. Ama bence bu yöntem, özellikle hareketli çocukların güç çatışmasına girmesine neden olur.

Çocuğum mola vermemek için direnirse ne olacak?

O zaman çocuğunuzu mola yerine bizzat, hatta gerekirse kucaklayıp götürmeniz gerekecek. Birçok kişi direnerek geçecek zamanı da hesaplayarak iki buçuk yaşından büyük çocuklar için mola süresini biraz daha uzatıyor.

Günde on kez mola vermek zorunda kalırsam ne olacak?

On sekiz aylık Trevor evdeki bitkilere top atınca ailesi onu molaya gönderdi. Mola bittiğinde Trevor bitkilere yine top attı. Sizce Trevor kaç mola almalı?

Bu, ilkokul seviyesinde matematik problemi gibi gözükebilir, ama aslında sağduyuyla ilgili bir soru. Ne yapmanız gerekiyorsa onu yapın. Ama çocuğunuza günde iki-üç defadan fazla "mola" vermek zorunda kalıyorsanız, bir şeylerin değişmesi gerekiyor demektir. Acaba dışarıda, diğer çocuklarla daha fazla mı oynaması gerekiyor? Evde onu uyaran çok fazla şey mi var? Ona yeteri kadar ilgi gösteriyor ve güzel şeyler söylüyor musunuz? İyi olduğunda onu ödüllendiriyor musunuz?

Dayak: Gerçek Hayattan Sorular

Oğlum "Hayır" lafını dinlemediğinde kocam eline hafifçe vuruyor. Bu doğru mu?

"Hafifçe vurmanın" şöyle bir dezavantajı var: Çocuğunuz büyüdükçe bu "hafif vurma" onu etkilememeye başlayacaktır. İsyan ettiğinde onu gittikçe daha şiddetli dövmeniz gerekir.

Çocuğunuz birine ya da size vurduğunda onu dayakla cezalandırmak özellikle uygunsuzdur. Çocuğunuza tükürmemeyi, yüzüne tükürerek öğretmiyorsunuz öyle değil mi? Bazı ebeveynler kendilerini çocuklarını dövmek için kemer ya da sopa kullanırken bulurlar. Çocuklar daha da büyüdüğünde bu bile işe yaramaz hâle gelebilir.

Kısacası dayak çıkmaz bir sokaktır ve tamamen yanlış bir mesaj verir: Büyük insanların küçük insanlara vurması uygundur. Çocuğunuzun gerçekten bunu öğrenmesini mi istiyorsunuz?

Babam dayak yermiş ve düzgün davranmayı öğrenmiş. Ben de dayak yiyerek büyüdüm ve düzgün davranmayı öğrendim. O hâlde oğlumu dövmemin ne sakıncası var?

Birçok ebeveyn, "Ben dayak yedim ve gayet normalim" der. Fiziksel cezalandırmanın daima kalıcı yaralar açmadığı doğru, ama birçok ebeveyn dayak yedikleri için kendilerini hâlâ aşağılanmış, dışlanmış ve kızgın hissederler.

Birçok aile geleneği çok değerlidir ve korunması gerekir. Ama dayak bunlardan biri değildir. Büyükbabanızın devrinde çocuklar kemerle hatta kırbaçla dövülürdü, kulakları çekilir, tokat atılır, ağızlarının içi sabunla yıkanır, eklemlerine cetvelle vurulurdu. İsterseniz çocukları tehdit ve kaba kuvvetle işbirliği yapmaya zorlamayı at arabalarının kullanıldığı zamanda bırakalım.

Kusura bakma Büyükbaba, ama *daha iyi* bir yol var!

Vurmak: Çocuğunuzu Nasıl Cezalandırmamalısınız

Modern hayatta şiddet çok büyük bir sorun ve kökenleri aileye dayanıyor. Çocuklarımızı sevgi, saygı ve oto-kontrollü bir şekilde büyütmemiz bu yüzden çok önemli. Çünkü böylece çocuklar duygularını ifade etmeyi öğrenirler ve büyüdüklerinde küçüklere sataşmazlar.

Gerçekten sinirlendiğinizde ellerinizi şiddetle birbirine vurun. Tokat atmayın. Kızgınlığınızı homurdanarak, ayağınızı yere vurarak gösterin, çocuğunuzu sallayarak ya da döverek değil!

3. Bölüm

Yolunuza Çıkan "Taşları" Kenara itmek

Tarih Öncesi Ebeveynlik bazı sık rastlanan sorunları aşmanızı nasıl sağlar?

12

Bir Yaşındaki Çocukları Düşüren Taşlar: Huysuzluk Nöbetleri, Sokakta Gelen Krizler, Uyku Problemleri, Isırmak

Ana Noktalar:

- Huysuzluk nöbetleri: Duyguların çok yoğun ama oto-kontrolün çok zayıf olduğu 12-15'inci aylarda ortaya çıkar.
- Sokakta Gelen Krizler: Onu izleyenlerin olduğu mekanlarda krizler yaşanıyorsa çocuğunuzun "evcilleştirilmesi" gerekiyor.
- Uyku problemleri: Bir yaşındaki çocuklar çevrelerini araştırmanın heyecanından vazgeçmek istemezler, yorgunluktan bayılmak üzereyken bile!
- Uyku düzeni belli bir rutin ve kurallar sayesinde sağlanır. Yatma saatinden önce rahatlatıcı ve destekleyici olun, daha sonra ise kesin ve tutarlı davranın.
- Isırmak: Homurdanarak daha başlamadan bitirin.

Gelin İkinci Bölüm'de verdiğimiz tavsiyeleri bazı sık rastlanan sorunları çözmek için nasıl kullanacağınızı inceleyelim. Bundan sonraki üç konu, çocuğunuzla yaşayabileceğiniz her soruna çareler sunan eksiksiz bir katalog değil. Ancak karşı karşıya kalacağınız sorunların çoğunu kapsıyor. Bunların üzerinden size Tarih Öncesi Ebeveynlik yöntemlerinin nasıl uygulanacağını göstereceğim.

Bu konuda anlatacağım sorunları özellikle iki yaşın altındaki çocuklar yaşıyor, ancak bunlar her yaştaki ufaklıkta görülebilir.

Huysuzluk Nöbetleri: Yumurcağın İçindeki Yanardağı Patlarsa...

"Beni ne mi kızdırıyor? Düğmelerin bir türlü iliklenmediği günler, uykunun sıkıcı olduğu geceler ve tabağımda beğenmediğim yemekler..."

Catherine ve Laurence Anholt,
"Beni Ne Mutlu Ediyor"

Huysuzluk nöbetleri ve küçük çocuklar bir araya geldiğinde ortalık havai fişek gösterisine benzer! Bu nöbetler bir-dört yaş arası herhangi bir zamanda ve hatta daha sonrasında da meydana gelebilir. Ancak ilk kez 12-15 aylıkken ortaya çıkar ve yaklaşan zor günlerin habercisi olurlar.

Çocuklar Neden Huysuzluk Nöbeti Geçirir?

Huysuzluk nöbetlerinin bir yaş civarında başlaması tesadüf değildir. Çünkü çocuklar bağımsızlık hislerini ve inatçılık, agresiflik, sabırsızlık gibi Neandertal özelliklerini bu dönemde kazanmaya başlarlar. Çocuğunuzun tutkulu *istekleriyle,* sizin gittikçe artan *hayır'larınız* birleşiyor: Ve işte felaket!

Bu yaş civarında yaşanan en iyi örneklerden birini Ted, 20

aylık kızı Tess'i anlatırken veriyor: "Tess'in iki türlü iletişim biçimi var; ya konuşuyor, ya da bağırıyor." İşte ufaklığınızın çileden çıkmasına neden olabilecek bazı şeyler:

Hayatı beklenmedik şekilde değişiyor. Çocuğunuz için dengeli olmak her şey yolunda giderken bile zordur. Bunun üzerine bir de büyük bir değişim eklemek -ebeveynlerden birinin evden ayrılması, yeni bir kardeş, yolculuk- çocuğunuz için son damla olabilir.

İçsel stres neden olabilir. Çocuğunuzun içinde olup bitenler, dış etkenlerden dolayı yaşadığı stres kadar önemlidir. Huysuzluk nöbetlerine neden olabilen nedenlerin arasında açlık, yorgunluk, tatlılar, televizyon, evde çıkan kavgalar, kafein (çikolata, çay, kola, ilaç) sayılabilir. Neyse ki, çocuğunuzun nelerden etkilendiğini bulabilirseniz, huysuzluk nöbetlerini de daha ortaya çıkmadan durdurabilirsiniz.

Evde çok uzun süre kalmak. Çocuklar açık yerlerde dolaşma içgüdüsüyle dünyaya gelirler. Açık hava, kuşlar, çamur, diğer çocuklar ve doğanın 1001 hazinesi onun için birer ihtiyaçtır. Dolayısıyla dört duvar arasında kaldıklarında sıkılmalarına şaşırmamak gerekiyor.

Kendini duygusal olarak köşeye sıkıştırdı. Anne-babaların huysuzluk nöbetleriyle ilgili en büyük yanılgıları, bunun bir manipülasyon aracı olduğunu zannetmeleridir. Aslında küçük Neandertal'iniz olduğu yerde tepinmeye başladığında kendisi de en az sizin kadar bunun kurbanı olur! Bu nöbetler çöldeki kum öbekleri gibidir, kurtulmak için çabaladıkça daha da dibe batarlar!

Daha önce de söylediğim gibi, çocuğunuz her şeyden (sahip olmak için ağladığı şeyden bile) daha fazla sizin ilginizi ve anlayışınızı elde etmek için ağlar. Ancak ilkel gurur duygusu nedeniyle kızdıkça kendini daha da köşeye sıkışmış bulur. Bu yüzden, *aşağılanmışlık hissinden* kurtulmak için, sizin diplomatik yardımınıza ihtiyaç duyarlar.

İstediği şeyi elde eder. Mızmızlanmak ve bağırmak gibi huysuzluk nöbetleri de öğrenilen hareketlerdir. İster pes edin, ister kızın, çocuğunuz tepkinizden hoşlanırsa bilinçaltında huysuzluğunun işe yaradığı yatacaktır. Bu, özellikle iki yaşından büyük çocuklarda etkilidir. Bu, bilinçli bir manipülasyon değildir (daha çok kendi fark etmeden, yaparken bulduğu bir alışkanlıktır).

"Huysuzluk" huyu vardır. Duygularını yoğun yaşayan ve çok hareketli olan çocuklar bu nöbetleri daha çok yaşar, çünkü *her şeyi* daha yoğun yaşarlar.

Büyük Çocuklar Neden Huysuzluk Nöbetine Girer?

Ebeveynler, dil yetenekleri ve sosyal kabiliyetleri gelişen daha büyük çocuklarının bahsettiğimiz huysuzluk nöbetlerine girmeyeceklerini düşünürler. Ama büyük çocuklar da çılgına dönebilir! Bu yüzden çocuk psikolojisi uzmanları Louise Bates Ames ve Frances Ilg harika kitaplarının adını *"Üç Yaşındaki Çocuğunuz: Dostunuz ve Düşmanınız"* koydular. İşte daha büyük çocuklarda da zaman zaman patlamalar görmenizin nedenleri:

1. Üç yaşındaki çocuğunuz hâlâ dürtülerini kontrol etmekte zorlanıyor. Ancak gittikçe düzgün davranması gereken yerlerde (anaokulu, anneannesinin evi, sinema) daha fazla bulunmak zorunda kalıyor. Gün sonunda içinde tutmak zorunda kaldığı o kadar çok dürtü birikiyor ki, kendini güvende hissettiği yerde, yani evde, çok güçlü huysuzluk nöbetlerine giriyor.
2. Çocuğunuz kendini çok dengesiz hissediyor, çünkü artık ne bebek, ne de tam olarak çocuk. Bazen bu duygusal belirsizlik onu boğabilir ve patlamasına neden olabilir.
3. Bir anda dünyada işlerin nasıl işlediğini anlıyor. Üç yaşındaki çocuklar ilgi çekmek, yardım veya intikam almak için huysuzluk nöbetlerini çok fazla kullanabilir!

Huysuzluk Nöbetlerini Tarih Öncesi Ebeveynlik Yöntemini Kullanarak Dindirmek

Tüm çocuklar huysuzluk nöbetleri geçirir; bu normaldir! Bu yüzden çocuğunuzun sorunlu olduğunu veya ebeveyn olarak hata yaptığınızı düşünmemelisiniz. İyi haber ise şu: Huysuzluk nöbetleri gibi bir bombayı nasıl kontrol edeceğinizi öğrendiğinizde, onları bomba imha ekibinden daha hızlı yok edebilirsiniz.

Engelleme stratejileri: Çocuğunuzun duygusal dengesini korumak için gün içinde ona bol bol ilgi zamanı ayırın, onu açık havaya çıkarın, iyi uyumasını ve beslenmesini sağlayın, övün (hem doğrudan, hem de "yan kapı" yoluyla) onunla sabır ve güven egzersizleri yapın. Her gün onu neler beklediğini çocuğunuza önceden anlatın ve bunlarla ilgili tutarlı kurallar koyun. Unutmayın; bunların her biri parkmetreye attığınız bozuk paralar gibidir, huzur içinde oturmanız için size zaman satın alır.

Kontrol altına alma stratejileri: Eğer çocuğunuzun sinirlendiğini fark ederseniz, büyük ölçekli bir huysuzluk nöbeti yaşamasını önlemek için, Fast-Food Kuralı'nı ve Yumurcakça'yı kullanarak duygularını dillendirmeye başlayın.

Genelde deneyimsiz ebeveynler, çocuklarının duygularını yansıtmadan bunlarla ilgili yorum yapmaya geçerler:

"Üşüyorum."	"Üşüyor olamazsın."
"Açım."	"Daha yeni yemek yedin."
"Benim! Benim!"	"Hayır, hayatım; bu Tommy'nin!"
"Kurabiye! Kurabiye!"	"Aaa, bak, burada bir karınca yuvası var!"

Fast-Food Kuralı'nı uygulamayı ihmal ederseniz, onu sakinleştirmeye çalıştıkça daha da fazla kızdırabilirsiniz. Kısa sürede diyalog kavgaya, kavga da tarih öncesinden kalma bir bağırma yarışına dönüşür. Siz "Anlamıyorsun" dersiniz, o "Neeeeeeee-eee!!!!!" diye bağırır (ki bu "Hayır, *sen* anlamıyorsun, Anne!" diye çevrilebilir.)

İlk hedefiniz, küçük dostunuzun içindeki vahşi ruhla iletişime geçmektir, bu ruhun kendini ifade etmesini barikatlarla engellemek değil! Çocuğunuz konuşabilseydi söyleyeceğini düşündüğünüz şeyleri Yumurcak-ça kullanarak onun yerine dillendirin. Onun gibi bağırmayacaksınız, ama farklı yöntemlerle çocuğunuzun hırsını yansıtabilmeniz ve bunları kalpten hissetmeniz gerekiyor. (Çoğu anne-baba Yumurcak-ça'nın bir dakika veya daha kısa sürede çocuklarını sakinleştirdiğini söylüyor.)

Çocuğunuzu telkin etmeyi ve onun dikkatini dağıtmayı tamamen sakinleştikten sonraya bırakın. Çocuğunuz eski hâline döndükten *sonra* sıra size gelmiş demektir. İki tarafın da kazanacağı bir çözüm bulmaya çalışın: "Kurabiye mi istiyorsun? Hadi yemekten *sonra* yemek için iki kurabiye alalım" deyin. Dikkatini dağıtmak için salağı oynayıp, numaradan takılıp düşebilir ya da elinizdekileri düşürebilirsiniz. Bu, hem eğlenceli bir dikkat dağıtma yöntemidir, hem de ona tek hata yapanın kendisi olmadığını hatırlatarak, gururu kırılmadan durumun içinden çıkma olanağı sağlamış olursunuz.

Peki çocuğunuz tüm çabalarınıza rağmen daha da fazla tepinmeye başlarsa? Aşırı agresif ve zarar verici olmadığı müddetçe bunu görmezden gelebilir ya da mola vermeyi tercih edebilirsiniz.

Mesela; "Çok kızgınsın! Kızgınsın! İstemiyorsun! Üzgünüm, tatlım! İstersen tepinmeye devam edebilirsin. Anne mutfağa gidiyor. Hemen döneceğim!" diyebilirsiniz. Bunun üzerine ortamdan otuz-altmış saniyeliğine ayrılın. İzleyicisi kalmadığında çocuğunuz kendiliğinden sakinleşebilir. Üstelik siz çevrede olmadığınız için sakinleşmesi, pes etmesi anlamına da gelmeyecek. Böylece gururu kırılmamış olacak.

Hiçbir şey işe yaramadığında: Eğer görmezden gelmek işe yaramıyorsa, çocuğunuz yıkıcı ve agresif hâle geldiyse, kontrolü ele almanız gerekiyor demektir. Ona arkadan sarılıp (kollarını sabitleyerek), kulağına her şeyin yoluna gireceğini ve onu sevdiğinizi fısıldayabilirsiniz. Eğer hâlâ direniyorsa mola vakti gelmiş demektir.

Çocuğunuzu Okşamanın Doğru Yolu

Değişik bir sakinleştirme tekniğini de John ve Elise anlatıyor: "İki yaşındaki oğlumuz Matthew huysuzluk nöbetine girdiğinde onu sakinleştirmenin inanılmaz bir yolunu keşfettik. İkimizden biri ayağının altını ya da avucunu tırnağı ya da diş fırçasıyla okşuyor. Birkaç saniye içinde Matthew meleğe dönüyor!"

Huysuzluk Nöbetleri: Gerçek Hayattan Bir Soru

Çocuğum bayılacak kadar çok sinirlendi! Bu neden oldu ve bir daha olmasını nasıl engelleyebilirim?

Huysuzluk nöbeti sırasında nefesini tutmak çok korkutucudur, ama 15-30 aylık çocuklarda bu sık sık görülür. Kızarlar, korkarlar ve ağlamak isterler, ama sesleri çıkmaz! Böyle otuz-kırk saniye kalırlar. Bu sırada yüzleri gittikçe daha mavi bir renk alır ve sonunda bayılırlar. Aslında bu, çocuğun nefes almayı "unutmasından" ibarettir! Bayılır bayılmaz nefes alma refleksi kendinden devreye girer, bu yüzden çocuğunuzun yüzünde küçük bir seğirme görebilirsiniz. Nefesini tutan ve bu yüzden bayılan küçük Neandertal'ler genelde birkaç saniye içinde kendilerine gelirler.

Eğer çocuğunuzu böyle bir "krizde" yakalarsanız, yüzüne su serpin ya da doğrudan yüzüne üfleyin. Bu, şaşırıp tekrar nefes almaya başlamasını sağlayabilir.

Bu gibi kısa süreli nefes tutma krizlerinde beyne hasar gelmesi olasılığı yoktur. Ancak çocuğunuzun başına böyle bir şey gelirse, en kısa sürede mutlaka doktorunuza gidip, bayılmasının başka bir tıbbi nedeni olup olmadığını danışın.

Sokakta Yaşanan Krizler: Panik Olmamanın Yolları

Sandy, oğlu Chrissy'nin arkadaşının doğum günü için hediye seçerken, 22 aylık diğer oğlu Corey'i de oyuncakçıya yanında götürdü. Bu sabahtan beri girdikleri üçüncü oyuncakçıydı ve Sandy işlerinin bir an önce bitmesini umuyordu. Chrissy'ye yardım ederken Corey'i de oyuncak trenlerin olduğu bir masaya oturttu ve küçük oğlu trenlerle oynarken bir gözüyle onu izliyordu.

Gitme zamanı geldiğinde Corey, Sandy'nin neşeli çaba-

larını geri çevirdi. Annesi kucağına almaya çalıştığında da kendini yere atıp etrafa tekmeler savurmaya başladı.

Satıcı kaşlarını çattı, Chrissy ise iç çekiyordu. Sandy saatine baktığında Corey'nin bir saat önce öğlen yemeğini yiyip uykuya yatmış olması gerektiğini fark etti.

Sandy diğer müşterilerin bakışlarını görmezden gelerek yere eğildi ve ikna edici bir sesle oğluna, "'Hayır, hayır, haaaayıııııır, HAYIR!!!' diyorsun. 'Eve gitmek YOOOK. Corey treni seviyor' diyorsun" dedi. Ancak Corey ağlamaya devam ediyordu. Sandy ısrarlıydı. Ayağını yere vurdu, başını salladı, kollarını en az oğlu kadar tutkulu bir şekilde salladı. Bir yandan da "'Hayır, hayır, haaaayıııııır, HAYIR!!! Eve gitmek YYOKK!!!' diyorsun" diyordu. İşte tam bu sırada Corey bir anlığına durdu.

Sandy "'Eve gitmek yok. Eve gitmek, HAYIRR!! HAYIR...HAYIR!!! Corey hazır değil' diyorsun" diye devam ediyordu. Corey ağlamayı bıraktığı hâlde Sandy Yumurcakça konuşmaya bir süre daha devam etti. Sonra sesini iyice alçaltıp, fısıldayarak "Hey!! Psstt! Hadi trenle oynayalım. Çuf çuf çuf! Hadi arabaya kadar çuf çuf yaparak gidelim!" dedi. Chrissy o kadar utanmıştı ki, garip konuşan annesini ve dükkânı ayağa kaldıran kardeşini tanımıyor gibi yapıyordu. Ama Corey ellerini annesinin beline koyarak çuf çuf yaparken zevkten dört köşeydi.

Sokakta yaşanan huysuzluk nöbetleri daha da zordur, çünkü yabancıların yanında meydana gelirler. Çocuğunuz yerde tepinirken "sahne ışıklarının" üzerinizde olduğunu ve tüm dünyanın sizi izlediğini düşünürsünüz. Dahası eğer ufaklığınız utandığınızı ya da kafanızın karıştığını anlarsa daha da büyük yaygara koparır.

Süpermarkette ya da sokakta bu tip olaylar yaşamamanın anahtarı önceden plan yapmaktır. Eğer mümkünse uyku veya yemek saatlerini atlamayacak şekilde dışarı çıkın. Gezilerinizin kısa ve planlı olmasına özen gösterin. Bir kerede en fazla bir-iki iş yapın, çocuğunuzla birlikte haftalık süpermarket alışverişine çıkmak onun küçük beyninin yorulmasına neden olur ve huysuzluk nöbeti yaşanmasını kaçınılmaz hâle getirir. Çocuğunuzla beraber dışarı çıktığınızda yanınızda daima atıştıracak bir şeyler olmasına ve onu oyalayacak yapıştırma, boya, kâğıt-kalem bulunmasına özen gösterin.

Çocuğunuz bir volkan gibi patladığında yapabileceğiniz üç şey var:

1. Onu görmezden gelebilirsiniz, ama bu çok zordur. Çünkü çevresindeki onlarca izleyiciyle çocuğunuz gittikçe daha çok bağıracak ve tepinecektir.
2. Sandy gibi Yumurcak-ça'yı kullanarak onunla empati kurabilir ve sonra ona ikinci bir alternatif (özveri veya dikkat dağıtma) sunabilirsiniz.
3. Üçe kadar sayıp, çocuğunuzu olay yerinden uzaklaştırarak arabada "mola" verebilirsiniz. Bunu nasıl yapacaksınız? Çocuğunuzu arabaya koyun. Camları biraz indirin ve kapıyı kilitleyin. Sonra arabaya arkanızı dönerek biraz bekleyin. Birkaç dakika içinde sakinleşirse ona "işbirliği dişlisini yağlayacak bir ödül" vererek alışverişinizi tamamlayabilir veya onu zaten olması gerektiği yere, eve götürebilirsiniz. **Not:** Çocuğunuzu arabadaki çocuk koltuğuna bağlamayın. Güvenlik aracını cezayla ilişkilendirmesi doğru değildir. Ayrıca çocuğunuzu asla yakıcı güneşin altında duran bir otomobile kilitlemeyin.

Uyku Problemleri: Uykun Geliyor... Gelmedi!

Gigi uyku konusunda hiç sorun yaşamazdı. Beş aylıkken saat 19:00'dan sabah 07:00'ye kadar uyuyordu. Gigi'nin annesi Anita "Tüm dostlarımız bize imreniyordu" diyor. Ama Gigi 18 aylık olduğunda bu harika düzen bozuldu. Gigi gecede iki, üç, dört kez uyanmaya ve çığlık atmaya başladı! Anita veya kocası Paul kalkıp, tekrar uyuyana kadar kızlarını sallıyordu. Ama bu uyku ancak birkaç saat sürüyordu. Bazen ninniler söyleyip, onu salladıklarında bile, yatağa koydukları anda tekrar uyanıyordu. Bazı geceler Anita ve Paul onu uyutmaya 19:00'da başlıyor, ama saat 23:00'e kadar sonuç alamıyorlardı. Sonunda Gigi yatağa asla isteyerek gitmemeye başladı!

Anita, "Bütün gece uyumuyor, artık dayanamıyorum" diyor.

Çocuklar Uyumayı Neden Reddeder

Bir-dört yaş arası çocuklar öğle uykuları da dâhil günde ortalama on iki-on dört saat uyurlar. Yaşadığı yüzlerce şeyi beyninde dosyaladıktan sonra deşarj olmak için bu uykunun her dakikasına ihtiyaç duyarlar. O hâlde bazı çocuklar uyumayı neden ısrarla reddediyor?

Yürümeye aşık! Çocuğunuzun uyku problemleri yaşamasının ana nedeni, dünyayı keşfetmeye bayılması ve uyku için bile bundan vazgeçmek istememesi olabilir. Yorgunluktan bitkin düştüğünde bile yatmamak için direnmesi bu yüzdendir. Eğer gece yanlışlıkla uyanırsa, kendini yeni bir güne başlayacak kadar zinde bile hissedebilir!

Sizi özler. Çocuğunuzun sizden ayrılmak zorunda kaldığında gittikçe daha fazla huysuzlandığı dikkatinizi çekmiş olabilir.

Bu, özellikle de büyük bir değişim yaşadıysa (yolculuk, yeni bir kardeş doğması...) normaldir. Ama ayrılmak özellikle geceleri, karanlıkta tek başına yatmak zorunda olduğunda onun için daha zordur. Yalnız hisseden, hatta korkan çocuğunuz onu korumanız için sizi yanında isteyecektir.

Diş çıkarıyor. Diş çıkaran çocuklar yatar pozisyondayken daha rahatsız olur ve bu, çocuğunuzun uyanmasına neden olabilir.

Artık daha meraklı. Küçük maceraperestiniz dünyada (ve evinizde) neler olup bittiğini artık daha fazla merak ediyor. Artık başka bir odadan konuşma sesleri duyduğunda bunların ne olduğunu merak eder, hiçbir şeyi kaçırmak istemez.

Alışkanlıkları vardır. Çocuğunuzun uyku alışkanlıklarının nasıl geliştiğine çok dikkat edin. Eğer onu daima ninnilerle uyutuyorsanız, gece yarısı uyandığında da bunu ister. Eğer hasta olduğunda onunla uyuyorsanız, birkaç gece sonra sağlıklı olduğunda da sizi yanında ister. (Elbette eğer hastaysa, yanında yatıp, onu bu alışkanlıktan daha sonra vazgeçirmeyi de tercih edebilirsiniz.)

Uyku Düzenini Tarih Öncesi Ebeveynlik Yöntemiyle Sağlamak

Huysuzluk nöbetleri çok sık görülse de, anne-babaların en büyük şikâyeti uyku sorunlarıdır. Çünkü çocuğunuzun uyuyamaması evdeki herkesin hayatını etkiler. Jennifer, arkadaşı Janice'in arabasını ters yöne sokacak kadar yorgun ve uykusuz olduğunu fark etmiş. Bunun üzerine Janice'i, 14 aylık çocuğunu nasıl uyutabileceğini öğretmem için bana yolladı. Genç anneye şu tavsiyeleri verdim:

Uyarcıların sayısını azaltın. Uyku zamanından önce çocuğunuzu heyecanlandıracak fazla şey olmamasına özen gösterin.

Işıkları kısın, televizyonu kapatın, çocuğunuza kola, çikolata gibi kafeinli şeyler yedirip içirmeyin.

Gün içinde uyuduğuna emin olun. Birçok anne-babanın düşündüğünün aksine, çocuğunuzu akşama kadar ayakta tutmak uyumasını *kolaylaştırmaz!* Tam tersi, bu durumda gece daha az uyuyacaktır. Uyku uzmanları çocuğun geceleri uyuması için gün içinde *daha fazla* uyuması gerektiğini söylüyor!

Ağrı kesici verin. Eğer çocuğunuz diş çıkarıyorsa, doktorunuza çocuğunuza yatmadan önce ağrı kesici verip veremeyeceğinizi sorun.

Aç olmadığına emin olun. Eğer çocuğunuz gece yarısı uyanıp yanına gittiğinizde memenize uzanıyorsa, akşamın erken saatlerinde siz onu uyandırıp beslemelisiniz. Peki bu ikisi arasında ne fark var? Uyandığında ona lezzetli ve tatlı süt vermek, uyandığı için onu ödüllendirmek gibidir. ("Annem geceleri uyanmamdan mutlu oluyor ki bana süt veriyor.") Diğer yandan siz *onu* uyandırıp beslerseniz, ihtiyaç duyduğu kalorileri o kendi kendini uyandırmadan vermiş olursunuz.

Eğer çocuğunuz sabaha karşı uyanıyorsa, onu gece yarısına doğru uyandırıp karnını doyurarak, uyuyarak geçireceği uzun saatlerin rahat geçmesini sağlayabilirsiniz. Eğer buna rağmen saat 04:00'te uyanıp yine yemek isterse onu besleyin. Ama ertesi akşam onun uyandığı saatten yarım saat önce, yani saat 03:30'da kalkıp siz onu uyandırın ve süt verin. Çocuğu beslerken onunla konuşmayın ya da başını okşamayın.

Daha sonra üç-dört gecede bir, uyandırma saatini birkaç dakika önceye alın ya da süt yerine su verin. İki hafta içinde sabaha karşı beslemelerinden tamamen kurtulacaksınız.

Çocuğunuzun uyanmasını engelleyecek ikinci bir yöntem, yatmadan hemen önce ona kalori açısından zengin bir yemek yedirmek olacaktır.

On üç aylık Skyler'ın annesi Daniella, geceleri yatmadan önce oğluna bir yumurta yedirdiğinde onun deliksiz bir uyku çektiğini fark etti.

Mükemmel bir yatma rutini geliştirin. Tutarlı, değişmeyen bir yatma rutini, çocuğunuza uyku zamanının geldiği mesajını vermek için dört dörtlük bir yöntemdir. Böyle bir rutini şimdi geliştirmek, iki yaşındaki çocuğunuz rutinlere bağımlı hâle geldiğinde daha da etkili olacaktır.

- Işıkları kısın ve yatmadan önce birkaç saat boyunca rahatlatıcı bir müzik çalın. Bebek CD'lerinde bulabileceğiniz "beyaz ses" olarak da bilinen bu müziğin iki faydası vardır: Birincisi çocuğunuza anne karnında duyduğu sesleri hatırlatır, onu rahatlatır ve böylece daha derin uymasını sağlar; ikincisi de evden ve dışarıdan gelen sesleri bastırır.
- Sıcak duşa sokun ve rahatlatmak için ona masaj yapın. (10. Konu.)
- Alnını kaşlarından kafasına kadar okşayın. Her okşamanızda göz kapaklarını hafifçe yukarı kaldırın. Çocuğunuz otomatik olarak gözlerini kapatmak isteyecektir!
- Diğer rahatlama teknikleri arasında ninniler (beyaz sesle beraber), gece ışıkları, yumuşak bir sesle şarkı söylemek, onaylama sözcükleri ve elbette tatlı ve sevgi dolu "özel oyuncağı" geliyor.

Eğer çocuğunuz siz yanında yatarken uyuyakalırsa yataktan kalkarken onu hafifçe uyandırın. Bu kulağa garip gelebilir, ama ne kadar çok uyanıp uyumak zorunda kalırsa, gece yarısı uyandığında sizi rahatsız etmeden tekrar uykuya dalma olasılığı o kadar artar.

Çocuğunuzu gece boyu uyumak için eğitmek konusunda ciddi olun. Sorun şu ki, çocuğunuzun uyku düzeni kolayca bozulabilir. Ama yeni bir düzen de aynı kolaylıkla oluşturulabilir.

Eğer yukarıdaki her şeyi denediğiniz hâlde, küçük Neandertal'inizin rahat ve deliksiz uyumasını sağlayamıyorsanız, daha sert kurallar koymak zorunda kalabilirsiniz. İşte üç faydalı teknik:

"İhtiyacın Olduğu Müddetçe Buradayım" Tekniği

Çocuklar çok talepkar ve inatçı olabilirler. Genellikle pes etmekten başka çareleri olmadığını anlayana kadar, kuralları birçok kez onlara duyurmak gerekir. Bu teknik üç ana adımdan oluşuyor:

1. Çocuğunuz ağlamaya başlar başlamaz yanına gidin ve ona sarılın ya da onu kucağınıza alın. Onu sevdiğinizi söyleyin, ama başka bir şey demeyin. Ne kadar fazla konuşursanız, çocuğunuzu uyandığı için o kadar ödüllendirmiş olursunuz.
2. Susar susmaz onu yatağına geri koyun ve yatağın hemen yanına oturun.
3. Tekrar ağlamaya başlar başlamaz yine kucağınıza alın.

Burada ona "Buradayım, seni seviyorum, ama sakinleştiğin anda kendi başına uyumanı istiyorum" mesajı veriyorsunuz. Bu teknik en iyi, uyumlu ve daha az inatçı çocuklarda işe yarar. Çocuğunuzun aralıksız bir uykuya dalması için bu hareketleri yirmi-elli kez tekrarlamanız gerekebilir. Çocuğunuzun kendi kendine uykuya dalmayı öğrenmesi ise en az üç-dört gün boyunca bu tekniği uygulamanızı gerektirir.

"Kendi Kendine Uyumayı Öğretin" Planı

Bu, geleneksel uyku düzeni kurma yöntemidir. Korkudan ağlayan bir çocuğu odasında yalnız başına bırakmak çok kötü bir şeydir. (Korkuyla ilgili daha fazla bilgi için 14. Konuyu okuyun.) Ama genelde geceleri ağlamak yalnızca bir alışkanlıktır. Çocuğunuz gün boyu devam eden eğlencenin sonlanmasına katlanamaz. Bu, ağlamaya karşı koyduğunuz diğer kurallar karşısında bağırmasından çok farksız değildir. ("Hayır! Bütün gün ağlasan bile makasla oynayamazsın!")

Bu teknik de üç adımdan oluşuyor:

1. Çocuğunuzun yanına ağlaması en az üç dakika devam ettikten sonra gidin.
2. Kafanızı kapıdan birkaç saniyeliğine, kusup kusmadığını ya da kolunun rahatsız olup olmadığını görecek kadar uzatıp çocuğunuzu kontrol edin. Eğer her şey yolundaysa sadece "Seni seviyorum. Hadi uyu, bir tanem!" deyin.
3. Eğer ağlamaya devam ederse beş dakika sonra yanına geri gidin. Sonra on-on beş dakikalık aralıklarla yanına gidin ve yakınlarda olduğunuzu ona gösterin. Her geldiğinizde odada en fazla üç-dört saniye kalın ve "Seni seviyorum. Hadi uyu, bir tanem!" lafını tekrarlayın.

İlk gece zor geçecektir! Çocuğunuz bir saat veya daha uzun süre ağlayabilir ve siz tüm bu süreci gece boyunca her uyanmasında tekrarlamak zorunda kalacaksınız (bir-üç kez). Genellikle ikinci gece de böyle geçer, ama üçüncü gece çok daha rahat olur. Dördüncü gece ise çoğu çocuk sabaha kadar aralıksız uyur!

Çocuğunuzu kucağınıza alma veya onunla konuşma dürtünüze set çekin. Ne kadar fazla şey yapar ya da söylerseniz, onu kurtaracağınız yönünde o kadar güçlü bir mesaj vermiş olursunuz. Yatağın yanına gitmek bile "ateşe benzin dökmek" olur. Çocuğunuza ağlamasının işe yaradığı ve devam ederse ona ilgi gösterebileceğiniz mesajını vermiş olursunuz.

Çocuğunuzun birkaç gece boyunca ağlamaktan yorgun düşüp, kendi kendine uyuya kalması onda iz bırakmaz. Sabah biraz huzursuz uyanabilir, ama gün boyu sizden aldığı sevgi ve ilgi bunu dengeleyecektir. Üstelik gece enerjinizi toplayabildiyseniz, gün içinde çocuğunuza çok daha fazla sevgi verebilirsiniz.

Eğer çocuğunuz bariyerli bir yatakta uyumuyorsa, gece uyandığında odadan çıkmasına mani olmak için, bir engel kullanmak zorunda kalabilirsiniz. Ama bunun üzerinden tırmanabilecekse size kapıyı dışarıdan kilitlemenizi tavsiye ederim. Ama odada kapının yanına yastık ve battaniye bırakın. Bazı çocuklar dışarı çıkmaya çalışırken yerde uyuyakalırlar.

Her iki teknikte de "beyaz ses" ve çocuğunuzun en sevdiği oyuncak ayısı ya da güvenlik battaniyesi işinizi kolaylaştırır. Beyaz ses, uyanmasına yol açabilecek dış sesleri susturarak, çocuğun daha derin ve uzun bir uykuya dalmasını sağlar. Çocuğunuz odasını kardeşiyle paylaşıyorsa, uyku eğitimini verdiğiniz günlerde diğer kardeşin sizin odanızda ya da salonda uyuması daha iyi bir fikir olabilir.

Çocuğunuzu Ağlatmadan Uyutacak Bir Yöntem

Bu, uyku sorunu yaşayan (iki yaşına yaklaşan) küçük çocuklar için çok uygun bir yöntemdir. Emma'nın babası Aaron bu tekniğe ünlü bir çocuk şarkısının adı olan "Twinkle, Twinkle Little Star" adını verdi. Çünkü Emma, babası bu melodiyi otuz-kırk dakika söylemeden uyumuyordu. Peki bu yöntem nasıl işe yarıyor?

Normal uykuya yatma rutininizi uygulayın. Çocuğunuzun sevdiği bir şarkıyı iki kez söyleyin ve üçüncü defaya başlamadan önce aptal numarası yaparak "Oh, oh, oh Anne'yi öpmeyi unuttum. Hadi sen oyuncak ayını tut. Ben HEMEN döneceğim!" deyin. Birkaç saniye sonra dönün. Yine yerinize oturun ve şarkıyı en baştan söylemeye başlayın. Ama bir dakika sonra yine aynı rutini tekrarlayarak odadan çıkın. Geri dönmek için on saniye bekleyin, aynı rutini tekrarlayın. Üçüncü kez dönmek için bir dakika bekleyin ve uyuyana kadar çocuğunuzun yanında kalın. Ertesi gün bu rutini tekrarlarken çocuğunuzu otuz saniye, bir dakika ve sonunda üç dakika bekletin. Birkaç gün içinde çocuğunuz daha ikinci dönüşünüzü beklerken kendiliğinden uyuya kalacaktır.

Elbette bu özünde bir manipülasyon, aynı şekilde elçilik de başlı başına manipülasyon tekniklerinin kullanıldığı bir meslek. Bunda şeytanca bir şey yok. Sonuçta ne yapıyorsanız çocuğunuzun iyiliği için yapıyorsunuz! Yalnızca diplomasiyi ve çocuğunuzunkinden biraz daha ileride olan zekanızı kullanıyorsunuz.

Beşikten Düşmeyi Nasıl Önlersiniz?

Uyku eğitimi verirken çocuğunuzun yatağındaki bariyerlerin yerinde olduğuna emin olun. Bu önlemi aldığınızda bile yatağın çevresinde, yerde yumuşak bir şeyler olmasını sağlayın. Yumurcağın yataktan ilk kaçışını ne zaman gerçekleştireceğini bilemezsiniz. On beş aylık Will bariyerli yatağından annesi Sue uyku eğitimi verirken kaçtı. Sue, "Her şey yolundaydı. Ama sonra birdenbire ağlama sesinin yaklaştığını duyunca çok korktum!" dedi.

Eğer çocuğunuzun yatağın bariyerlerini aşmaya hazır olduğunu düşünüyorsanız (bir ayağı bariyerin üzerine koyabiliyorsa), olası kazaları önlemek için büyük-çocuk yatağına geçme vakti gelmiş demektir.

Uyku Problemleri: Gerçek Hayattan Sorular

Çocuğum ağlamaya devam ederse ne olacak?

Çocuğunuzun ne kadar süre ağlayacağını bilmek mümkün değildir. Eğer hasta olmadığından veya korkmadığından eminseniz bir saat kadar ağlamasına müsaade edebilirsiniz (bazı çok inatçı çocuklar bundan bile daha uzun süre ağlayabilir). İyi olduğundan emin olmak için, onu her on beş dakikada bir kontrol etmenizde fayda var, ama fazla konuşarak, çocuğunuzun yanına fazla yaklaşarak ya da odada çok uzun süre kalarak yanlış mesaj vermekten kaçının.

Gece yatmak için zaten savaş veriyoruz. Ama gece yarısı da uyanıp ağlıyor!

Gece yarısı uyanan çocuğunuza, yatarken uyguladığınız teknikleri uygulayın. İyi olup olmadığını kontrol etmek için yanına gidin ve sonra beş, on, on beş dakikalık aralıklarla onu ziyaret edin. Genelde bu egzersizi ne kadar fazla tekrarlarsanız, kendi kendine uyuya kalma olasılığı o kadar artar.

David ve Catherine çok yoruluyordu. Kızları Chloe iki yaşına kadar onlarla uyumuştu. Artık kendi odasında ve yatağında yatmasını istiyorlardı, ama çevre sakinlerinin onları uyarmak zorunda kalacağı, iki hafta boyunca aralıksız ağlamasından çekiniyorlardı! Bu yüzden yatakları ayırdıklarında harika bir rutin geliştirdiler: Önce Chloe'nin tüm oyuncaklarına iyi geceler diyorlar, sonra kızlarına masaj yapıyorlar, onunla ve en sevdiği oyuncağıyla yatıyorlar, sonunda da ona ninniler söylüyorlardı. Ancak Chloe anne-babasının saatlerce yanında kalmasını istiyordu. Çift çok yoruluyordu. Sonunda zihin sağlıklarını korumak için "ağlamasına izin vermeye" karar verdiler. Chloe ilk gece bir saat ağlayıp sabaha kadar uyudu. Ama o günden beri her gün hemen uykuya dalıyor ve akşam 20:00'den sabah 07:00'ye kadar uyuyor!

Isırmak: Ne Kadar da Sivri Dişlerin Var!

Diana, Lucas'ın ayakkabılarını bağlamaya çalışıyordu, ama 16 aylık ufaklık ayağını sallayıp duruyordu. Sonunda annesi Lucas'ın ayağını dizlerinin arasına sıkıştırıp, bağcığı öyle bağlamak zorunda kaldı. İşte Lucas tam bu anda eğilip annesinin elini ısırdı; hem de sertçe! Diana "Off!" diye bir ses çıkardı ve kendini toplamaya çalışarak "Lütfen Lucas, ısırmak yok!" dedi.

Ama Lucas ısırmaktan vazgeçmedi. Hatta ısırmak her sinirlendiğinde kullandığı, favori tepkisi hâline geldi!

Neden Isırırlar?

Neandertal'ler dişlerini kullanmaya bayılırlar! Bu yüzden küçük çocukların büyüklerden daha fazla ısırmasına şaşırmamak gerekiyor. Henüz konuşmayı bilmeyen çocuklar için ısırmak kızgınlıklarını ve sıkıntılarını ifade etmenin bir yoludur (sakin çocuklar bile ne yapacaklarını bilemedikleri zaman arkadaşlarını ısırabilirler). Küçük çocuklar ise aç olduklarını veya diş çıkardıklarını anlatmak için ısırabilirler.

Bazı çocuklar bir kez ısırır ve bir daha ısırmazlar. Bazıları için ise bu bir alışkanlık hâline gelir. Genelde bunu Lucas gibi, aldıkları yanıtı beğendikleri için yaparlar. Küçük Drakula size dişlerini geçirdiğinde ebeveyn de olsanız sinirlenmemeniz zordur. Isırmanın sonuçları da bu alışkanlığın devam edip etmeyeceğini belirler. Mesela; çocuğunuz arkadaşı Sally'yi ısırdığında küçük kız oyuncağını yere atabilir. Çocuğunuz benzer bir tepki almak için yine ısırabilir.

Neyse ki, çocuklar dört yaş civarında, kendilerini ifade etmek için daha açık yöntemler öğrendiklerinde, bu alışkanlıktan vazgeçerler.

Isırmayı Tarih Öncesi Ebeveynlik Yöntemiyle Ele Almak

Birinci amacınız, ısırmanın bir daha olmaması. Ama bunu başaramıyorsanız, sıradaki diğer iki hedefiniz ısırmayı o an durdurmak ve hemen sonrasında ne yapacağınızdır.

Isırmayı Önlemek

Doğru önlemler alırsanız, hiçbir zaman ısırma olayıyla karşılaşmayabilir veya *yalnızca* bir kez karşılaşarak bundan kurtulabilirsiniz.

- **Açlık ve diş çıkarmayı göz ardı etmeyin.** Eğer çocuğunuz açsa karnını doyurun. Eğer diş çıkarıyorsa 'İbuprofen' gibi bir ağrı kesiciyle veya diş oyuncağıyla onu rahatlatmaya çalışın. (Ben kumaş oyuncakları tercih ediyorum, çünkü plastik artıkları sorunu olmaz.)
- **Çocuğunuzun dışarıda oynaması gerektiğini unutmayın.** Diş çıkarıyor olsa da, olmasa da çocuğunuzun evde çok uzun süre kapalı kalmamasını sağlayın. Dışarı çıkmak, onun gün içinde biriken sıkıntılarının bir kısmından kurtulmasını sağlar.
- **Kuralı anlatmak için yan kapı kuralını kullanın.** Eğer çocuğunuz bir ısırma vakasına karıştıysa, onun oyuncaklarından birine ısırmadan hiç hoşlanmadığınızın "dedikodusunu" yapın ya da herkesi ısıran bir kurbağanın sonunda nasıl arkadaşsız kaldığından bahseden bir masal anlatın.

(Hikâyeye mutlu son koymayı unutmayın: Sonunda arkadaşları yerine bluzunu ısırabileceğini öğrendi ve tüm arkadaşları ona geri döndü!)

- **Diğer çocukların çevresindeyken sorun yaratabilecek ortamlardan sakının.** Eğer çocuğunuz anaokuluna gidiyorsa çevresinde yaşına uygun birçok oyuncak olduğundan emin olun. Kavga çıkarmasını önlemenin ikinci bir yolu da odanın içinde farklı aktivitelere yoğunlaşan birkaç farklı oyun grubu oluşturmaktır. Mesela; bir yerde sanat aktiviteleri, bir yerde "mutfak" oyuncakları, ortada Legolar olabilir.

Isırma Anı Sırasında

Çocuğunuzun ısırmak üzere olduğunu fark ettiğinizde onu, bunu sevmediğinizi söyleyerek uyarın: "Isırmak yok. Isırmak yasak!! Yemekler ısırılır!" Dikkatinizi çektiyse bu, Fast-Food Kuralı'nı atlayıp doğrudan *sizin* acil mesajınızı (Yumurcak-ça kullanarak) ilettiğiniz durumlardan biri!

Her şey ses tonuna bağlıdır. Eğer Diana'nın yukarıdaki örneğindeki gibi yumuşakça "Anne ısırmak sevmiyor" derseniz mesajınız karşı tarafa ulaşmaz. Sözcüklerinizin güçlü ve kesin, yüz ifadenizin ciddi olması gerekiyor. Eğer bunu yaparsanız çocuğunuz ısırmaktan vazgeçer. Uyarınızı yaptıktan sonra çocuğunuza bakmaya devam etmeyin. Bazı çocuklar yüzlerine bakıldığında kuralları özellikle çiğnerler.

Isırmadan Sonra

Peki ya ufaklık siz onu durduramadan saldırırsa? Sert bir sesle, "HAYIR" deyin, homurdanın, kaşlarınızı çatın, el çırpın, ayağınızı yere vurun ve bu mesajı daha da güçlü hâle getirmek için bir süre çocuğunuza yüz vermeyin. Bunun iki faydası vardır: Isırığın kabul edilemez olduğunu ve homurdanmanın ısırmaya alternatif olabileceğini gösterir.

Eğer çocuğunuz bu uyarıdan hemen sonra bir kez daha ısırmaya çalışırsa "mola" vermek mantıklı olur. Çünkü ona durumdan memnun olmadığınızı anlattınız ve çocuğunuz ısırmama kuralı olduğunu biliyor. Bu kuralı çiğnediği için mesajınızı iletirken daha sert bir tepki kullanabilirsiniz.

Eğer ısırılan başka bir çocuksa ilginizi ona yöneltin ve kendi çocuğunuzu bir-iki dakikalığına yok sayın. Çocuğunuzun yanlış hareketini ona çok fazla ilgi göstererek ödüllendirmek istemezsiniz. (Islak Patates Cipsi Kuralı'nı hatırlıyor musunuz?)

Isırılan Sizin Çocuğunuzsa Ne Olacak?

Isıran bir çocuğun ebeveyni olmak çok zordur, ama sizin çocuğunuzun ısırıldığını izlemek sizi çok kızdırır. Isıran çocuk aç olabilir veya yeteri kadar açık havaya çıkmıyor olabilir. Belki de etrafta yeteri kadar çok oyuncak yoktur. Bazen anaokullarında tüm çocuklar birbirlerini taklit ederek (dil çıkarma salgını gibi) diğer çocukları ısırmaya başlarlar.

Şaşırtıcı olan ise, zannedilenin aksine genelde utangaç çocukların değil, agresif çocukların ısırılmasıdır. Çünkü bu çocuklar oyun oynarken fark etmeden arkadaşlarını rahatsız edip, savunma mekanizması icabı da ısırılabilirler.

Çocuğunuz ısırıldığında tam olarak ne olduğunu öğrenmek size yardımcı olur. Eğer o sırada orada değilseniz, olaya tanık olan anaokulu öğretmeni ya da bebek bakıcısından bilgi alarak, ne tip önlemler alabileceğinizi belirlemeye çalışın.

13

İki Yaşındaki Çocukları Düşüren Taşlar: Ayrılık Endişesi, Yemek Seçmek, Tuvalet Eğitimi

Ana Noktalar:

- Ayrılık endişesi: En bağımsız çocuklar bile zaman zaman derin endişeler taşıyabilir.
- Ayrılıkları daha kolay hâle getirmek için, birdenbire yok olmak yerine, vedalaşmalarınızı *(Annece Geri Çekilme)* gittikçe kısaltın.
- Yemek seçmek: İki yaşındaki çocuğunuz artık daha yavaş büyür ve daha az kaloriye ihtiyaç duyar. Bu yüzden yemek seçmesi doğaldır.
- Tuvalet eğitimi: Mağara çocukları tuvalete bayılır; ama yalnızca diplomatik olarak doğru hareket ederseniz!

Ayrılık Endişesi: "Anne, Gitme!"

"Ayrılık ne tatlı bir acıdır."

William Shakespeare, *"Romeo ve Juliet"*

Kurbağalar ve timsahlar doğdukları anda ailelerinden memnuniyetle uzaklaşırlar. Ama bizler sosyal hayvanlarız. Annemizle aramızdaki sağlam bağ, on milyonlarca yıldır memelilerin imzası hâline gelmiştir! İnsanlar aynı zamanda dışarı açılmaya ve çevreyi araştırmaya programlanmıştır. Bu yüzden erken çocukluk döneminin tamamı "iki adım ileri, bir adım geri" şeklinde geçer. Grubun çok önünde yürüyen küçük izciler gibi, bağımsız ufaklığınız da birdenbire kendini güvensiz ve tehdit altında hissedebilir. Böyle durumlarda çocuğunuz rahatlık, mutluluk seviyesini artırmak için olgunluk bazında geriye gider ve "bebek gibi" davranır.

Çocuklar Ayrılmakta Neden Zorluk Çekerler

Ayrılık endişesinin 15-30'uncu aylar arasında zirveye çıkması şaşırtıcı değildir. Çocuğunuz, sendeleyerek de olsa, yürümeye başlayıp sizden uzaklaşarak dünyayı araştırmaya başladığında, ne yapacağını şaşırır ve fazlasıyla korkar. Ayrılık korkusunun bu yaşta ciddi bir sorun olmasının nedenleri şöyle:

Doğalarında var. Ayrılık korkusu genelde 15-18'inci aylarda, çocuğunuz Neandertal (sert, tutkulu, içgüdülerinin esiri olduğu) dönemine girerken başlar. Korktuklarında ya da kızdıklarında birçoğunun zihninde, dünyalarını kaosa sokan alarm dalgaları yayılmaya başlar. *Annem nerede?* gibi basit bir soru büyüyerek *ANNEM nerede?!!!* hâline gelir.

Ufaklığınızın ilkel zihni aynı anda yalnızca tek bir şeye konsantre olabilir. Bu yüzden oyununa kendini kaptırdığında sizin odadan çıktığınızın farkına bile varamayabilir. Bir anda çevresine bakar ve -olamaz!- en büyük koruyucusunun yok olduğunu görür. Kendini terk edilmiş ve koca dünyada tek başına kalmış zanneder! Üstelik tüm bunlar siz tuvalete kadar gittiğinizde yaşanır.

Çocuğunuz 24 aylık olduğunda aynılığa tapmaya başlar ve rutinini bozan her şey onu huzursuz eder. Bu yüzden sabahları onu anaokuluna babası bırakıyorsa hiç sorun çıkarmadan ayrılabilir, ama bir gün annesi götürürse bacaklarına sarılır ve bırakmamak için çığlık çığlığa ağlar. Temkinli çocuklar değişime ayak uydurmakta özellikle sorun yaşar.

Ayrılık daha büyük çocuklar için de sorun olabilir. Üç yaşındaki çocuklar kendilerini dünyadaki diğer her şeyle karşılaştırmaya başladıklarında gelişimlerinde geriye gidebilirler. Çünkü bir anda küçük ve her türlü tehlikeye açık olduklarını fark ederler. (Daha fazla bilgi için 14. Konudaki korkuyla ilgili tartışmaları okuyun.) Bu çocuklar annelerine ve babalarına sıkıca sarılır ve onları bırakmak istemezler.

Koşullar kendilerini güvensiz hissetmelerine neden olur. Eğer siz de huzursuzsanız, çocuğunuzda ayrılık endişesinin artması kaçınılmazdır. Çocuklar konuşma içermeyen iletişimde daha usta oldukları için stresinizi; herhangi bir ölüm, boşanma, hastalık, finansal sorunlar karşısındaki üzüntünüzü anlayabilirler. Keza çocuğunuz çok fazla değişiklik yaşıyorsa -ev veya okul değiştirme, yeni bir kardeş, hastalık, yolculuk, hatta açlık gibi günlük stresler- güvensizlik duygusunu daha kuvvetli yaşar.

Ayrılığı Tarih Öncesi Ebeveynlik Yöntemiyle Ele Almak

Tarih öncesinden kalma dostunuzla yaşayabileceğiniz olası ayrılıklara karşı önlem alırken bir elçi olarak tüm kabiliyetinizi kullanmalısınız:

Ayrılığa alıştırmak için güvenini artırın. Çocuğunuzun gücünü ve dayanıklılığını artırmak için güven artırıcı taktikleri (9. Konu) uygulayın. Çocuğunuzla ayrı geçecek zamanı dengelemek için övgü, ilgi zamanı, küçük ödüller ve rahatlama tekniklerinden (9 ve 10. Konu) de faydalanın.

Oyun oynarken vedalaşma egzersizleri yapın. Saklambaç çocuğunuza, gittiğiniz zaman mutlaka geri döneceğinizi anlatmak için uygun bir yöntemdir. Dedikodu ve rol yapma (ya da bebeklere rol yaptırma) oyunları da (9. Konu) işinize yarayacaktır. Çocuğunuz anne olurken, siz de endişeli çocuk rolünü alın ve "Annemi istiyorum. Anne! Anne! Anne! Anne!!! Oh! İşte buradasın! Mutlaka geri döneceğini biliyordum!" deyin.

Masallar uydurun (bu da 9. Konuda anlatılıyor). "Bir zamanlar annesi yanından her gittiğinde endişelenen bir kurbağa yavrusu varmış. Neyse ki, annesi yokken şarkılar söyleyen oyuncak ayısı onu mutlu eder ve kendini güvende hissetmesini sağlarmış. Zaten sonra da annesi bir sürü öpücük ve yemek için birbirinden lezzetli sineklerle geri dönermiş!"

Gücünüzü transfer edin. Güvenlik battaniyesi ya da oyuncak ayı gibi çocuğunuzun özel bir ilişki kurduğu nesnelerin, onun *size* olan bağımlılığını azaltmaya yarayan geçiş nesneleri olduğunu unutmayın. Çocuğunuz iki-üç yaşına geldiğinde dünyayı anlamaya çalışır ve nesnelerin gücüne, sihire inanmaya başlar. Bu dönemde eline bir üzüm resmi çizmek; bilezik, bir fotoğraf ya da bir tutam saç gibi ona sizi hatırlatacak ve ne zaman ihtiyaç duysa bakabileceği bir nesne vermek kendini daha cesur hissetmesini sağlayacaktır.

Rahatlatıcı nefesler alın. Vedalaşırken nefes egzersizleri yapmayı ihmal etmeyin (10. Konu).

Asla habersiz gitmeyin. Elbette çocuğunuzun acı çeken reaksiyonunu görmekten hoşlanmıyorsunuz, ama veda etmeden ortadan kaybolmanız çocuğunuzun en büyük korkusunu doğrular: Ona dünyanın güvensiz ve önceden tahmin edilmez bir yer olduğunu gösterir. Çocuğunuz ayrılık vakti yaklaştığında huzursuzlaşırsa bol bol, yargı belirtmeyen Yumurcak-ça ifadeler kullanın. Onun yalvarışını "'Hayır Anne! Gitme! Gitme!

HAYIR! Hayır! Hayır' diyorsun" sözleriyle tekrarlayın. Daha sonra iki tarafın da kazanacağı bir çözüm bulmaya çalışın. Mesela; "Anne şimdi işe gidecek ve dönecek. Döndüğünde yine böyle sarılacaksınız ve bisiklete binmeye gideceksiniz!" deyin.

Eğer çocuğunuz hâlâ mutsuzsa *Annece Geri Çekilme* yöntemini kullanın.

Annece Geri Çekilme Sanatı

Bu, endişeli çocuklara sabırlı olmayı öğretme yöntemidir. Ayrılıkları daha kolay yapmak için, bebek adımlarıyla ilerleme kaydetmenizi sağlar.

Anaokuluna bırakılmayı ele alalım. Tarih öncesinden kalma dostunuz "Hayır! Okul yok!! Hayır!!" deyip, sınıfın önünde bacağınıza sarıldığında, bunun okuldan gerçekten nefret ettiği anlamına gelmesi düşük bir ihtimaldir. Yalnızca geçmişi (dün anaokulunda çok eğlendiğini) hatırlayacak ya da geleceği (bugün de eğleneceğini) görmeye yetecek kadar zihin gücü yoktur. Şimdiye sıkışmıştır ve tek görebildiği sizin onu *terk ettiğinizdir.* Sizin göreviniz ona daima geri döndüğünüzü hatırlatmaktır. Peki bunu nasıl yapacaksınız?

Mesajı aldığınızı ona anlatabilmek için Yumurcak-ça'nızı en iyi şekilde kullanın. "Sen 'Hayır! Hayır! HAYIR! Okul yok! Anne gitmesin' diyorsun."

Çocuğunuz biraz sakinleştiğinde içeri girin ve onu sizinle bir şey yapmak için ikna etmeye çalışın. Birkaç dakika sonra sıradan bir şey söyler gibi, "Aaa, bir şeye bakmam gerekiyor. Bir saniye içinde döneceğim" deyin ve çocuğunuz ağlıyor bile olsa odadan çıkın. Ama üç-beş saniye geçmeden hemen geri dönün. Kısa cümleler, doğru vücut dili ve ses tonunu kullanarak onun duygularını yine yansıtmaya çalışın ve tekrar oynamaya başlayın. Birkaç dakika sakin oturduğunda "Çişe gitmem gerekiyor. Al bakalım, o sırada benim sihirli bileziğimi tut. Hemen geri geleceğim" diyerek tekrar odadan çıkın.

Yarım saat boyunca bu süreci üç-dört kez tekrarlayın ve her seferinde odayı daha uzun (otuz saniye, kırk beş saniye, iki dakika) süre terk edin. Sonunda temelli giderken elinizi sallayın ve "Güle güle! Öğlen uykusundan sonra görüşürüz. Beni ne zaman yanında istersen eline çizdiğim komik yüze bakabilirsin. Okuldan sonra bahçede oynayacağımızı da unutma!" deyin.

Zaten bu noktada çocuğunuz artık *Tamam anne, hadi git artık!* diyor olabilir. Ağlamaya başlarsa şimdiye kadar yaptığınız hazırlıkların bunun çok daha kısa sürmesini sağlayacağına emin olabilirsiniz. Anaokulundan çıktıktan bir saat sonra öğretmeni arayıp, siz gittikten sonra çocuğunuzun ne yaptığını sorabilirsiniz. Genelde yanıt "Oh, bir dakika sonra sakinleşip arkadaşlarıyla oynamaya başladı" olacaktır. (Oysa siz bu bir saati gereksiz yere vicdan azabı çekerek geçirmiştiniz!) Ama çocuğunuz siz gittikten sonra ağlamaya devam ettiyse başka bir sorun var demektir. Eğer olası nedeni bulamıyorsanız (hastalık vs.) birkaç gün boyunca tüm gün anaokulunda çocuğunuzla birlikte kalmak gibi diğer opsiyonları da değerlendirmeniz gerekiyor. Eğer yine sonuç alamazsanız okulu değiştirmeyi bile düşünebilirsiniz.

Mari, çocuğunun ayrılık korkusunu Fast-Food Kuralı'nı kullanarak yeniyor: "İki yaşındaki oğlum Aidan okula haftada iki gün gidiyor. Oraya vardığımızda genellikle arabadan bile çıkmamak için diretiyor. Tüm gün benimle ve yeni bebeğimiz Nate ile kalmak istiyor. Duygularını dillendiriyor ve ses tonunu taklit etmeye çalışıyorum. 'Bugün okula gitmek istemiyorum!!! Chris öğretmen yok!!! Cindy öğretmen yok!! Arkadaş yok!!! Anne ve Nate'i istiyorum!! OKUL YOK!! HAYIR!!!'

"Bu sırada artık sakinleşmiş oluyor ve ben de onunla saygılı bir şekilde orta yolda buluşma imkânı buluyorum; 'Tamam, tamam. Ama içeri gidip Chris'e bugün gelmeyeceğini söylememiz gerekiyor. Eğer içeri girdiğimizde gerçekten kalmak istemezsen Anne'yle eve dönebilirsin.' Bu noktada arabadan çıkıyor, mutlu ve gururlu bir şekilde okula doğru yürümeye başlıyor. Zaten anaokulundan içeri girdiği anda

çeşit çeşit aktivitelerden veya arkadaşlarından biri mutlaka ilgisini çekiyor. Daha beş dakika geçmeden bana bay bay öpücüğü veriyor ve oyuna dalıyor."

Dört dörtlük kullanılan Yumurcak-ça ve bebek adımlar Aidan'ın ayrılık fikrine yavaş yavaş alışmasını sağladı. Böylece bununla ağlayarak yüzleşmek zorunda kalmadı. Ama Mari'nin aksine çocuğunuzu anaokulunda *bırakmama* şansınız yoksa, "Sen 'Hayır! Hayır! HAYIR!!! Okul yok!!! İstemiyorum! İstemiyorum!' diyorsun" deyin. Çocuğunuz sakinleştiğinde ise, "Hadi içeri girip öğretmene 'Hayır! Hayır! Hayır!' dediğini söyleyelim!" diyebilirsiniz. Böylece eve dönme şansı olduğundan bahsetmemiş, yalnızca saygılı bir şekilde duygularını dile getirmiş olursunuz. Bu küçük oyalama, sorunun ertelenmesini ve çocuğunuzu binaya sokarak bir şeyle ilgilenmesini sağlıyor. Böylece Annece Geri Çekilme yöntemini kullanarak yavaş yavaş veda etme imkânı bulmuş oluyorsunuz.

Başarısını kutlayın. Tekrar bir araya geldiğinizde gününün nasıl geçtiğini ona ilgiyle sorun ve daha sonra çocuğunuzun "yan kapısını" kullanarak (oyuncak bebeklerine dedikodu yaparak ya da masal anlatarak) cesaretini ve başarısını övün: "Darcy bana 'Hayır, hayır. Gitmek yok...' dedi. Ama sonra büyük bir kız gibi davrandı ve oyuncaklarıyla oynadı. Sonra Anne geri döndü ve çikolata yedik, birbirimize sarıldık. Çok mutluyduk."

Ayrılık: Gerçek Hayattan Bir Soru

Annece Geri Çekilme, çocuğunuzun umursanmıyormuş gibi hissetmesine neden olmaz mı?

Hayır. İki yaşındaki çocuklar olayları yüzeydeki anlamlarıyla değerlendirirler. Eğer birkaç saniyeliğine gitmeniz gerektiğini söyler ve gerçekten geri dönerseniz bunun mantıklı olduğunu düşünürler. Kısa süreli sıkıntıları kaldırabilirler.

Yemek Seçme: "Sanki Havayla Besleniyor"

İşte çocuğunuzun tarih öncesindeki atalarına benzemediği bir nokta: İştah. Mağara adamları bulabildikleri her şeyi yerlerdi, ama küçük çocukların genelde "cimri" bir iştahları vardır. İki yaşındaki Danny'nin annesi Shana'nın dediği gibi, "Tek bir kraker yiyip tüm günü bir daha yemek istemeden geçirebilirler!"

Ama korkunuzun, sorunu olduğundan büyük göstermesine müsaade etmeyin. Yemek seçenlerin obez olma olasılığı daha düşüktür ve biraz olsun dikkat ederseniz, gün içinde aldığı protein büyümesi için kesinlikle yeterli olacaktır. Birazdan anlatacağım gibi asıl dikkat etmeniz gereken sebzelerdeki kalsiyum ve demir olmalı!

Küçük Çocuklar Yemek Yemeyi Neden Sevmez

Size çok garip gözüken hareketler çocuğunuz için genelde gayet normaldir:

Çocuğunuz pek aç değil. Çocuklar, birinci doğum günlerinden hemen sonra hızlı bebek büyümelerinden yavaş çocuk büyüme düzenine geçerler. İştahtaki şaşırtıcı azalma, on iki kiloluk bebeğinizin litrelerce süt içtiği günlerle karşılaştırıldığında şok edici olabilir. Ama işte çocuklar, daha bebek olduğu zamanlardaki büyüme hızlarını sonsuza kadar korumazlar. Mesela; eskisi kadar çok süt içmeleri elli beş kilo bir kadının her gün dört-beş litre süt içmesi gibi olur! (Bu her gün yalnızca sütten üç bin kaloriden fazla almak anlamına gelir!)

Çocuklar 18-24 aylık olduklarında genelde otlayan hayvanlar hâline gelirler. Gün boyu bir şeyler atıştırır, ama belki haftalarca sebze, meyve, et yemeden yaşarlar. Bu, dengeli bir beslenme tarzı gibi gözükmüyor ama bana gelen ebeveynlere daima söylediğim gibi, dengeli olup olmadığını anlamak için, çocuğunuzun iki hafta boyunca yediği her şeyi hesaplayarak değerlendirmeniz gerekir.

Öğünler küçük bir çocuk için asla yalnızca yemek değildir. Bizler masaya bir şeyler yemek için oturuyoruz. Ama bir çocuk için öğünler yalnızca beslenmek için değildir; bilim zamanıdır! Küçük mağara-kızınız *"Eğer bezelyeleri kaşığımla fırlatırsam nereye düşerler?"* ya da *"Püreyi saçıma koyduğumda tadı değişir mi?"* diye düşünüyor olabilir. Bu yüzden, siz ağzına bir kaşık daha yoğurt sıkıştırmaya çalışırken, size âdeta *"Nasıl yani? Daha da mı yememi istiyorsun? Ne kadar meşgul olduğumu görmüyor musun?"* diyen gözlerle kızgın kızgın bakarlar.

Yeşil iğrençtir: Antik bir korunma mekanizması devreye giriyor. İki yaşına geldiklerinde çocukların kesin yiyecek tercihleri oluşur. Beyaz, sarı ve kırmızı yiyecekler: Evet! Yeşil yiyecekler: Hayır! (Lolipop seçerken bile kırmızıyı her seferinde yeşile tercih ederler!) Aslında kırmızıları ve tatlıları tercih etmek akıllıcadır. Çünkü bu özellikle olgun ve güvenli yiyeceklere işaret eder. Hayvanlar bile bir meyvenin olgunluğuna tatlı olup olmadığına bakarak karar verirler. Doğada genelde acı hâlde bulunan yeşil gıdalardan uzak durmak ise iyi bir fikirdir!

Çocuğunuzu bu evrede yiyecek konusunda maceracı davranmak için zorlamayın. Yemek seçiminde havuç, mısır ve tatlı sebzeler seçerek tabağındakileri bitirme şansını artırabilirsiniz. Aynı şekilde brokoli gibi yeşil sebzeleri tatlı sosla sunmayı da deneyebilirsiniz.

Masada da huylarına göre hareket ederler. Bazı çocuklar kuvvetli tatlara karşı daha hassas olurlar ve hafif yiyecekleri tercih ederler. Değişken karakterli çocuklar ise şaşırtıcı bir şekilde değişik bir şey denemeye karşı diğerlerinden daha fazla ayak direyebilirler.

Yemek Seçen Çocuğunuzla Tarih Öncesi Ebeveynlik Yöntemiyle Baş Etmek

Bugüne kadar çocuğunuza yemek yedirmeye çalıştınız. Üstelik hepimiz çocuklarımız tabaklarındaki yemeği bitirdiğinde gururlanırız! Birdenbire bu bakış açısını değiştirmek çok zordur. Yemek seçmeyi, çocuğunuzla aranızda bir savaş gibi görmeyin, bunun daha yaratıcı ve eğlenceli olmanızı sağlamak için bir fırsat olduğunu düşünün.

Sayacağım tavsiyeleri bir-iki ay boyunca deneyin. En azından birkaç tanesi, daha önce kaybettiğiniz çatışmaları hem çocuğunuzun, hem de sizin mutlu olduğunuz zaferlere çevirecektir. Üstelik bunlar genellikle makarna, pizza ve süt ürünlerinden başka bir şey yemek istemeyen tüm ufaklıklarda işe yarayacaktır.

Bebek adımlarıyla değiş-tokuş yapın. Eğer çocuğunuzun sebze yemesini istiyorsanız, yapabileceğiniz en kötü şey onu tehdit etmek veya zorlamaktır. Bunun yerine pazarlık yapmayı deneyin: "Eğer yeşil bezelyeden bir kaşık yersen, bir tane daha patates kızartması alabilirsin." Mağara Çocuğunuzun sıkı pazarlık etmesine hazır olun. Bezelyenin yalnızca yarısını yiyebilir ya da yediklerini çiğnemeden ağzından çıkarabilir. Ama bu bile zaferdir. Doğru yönde bir bebek adımıdır.

Yiyeceği çok çekici gösterin. Ters psikoloji tekniklerini kullanın. İki yaşındaki Celia yemek istemediğinde ebeveynleri Mark ve Karen yemekleri çaktırmadan onun tabağından kaçırmaya başladı. Tüm yemeği kendileri yemek istiyormuş gibi arsızca davrandılar. Mark bunu, "Sahip olma içgüdüsünü hedef aldık. Ama her zaman işe yaramıyor. Yine de yarı yarıya başarı bile çok önemli!" diye açıklıyor.

Daha da iyisi çocuğunuz yemeğe doğru uzandığında ona yalnızca küçük bir parça verin. "Sahip olamadığımız şeyleri isteriz" sözünü biliyorsunuz öyle değil mi? Bu tema üzerinden yola çıkarak brokoliyi geri çekerken "Hey, yeme onu! Benim! Benim!" deyin ve itiraz edip yemeğe çalışırsa vermek istemiyormuş gibi yapın.

Yüzünüzün verdiği mesajlara dikkat edin. Mağara Çocuğunuz etiketleri okuyamaz, ama sizin yüz ifadenizi anlamakta uzmandır. Eğer ıspanaktan iğreniyor gibi gözükürseniz çocuğunuz bunu anlar.

Kazanamayacağınız bir kavgaya girmeyin. Çocuğunuzu yemeğe zorlayamazsınız. Eğer bunu yaparsanız, çocuğunuzu yemekten soğutursunuz! Yemekle ilgili savaşları asla kazanamayacağınızı unutmayın. Yani eğer çocuğunuz inat ediyorsa, yapabileceğiniz en iyi şey bir-iki dakikalığına arkanızı dönüp, işbirliği yapmazsa ona ilgi göstermeyeceğinizi anlamasını sağlamaktır.

Çocuğunuz, yemeğinin bittiğini söylediğinde (neredeyse hiçbir şey yememiş olsa bile) sofradan kalkmasına izin verin. Eğer süt içmek için masaya dönerse şu pazarlık yöntemini deneyin: Arzusunu anladığınızı Yumurcak-ça belli edin. Sonra bir-iki saniye onu görmezden gelin. Süte uzanın ama ona vermeden evvel geri çekip önce *azıcık* yemek yemesi için onunla pazarlık yapın. Eğer başarılı olursanız minicik bir parça yiyecektir! Bu işbirliği için önemli bir ilk adımdır!

Çocuk multi-vitaminleri kullanın. Doktorunuza danışıp, bunun çocuğunuz için iyi bir fikir olup olmadığını öğrenin.

Eğer çocuğunuz çok seçerek yemek yiyorsa, bu hem çocuğunuzun fiziksel sağlığı, hem de sizin rahat etmeniz için iyi olur! Yalnız vitamin kutusunu çocukların ulaşamayacağı bir yerde tutmanız gerektiğini unutmayın. Bu yaştaki çocukların kutuları açabildiklerini ve vitamini şeker sanıp yiyebileceklerini unutmayın. Demir içeren vitaminlere daha da fazla dikkat edin. Bu vitaminler çocuğunuz yanlışlıkla üç-dört tane birden içerse *zehirleyici* olabilir.

Kılık Değiştirmekte Uzman Olun

Bu konu, bir elçiden çok bir ajan gibi davrandığınızı hissetmenize neden olabilir. Ama her biri çocuğunuzun gerekli besinleri almasını sağlamak için önemli taktiklerdir:

- Çocuklar ekşi tadı severler. Bu özelliklerinden faydalanın. Sebzeleri kızarmış patates gibi kesin, pişirin ve akşam turşu suyunda bekletin. Ertesi gün çocuğunuz bunları afiyetle yiyecektir.
- Sebzeleri çorbaların içine (püre yaparak) karıştırın.
- Ekmeğin üzerine yağ veya peynir koyacağınıza sebze püresi koyun.
- Sebzeleri biraz tuz ve yağla fırında pişirerek ya da kaynatarak cips gibi servis edin.
- Buharda pişirilmiş sebzeleri mayonez, yoğurt ve baharatlarla hazırlayacağınız sosa batırın.
- Taze sıkılmış havuz, havuç-elma veya havuç-portakal suyu içirin.
- Demir; kan, kaslar ve beynin gelişmesi için çok önemlidir. Yemekleri demir tencerede pişirmek bile çocuğunuzun demir alımını güçlendirebilir. Yemeğe limon veya sirke eklerseniz asit yardımıyla yemeğe daha fazla demir karışacaktır.

- Çocuğunuzun günde ortalama 12 mg. demire ihtiyacı vardır. Demir açısından zengin gıdalar fasulye (1 kasede 8 mg.), ciğer (100 gr. 7.9 mg.), mercimek (1 kasede 6.6 mg.) ve kuru üzümdür (200 g.'da 3.2 mg.). Demir açısından zengin besinlerin üzerine biraz limon suyu koyun. Böylece demir emilimini artırmış olursunuz. (Ancak kara üzüm suyu emilimi % 50 azaltır.)
- Çocuğunuzun her gün 700-1000 mg. kalsiyuma ihtiyacı var. Çocuğunuzun diyetine çaktırmadan ekleyebileceğiniz kalsiyum kaynaklarının arasında diyet süt tozu (60 g.'da 400 mg.), tahin (60 g.'da 270 mg.) yoğurt (200 g.'da 270 mg.) ve brokoli (1 başda 160 mg.) sayılabilir. Çocuğunuzun dışarıda oynamasını sağlayarak ona daha fazla kalsiyum temin edebilirsiniz. Güneş ışığında on beş-otuz dakika kalması bile bol bol D vitamini almasını ve bu yolla kalsiyumdan tam olarak faydalanmasını sağlar. (Çocuğunuza güneş kremi sürmeyi unutmayın.)

Tuvalet Eğitimi: Güle Güle Bezler

Çocuğunuz tuvalet eğitimi için hazır mı? Bir yaşındaki çocuklar deneyecek kadar uzun süre yerlerinde durmazlar. On sekiz aylık çocuklar kurallara uymazlar. Tuvalete ilgileri ellerini bezlerine sokup dışkılarını mıncıklamakla sınırlıdır. Çocuklar kaka, çiş ve tuvaletin aynı konsept içinde olduğunu ilk kez iki yaşındayken anlarlar. (Bu Tarih Öncesi Ebeveynlik'le de uyumludur. Bundan 150 bin yıl önce yaşayan mağara adamları tuvalet kullanan ilk insanlar oldu. Mağaranın dibinde bir köşeyi buna ayırıyorlardı.)

İki yaşındaki Kyle temkinli ve titiz bir çocuk. Öyle ki geceleri, ertesi gün giyeceği giysilerini renklerine göre ayırıyor. Su oyunlarından ise bluzunda leke bıraktığı için nefret edi-

yor. Tuvalet eğitimine vakti geldiğinde o kadar çok direndi ki, anne-babası Sandra ve Martin ona tuvaleti kullanırsa hediye vermeyi bile teklif ettiler. Ama bu da işe yaramadı ve onlara tuvaleti kullanma üzerindeki ilgiyi dağıtmalarını tavsiye ettim. Tuvaleti kullanmak Kyle için çok zordu, bu yüzden farklı bir strateji izlenmesi gerekiyordu. Çifte tuvalette bir dakika oturması karşılığında Kyle'ye ödül vermelerini tavsiye ettim. Bu süre alarmla belirlenecekti ve bir dakika boyunca Kyle'ye kitap okuyacaklardı.

Başta, Kyle bu fikirden hoşlanmadı. Sandra dört dörtlük bir tepki göstererek "Sorun yok" dedi ve iki dakika boyunca oğlunu görmezden geldi. O gün bu konuyu bir daha açmadı. İki gün sonra tekrar sorduğunda Kyle masal zamanında bir dakikasını tuvalette geçirmeyi kabul etti. Sandra saati kurdu, bir dakika boyunca kitabı olabildiğince dramatik bir şekilde okudu ve daha sonra ödül olarak oğluna iki kraker verdi. Bu rutini birkaç gün boyunca tekrarladılar.

Kısa süre sonra Kyle artık bir dakikayla yetinmez oldu! Hatta tuvaletten çıkmak istemiyordu! Çünkü çok eğleniyordu!

Sandra oğluna gün içinde yaptığı iyi hareketler için pokerde kullanılan fişlerden vermeye başladı. Bu fişlerin her biri tuvalette bir dakika daha fazla geçirmeleri anlamına geliyordu! Sandra dedikodu tekniğiyle kocasına hangi kitabı okuduklarını ve Kyle'nin tuvalette oturmasından ne kadar çok memnun olduğunu anlatırken bunları oğlunun da duymasını sağlıyordu.

Ertesi gün Kyle çişini, bir hafta içinde de kakasını tuvalete yapmaya başladı. Kyle çok heyecanlı ve gururluydu. Sandra ise ona destek oluyordu ve olumlu konuşuyordu. Onu özenle övüyordu. "Çok iyi bir iş yaptın! Çok mutlusun. Bunu akşam Baba'ya anlatabiliriz. Hadi şimdi temizlenip kitabımızı okumayı bitirelim!" diyordu.

Sandra çok büyük bir heyecan gösterisi yaparsa bunun oğlunun üzerinde baskı yaratabileceğini biliyordu.

Tuvalet Eğitimi Neden Uzun Sürer

Dışkılamanın doğal bir dürtü olması tuvalet eğitiminin kolay olacağı anlamına gelmiyor. Bu süreç genelde ailelerin istediğinden çok daha uzun zaman alıyor. İşte bunun nedenleri:

Ebeveynlerin ve çocukların takvimleri her zaman uyumlu değildir. Belki tanıdığınız diğer anneler bez derdinden (ve masrafından) çoktan kurtuldular. Siz de o günleri iple çekiyor olmalısınız. Üstelik bu arzunuzda haklısınız. (Ama karşıt görüşler de yok değil. Dört yaşındaki Gretchen'in annesi "Tuvalet eğitimi çok abartılıyor. Bezler çok daha rahat. Çocuğunuzu sürekli tuvalete götürmek zorunda kaldığınızda çok zorlanıyorsunuz" diyor.) Çocuğunuzun, anaokuluna başlamak gibi, belli bir tarihten önce tuvalet eğitimini tamamlamasını da istiyor olabilirsiniz. Ancak sizin gözünüzde zamanlama ne kadar doğru olursa olsun, bazı çocuklar tuvalet eğitimi için gerekli uzunlukta konsantre olmayı başaramazlar.

Tuvalet eğitimi için altın zaman ikinci doğum gününden sonradır. Çünkü çocuğunuz bu yaşa geldiğinde daha fazla konuşmaya başlar, sizi memnun etmeye meyilli hâle gelir ve her şeyi düzenli bir şekilde yapmak ister.

Zamanlama Doğru mu?

İşte çocuğunuzun tuvalet eğitimine hazır olduğuna gösteren beş sinyal:

1. Gittikçe daha fazla "Evet" diyor.
2. Yürümek artık yeni ve heyecanlı bir olay değil. Bir köşede sakin sakin oturmaktan da hoşlanıyor.
3. Kaka ve çiş için kullandığı sözcükler var.
4. Sizi taklit etmeyi seviyor.
5. Derli toplu ve temiz olmak, nesneleri gruplayarak organize etmek ilgisini çekiyor.

Ebeveynler çok fazla uğraşıyor. Tuvalet eğitimine hazır olan iki yaşındaki çocuklar bile, Neandertal günlerinden kalma baskı altında daha da dirençli hâle gelme ve olumsuzluk gibi kırıntılar taşıyor olabilir. Üstelik tuvalet davranışlarından utanmaya da başlamış olabilir. Bu yüzden tuvalet konusunda çok fazla baskı yapmak ve bu konuya çok fazla ilgi göstermek ters tepebilir. Bu, kazanamayacağınız ve bulaşmamanız gereken bir kavga.

Öğrenmek karmaşık bir süreçtir. Sidik kesesinin veya bağırsağın nasıl çalıştığını küçük bir çocuğa anlatamazsınız. Çiş ve kaka her anlamda hayatın "deneyerek öğrenilen" deneyimlerindendir! Mesela; iki yaşındaki Micah babasının sifonu çekmesini izlemeye bayılıyordu, bu yüzden tuvalete gitti, yere çişini yaptı ve sonra sifonu çekti!

Tarih Öncesi Ebeveynlik Yöntemiyle Tuvalet Eğitimi

Çocuğunuzu tanımak ve onu nelerin etkilediğini bilmek her şeyi değiştirir!

Çok erken denemeyin. Çocuğunuz biraz önce saydığımız tuvalet eğitimine hazır olma işaretlerinden en az iki-üç tanesini gösterene kadar bekleyin.

Tuvaleti eğlenceli bir yer hâline getirin. Bu sürecin kontrolü tamamen çocuğunuzdadır ve onu zorlamanız, baskı altında bırakmanız yalnızca daha da direnmesine neden olur. Bu yüzden yapabileceğiniz en iyi şey, tuvaleti çocuğunuzun gitmekten hoşlanacağı bir yer hâline getirmektir. Bryan, annesinin yalnızca tuvalette okuduğu kitapları o kadar seviyordu ki, annesine tuvalete gitmek için âdeta yalvarıyordu.

Bebek adımları yaklaşımını kullanın:

1. **"Çiş yok, kaka yok" rutiniyle başlayın.** Önce tuvaleti, çocuğunuz ister bezli, ister tamamen giyinik olsun, eğlenceli kitaplar okuyacağınız bir alan hâline getirin (amacınız çocuğunuzun tuvalete çıplak popoyla oturmasını sağlamak, ama giysilerle oturması da bir başlangıçtır). Çocuğunuzun kakasını normalde yaptığı saatte "Kaka kitabı zamanı geldi!" deyin. Bu, belli bir düzende yaşama hevesi gittikçe artan çocuğunuz için çok eğlenceli bir hâl almaya başlayacaktır. Kitap okuma süresini belirlemek için saati bir dakikaya kurun. Bu süreyi gittikçe iki-üç dakikaya kadar uzatın.
2. **Hiçbir şey yapmasa bile sırf tuvalette oturduğu için ödüllendirin.** Alarm çaldığında bir şey "yapmış" olsa da olmasa da eline bir şey yapıştırmak, ona kraker vermek gibi bir yöntemle çocuğunuzu ödüllendirin. Yıldız tablosu yöntemini de kullanabilirsiniz, ama yıldızları yalnızca tuvalette oturtmak için vermelisiniz. Ama gün içinde, çocuğunuzun diğer olumlu davranışlarına da yıldız verdiğinizden emin olun ki, tüm baskı tuvalette olmasın.

3. **İşte zor kısım:** Sade olun. Eğer çocuğunuz çişini veya kakasını yaparsa (eninde sonunda yapacak) *bunu abartmayın!* Tuvalette oturmasını abartılı bir şekilde övebilirsiniz, ama kaka için çok daha sakin davranın. Tuvaletini yapan çocukları alkışlamak ya da onlar için büyük kutlamalar yapmak genelde geri teper. Hatta utangaç çocuklar, herkesin kendisini takip ettiğini düşündüğü için, bir daha denemek konusunda tereddüt edebilir. Endişeli çocuklar da sizi hayal kırıklığına uğratmaktan korkarlar. Hareketli çocuklar, tuvalet eğitiminin sizin için ne kadar önemli olduğunu anlayıp, size kızdıklarında bunu yapmaktan tamamen vazgeçebilirler.

İki yaşındaki Ethan tuvaleti aylardır kullanıyordu. Anneannesi ve dedesi onlara ziyarete gittiklerinde torunlarının bu mucizesine şahit oldular ve büyük bir kutlama yaptılar.

Tüm bu baskıyı üzerinde hisseden ufaklık eve döner dönmez tekrar bezlerine ihtiyaç duydu.

Bağırıp çağırmak yerine, neşeli, yumuşak bir sesle, "Demek altını ıslattın. Hadi gel temizleyelim de kitabımıza dönebilelim!" deyin. Gün içerisinde memnuniyetinizi dolaylı yollardan ifade edin: Babasına, onun da duyabileceği şekilde, başarısından söz edin.

Çocuğunuzun kakasının yumuşak olduğundan emin olun. Çocuklar iki yaşına geldiklerinde genelde kabız olurlar. Çünkü artık yemek seçmeye başlamışlardır ve çok fazla beyaz gıda (süt, makarna gibi nişastalı gıdalar) tüketiyorlardır. Tam tahıllı gıdalar, meyve ve sebze yemesini sağlamaya çalışın. Taze havuç ya da erik suyunu portakal ve elma suyuyla karıştırmak sonuç almanızı kolaylaştırabilir. Kuru meyveler de tavsiye edilir. Bu konuda daha fazla bilgi için doktorunuza danışın.

Engellerle karşılaşırsanız Fast-Food Kuralı'nı kullanın. İki yaşındaki Daniel çişini tuvalete yapmayı, sifonu çekmeyi ve ellerini yıkamayı çok seviyor. Ama kaka yapmakta henüz aynı başarıyı gösteremiyor. Bu yüzden kakası geldiğinde bir dolaba saklanıyor ve sonra bezinin değiştirilmesine bir türlü razı olmuyor.

Daniel gibi bir çocuğa baskı yapmak ya da onunla dalga geçmek çok acımasızca olur. Bunun yerine onunla empati kurun ve kararına saygı duyun. Altını değiştirirken dikkatini dağıtmak için duygularını dillendirmeye çalışın: "'Hayır, hayır, hayır' diyorsun. Bez değiştirmeyi sevmiyorsun. Bez değiştirmek yok. HAYIR! Anne 'Özür dilerim. Kakalı bez yok' diyor. Ama Daniel 'HAYIR! HAYIR! Hayıııır!' diyor."

Geri Adım: Kyle'yi Tekrar Ziyaret Edelim

Kyle neredeyse üç yaşına geldiğinde Sandra ikiz doğurdu. Bundan çok kısa süre sonra Kyle'nin kaka yapması çok zorlaştı. Tuvaletten korkar hâle geldi. Anne-babası onu rahatlatmaya, eskiden hiç sorun olmadan tuvalete gittiğini ona hatırlatmaya çalıştı. Aslında tamamen mantık dâhilinde hareket ediyorlardı. Ama bu Kyle'nin umurunda bile değildi.

Kakasını bir hafta boyunca tuttu. Tuvaleti kullanmak çok canını yakıyordu. Dışkısını yumuşatmak için ilaç aldıktan sonra bile tuvaleti kullanmayı reddetti. Sandra ve Martin'e ona bez takmalarını ve böylece onun üzerindeki baskıyı kaldırmalarını tavsiye ettim. Bu sırada dışkısını yumuşatmak için ona lifli yiyecekler veriyorlardı ve bir daha tuvalete oturduğunda (beziyle bile olsa) oğullarını ödüllendireceklerdi. Ayrıca Kyle'nin hamur gibi pis oyunlarla meşgul olmasını sağlamalarını söyledim. Böylece Kyle tuvalette "ortalığı batırmaktan" korkmayacaktı. Bu durum yaklaşık iki ay boyunca devam etti.

Bir gün Kyle "Peki, bez yok" dedi ve tuvalete üç kez kaka yaptı. Kendisiyle gurur duyuyordu. Bundan sonra dört gün boyunca kakası gelmedi. Fazla abartmadan teşvik edilerek yavaş yavaş daha iyi hâle geldi ve birkaç hafta boyunca lifli gıdalar yiyip tuvalette oturma egzersizleri yaparak bezlerden tamamen kurtuldu.

Eğer çocuğunuz büyük tuvaletini tutuyorsa bunun birçok nedeni olabilir:

- Bir kez canının yanması, bir daha kaka yapmayı denemekten korkmasına neden olmuştur. Bu çocuğunuz kabız, ishal veya pişik olduktan sonra sık rastlanan bir durumdur.

- Kızgınlık, kardeşiyle rekabet veya kontrol etmeye çalıştığı aynı derecede kuvvetli başka bir duygu buna neden olabilir.
- Kaka yapamayıp sizi hayal kırıklığına uğratma korkusu.
- Mahremiyet olmaması (genellikle anaokulunda yaşanan bir sorun).
- Sifonla beraber tuvalette kaybolma korkusu. (Çocuğunuzun uzamsal muhakemesinin zayıf olduğunu unutmayın. Vücuduna oranla çok küçük olan yerlere saklanmaya çalışması da bununla ilgilidir. Bazı şeyler tuvalete düşüp sonsuza kadar yok olabildiğine göre, "Belki ben de **düşerim**" diye düşünebilir.)
- Tuvalette otururken ayağı yere ulaşmadığı için dengesini koruyamamak. Bu yüzden çocuklar için özel, yerde kullanılan bir lazımlık ya da normal tuvalette otururken ayağının altına koyabileceği bir yükselti çocuğunuzun rahatlamasını sağlayabilir. (Ayrıca ayaklarınız yere değmiyorsa dışkıyı çıkartmak da zorlaşabilir; deneyin!)

Çocuğunuzun tuvaletini birdenbire tutmaya başlamasının az rastlanan tıbbi nedenleri de olabilir. Eğer durum üç-dört günden uzun sürerse veya çocuğunuz hâlâ garip davranıyorsa doktoruyla konuşun.

Üç Yaşındaki Çocuğunuza Tuvalet Eğitimi Vermek

Tuvalet eğitimi için acele etmemenin veya çocuğunuzun bu konuya ilgi göstermemesinin olumlu bir yönü de var: Sam'in hikâyesinin de gösterdiği gibi, üç yaşından sonra mantık yoluyla ikna edilmeleri daha kolay olur.

Sam, kaka yapmak için tuvaleti kullanmak istemiyordu, ama Yıldız Savaşları filminde gördüğü ışın kılıçlarından istiyordu! Annesi Heidi, "Sana ışın kılıcı almak çok isterim. Sen çok iyi bir uzay şövalyesi olursun. Aaa, ama yeni hatırladım; uzay şövalyeleri çiş-çiş ve kaka-kaka'yı tuvalete yapıyor" dedi. Sam'i tehdit etmedi ve zorlamadı aksine tüm bunları rahat, umursamaz bir tavırla söyledi. Sonra "Eminim bir gün sen de uzay şövalyesi olmaya hazır olacaksın. Sonra gidip bir ışın kılıcı alabiliriz. Ne renk istersin? Kırmızı? Yeşil?" diye devam etti.

Anne-oğul aynı gün resim çizerken Heidi uzay şövalyesi çizdi ve "Sam şövalyeye bez çizmeyi unuttuk. Aaa, ama doğru, uzay şövalyeleri bez takmıyor ki!" dedi. Heidi akşam da Sam'in babasına "Sam büyüdüğünde büyük bir uzay şövalyesi olacak, ışın kılıcıyla oynayacak ve bez yerine külot giyecek!" diye fısıldayarak dedikodu tekniğini kullandı.

Sam, bir gün içinde tuvalet-şövalyesi oldu!

Tuvalet Eğitimi: Gerçek Hayattan Sorular

Yirmi yedi aylık oğlum ne yaparsam yapayım tuvaleti kullanmıyor. Hemen koşup kaçıyor ve tuvaleti görmezden geliyor. Ne yapmalıyım?

Çocuğunuz hazır olduğunun sinyallerini verdiği hâlde, tuvalet eğitimine karşı direniyorsa, bunun nedeni evde yaşanan büyük değişiklikler olabilir. Yeni bir kardeşi mi oldu? Beşikte uyumayı yeni mi bıraktı? Okul mu değiştirdi? Taşındı mı? Ailede biri mi öldü? Evde kavga gürültü mü var? Televizyonda onu korkutan bir şey mi gördü?

Tavsiyem böyle bir durumda çiş ya da kakadan hiç bahsetmemeniz. Çocuğunuzu, siz ona hikâye okurken giysileriyle bile olsa tuvalette oturmaya ikna etmeye ve sonrasında onu ödüllendirmeye çalışın. Tuvaleti eğlenceli bir yer hâline getirin!

Yardım edin! Oğlum bütün gün tuvaleti kullanıyor, ama iki gece de bir altına kaçırıyor!

Endişelenmeyin. Geceleri çişini tutabilmek, özellikle erkek çocukları için, tuvalet eğitiminden biraz daha zordur. Çünkü bu kontrollerinin dışında gelişir. Beş yaşına geldiklerinde bile erkek çocukların yüzde 10'u altlarına kaçırır (kızlarda bu oran yüzde 5'tir.) Bu eğilim genetik de olabilir!

14

Üç Yaşındaki Çocukları Düşüren Taşlar: Korkular, Kekeleme, İlaç İçme, Yeni Kardeş

Ana Noktalar:

- Çocuğunuzun dünyaya karşı geliştirdiği yeni bakış açısı korkularının ona çok gerçek gözükmesine neden olabilir.
- Korkular: Bunlarla bir Köylü'nün anlayacağı dilde mücadele etmenin yolları.
- Kekeleme: Düşünce hızlarını yakalamaya çalışırken konuşmada sorun yaşayan çocuklara nasıl yardımcı olursunuz?
- İlaç İçme: Pazarlık (ve sinsilik) ilacın daha kolay içilmesini sağlayabilir.
- Yeni kardeşler: İlginize ihtiyaç duyan yeni doğan bebeğiniz değil, üç yaşındaki yumurcağınızdır!

Korkular: Zaman Zaman Kontrolden Çıkan Bir Kendini Koruma Yöntemi

"İşte örümcek geliyor,
yanına oturup Bayan Muffet'i korkutuyor."

Bir ninni

Üç yaşındaki Stella, adımlarını daima önlemini alarak atan akıllı ve güvenli bir çocuktu. Bu yüzden bir karıncayı bacağından yukarı tırmanırken gördüğü gün çığlık çığlığa ağlamaya başlaması herkesi şaşırttı. Annesi Fran küçük böceği uzaklaştırdı ve kızını avuttu, sonra da konuyu tamamen unuttu.

Ancak ertesi gün Stella böceklerden korktuğu için çime oturmayı reddetti. Fran Stella'nın pantolonunu çoraplarının içine sokarak (herhangi bir Yetenekli Köylü'nün aklına yatacak, mantıklı bir çözüm) onu bahçeye çıkmaya ikna etti. Ama o gece her şey daha da kötüye gitti. Yatağa yattıktan kısa süre sonra Stella, 'Git! Git! GİT!! Anne, A-N-N-E!!!!" diye yardım çığlıkları atmaya başladı. Fran bir-iki saniye içinde kızının yanına ulaştığında Stella bacaklarına sarılıp, "Anne böcekler! BÖCEKLER!!" diye ağlamaya devam etti.

Fran ışığı yakıp yatakta böcek olup olmadığına baktı. Ama yoktu. Yine basit mantık kullanmayı denedi: "Gördün mü tatlım? Böcek yok! Her şey yolunda. Böcek yok!" dedi. Stella sakinleşti ve Fran odadan çıktı. Ama bir dakika sonra Stella yine böcekler yüzünden çığlık çığlığa ağlamaya başladı. O gece Stella'nın anne-babası kızlarını kendi yanlarında yatırdılar. Stella yeni yerinde bütün gece sakince uyudu.

Bu senaryo üç gece boyunca tekrarlandı ve Stella ışıklar her kapandığında daha da fazla panik yapar hâle geldi (üç yaşındaki çocuklar için, bu tip korkuların neden tipik sayıldığını inceledikten sonra, Stella'nın hikâyesine ve korkusundan nasıl kurtulduğuna geri döneceğim).

Çocuklar Neden Korkar?

Korku, zihnimizin derin ve ilkel bir bölgesinde gelişir. Yılanlardan, düşmekten, örümcekten, farelerden, yalnız kalmaktan, yüksek sesten ve parlak ışıktan korkabiliriz. Bir çocukta belli bir korkuyu neyin tetiklediğini bilmek imkânsızdır. Tetikleyiciler aile içinde yaşanan stres (yeni bir bebek, kavga, hastalık...), yaralanma, deprem, otomobil kazası gibi olağanüstü bir durum, televizyonda gördüğü bir şey, dalga geçilmesi ("Kuşlar saçlarının arasına girip seni ağacın dalına asacaklar") ya da bir şeyi yanlış yorumlamak ("Karıncalar piknikteki her şeyi götürdü") olabilir. Ama kesin neden genelde bir sır olarak kalır.

Her yaştaki ufaklığın korkuları olabilir. Daha küçük olanlar şimşek, havai fişek, büyük bir köpek görmek gibi daha ani şeylerden korkarlar. Bu tip korkular çocuğunuza sarıldığınızda ve ona ilgi gösterdiğinizde genelde yok olur. Ancak üç yaşından itibaren çocuklar daha zor yatıştırılan korkular -kötü adamlar, canavarlar, cadılar- geliştirirler. Bu mantıksız gözükebilen korkular iki ana nedenden dolayı meydana çıkarlar:

Üç yaşındaki çocuklar kendilerini daha korumasız hissederler. Bu yaşa geldiğinde çocuğunuzun beyninde çok büyük değişiklikler meydana gelir ve bu kendisini korumasız hissetmesine neden olabilir. Öncelikle şu bilinmelidir ki, artık kendini sürekli diğer kişilerle karşılaştırıyor. Bir bebekten daha büyük ('büyük bir çocuk') ama birçok kişiden de küçük olduğunu fark etmesi korkutucu bir yüzleşmedir. İkincisi, kendini ilkel dürtülerinden (ısırmak ve vurmak gibi) uzaklaştırmak için büyük çaba sarf ederken, fark etmeden bu dürtüleri gölgelerle, hayvanlarla, yabancılarla özdeşleştirebilir.

Sihre inanırlar. Çocuğunuzun düşünce tarzında yaşanan ikinci bir değişiklik "işlerin nasıl yürüdüğünü" anlayabilmesidir. Artık sütün inekten gelmesi ya da nehirlerin eriyen kar sularından oluşması ona mantıklı gelir. Açıklayamadığı şeyleri ise *"sihir"* olarak görmeye hazırdır! On binlerce yıl önce yaşayan erken köylüler gibi o da her şeyin mümkün olduğuna inanır ve zihni ona, "her şeyin" onu yiyecek canavarlar ya da karınca orduları olduğu oyununu oynayabilir.

Korkuları Tarih Öncesi Ebeveynlik Yöntemiyle Yenmek

Korkunun yarattığı huzursuzluk ve endişeyle ilgilenilmezse bu duyguların birçok sonucu su yüzüne çıkar: Yaramazlık, agresiflik, tek başına kalamama, tırnak yeme, mastürbasyon, fobiler, kendini geri çekme, tuvalet, uyku problemleri...

Çocuğunuz dinazorları veya arıları düşünürken korktuğunda onu bir an önce sakinleştirmek istemeniz doğaldır. Ama uçmaktan ya da araba kullanmaktan korkan kendi yaşıtınızdaki arkadaşlarınızdan da bildiğiniz gibi bu o kadar kolay değildir. Korkuları küçümsemek veya mantıksız olarak etiketlemek hiçbir işe yaramaz. Korkuyu azaltmaz ve çocuğunuzun kendini çok yalnız hissetmesine neden olur. Çünkü onu anlamadığınızı ve ona saygı duymadığınızı düşünürler. Öyleyse ne yapacaksınız? İşte onun dünyaya bakış açısını kullanarak, çocuğunuzun müttefiki olmanın yolları:

Korkuyu hemen dağıtmaya çalışmayın. Ebeveynlere sık sık korkmuş çocuklarını sakinleştirmelerinin çok kolay olmayacağını hatırlatmak zorunda kalıyorum. Size göre korkuyu dağıtmak "dolapta cadı olmadığını göstermek" kadar basit bile olsa, böyle bir akıl yürütme genelde işe yaramaz! Korkmuş bir çocuğun zihnindeki görüntüler, canavarları ya da "kötü adamları" elinizde tutuğunuz bu kitap kadar gerçek görmelerine neden olur!

Deneyimlerime göre korkmuş bir çocuğu yatıştırmanın en kolay yolu, endişesini sevgi ve saygıyla karşılamak ve sonra Yumurcak-ça kullanarak onu sakinleştirmektir! Korkusunun *çevresinde* atılan bu küçük adımlar, korkusunu küçümsemekten ve görmezden gelmekten daima daha çözümseldir!

Korkusunu ilkel bir dil kullanarak bertaraf edin. Çocuğunuzun korkularını mantıklı bir şekilde dağıtmaya çalıştığınız müddetçe onu daha da fazla korkutursunuz. Çünkü onun için zihninde olup biten her şey gerçektir! Bunun sebebi küçük çocukların *her şeyin* mümkün olduğuna inanmasıdır ("Patronunuz bugün size *patladı!*").

Bu yüzden "Canavar yok" diye ısrar etmek yerine, *onun* mantık seviyesine hitap edecek açıklamalar yapmaya çalışın. Mesela; "Anne canavarlar, çocuk canavarların gece dışarı çıkmasına izin vermez. Onların yemek yiyip yatmaları gerekir! Ama biz yine de *gizli* ve *sihirli* bir şeyler yapıp canavarların buraya gelmemelerini sağlayalım" veya "Ne hatırladım biliyor musun? Dinazorlar sarımsak kokusundan nefret ederler. Hadi şu kağıda biraz sarımsak sürüp pencerenin yanına bırakalım. Böylece buraya yaklaşamazlar!" deyin. (İşinizi ciddiye alın! Tüm bunlar sizin için saçma olabilir, ama çocuğunuz için ölüm-kalım meselesidir! Eğer onu rahatlatmaya çalışırken dayanamayıp kıkırdarsanız kendini aşağılanmış ve alay edilmiş hisseder!)

İşte üç yaşındaki çocukların bayıldığı bazı harika yöntemler:

- Özel bir bilezik, bebek, battaniye, "koruyucularının" (anne ve babasının) bir fotoğrafı ya da "sihirli su" spreyi gibi koruyucu tılsımlar kullanın.
- Her gece yatmadan önce ona "koruyucu giysi" giydiriyormuş gibi yapın. Bu giysiyi ellerinizle başından ayak uçlarına kadar dokunarak "geçirin" ki, yatağa girdiğinde her yerini korusun.
- Korkunun bir resmini çizin. Daha sonra çocuğunuzun bunu karalamasına, üzerine basmasına ve kağıdı yırtmasına izin verin.
- Korkuyla ilgili kitaplar okuyun. (Fran ve Stella'nın hikâyesinin devamını okuyun.)
- Çocuğunuzla birlikte onun korkularıyla savaşıyor numarası yapın. Ama çok kanlı bir hayal gücü olduğu ortaya çıkarsa şaşırmayın!
- Çocuğunuza ona neyin yardımcı olabileceğini sorun.

Üç yaşındaki Tess bir kez yanlışlıkla öten yangın alarmından çok korkunca, anne-babası alete Fred adını verdi. Daha sonra alarmın üzerine Tess'in çizdiği bir güler yüz resmi yapıştırdılar. Her gün ve her gece Fred'e "Günaydın" dediler ve ona kurabiye teklif ettiler. Birkaç gün içinde Tess'in korkusundan eser kalmamıştı.

Üç yaşındaki Jaymie birdenbire banyo almayı reddetmeye başladı. Eskiden beri temkinli bir çocuktu ve babası son zamanlarda iş seyahatleri nedeniyle evden çok uzak kalmıştı. Jaymie bazı çocuklar gibi delikten düşüp kaybolacağından değil, "kaza" geçireceğinden korkuyordu. Tuvalet eğitimini birkaç ay önce tamamladığı hâlde, "Suya çiş yapmak istemiyorum" diyordu.

Jaymie banyodan kaçmaya başladığında annesi Barbara Fast-Food Kuralı'nı kullanarak onun anlattığını ortaya çıkarma yolunu seçti. Ciddi bir sesle, başını sallayarak "Banyo yok! Banyo yok! Hayır, hayır, HAYIR! 'Banyo yok, suyu sevmiyorum!' diyorsun" diyordu. Eliyle küveti göstererek "hayır" işareti yapıyor ve "Su yok! Banyo yok! Belki çiş-çiş!" diyordu.

Önce çişini yapıp, sidik kesesini boşaltmasını tavsiye edebilirdi, ama bu yetişkinlerin mantığıydı ve Jaymie için hiçbir şey ifade etmeyecekti. Bebek adımlarını da deneyebilirdi: "Tamam, suya tamamen girmeyelim. Parmaklarına kadar girdin. Hadi oyuncak ördeğini ittirmeyi dene!" Bu yaklaşım iki-üç gün süren istikrarlı bir ilerlemeden sonra işe yarayabilirdi. Önce parmaklar, sonra ayaklar, bacaklar, popo ve son olarak tüm vücut. Ama Barbara sihir kullanmayı tercih etti. Jaymie'ye "Hadi çiş yapalım. Sonra sana akşama kadar çiş yapmaman için sihirli bir krem süreceğim" dedi. Ayrıca Jaymie'nin oyuncak ördekleriyle bol bol "dedikodu" yaptı, ona ekstra ilgi zamanları ayırdı ve Özel Zaman yaptı. Başta Jaymie biraz şikâyet etti. Ama Barbara Jaymie'nin ağlamalarının çığlık değil, birer protesto olduğunu fark etti ve bunları dillendirerek oyuncak ördeklerle konuşmaya devam etti. Jaymie birkaç gün sonra banyoya girmeye hazırdı.

Korkuyu alevlendirmemeye çalışın. Eğer çocuğunuzu korkutacak bir şey olacağını evvelden tahmin ediyorsanız, bunu ona çok önceden söylemeyin. (Özellikle de temkinli bir yapısı varsa!) Mesela; doktora gideceğinizi ona söylemek için bir gün öncesine kadar bekleyin. Eğer aşı olup olmayacağını sorarsa, ona doğrudan olumlu yanıt vermeyin; "Aşı *olabilirsin. Emin değilim!*" deyin. Bu küçük bir beyaz yalan olabilir. Ama doktorların stoktaki aşılarının bittiği gerçekten oluyor, o yüzden haksız bir *umut* ışığı yakmış olmuyorsunuz. Aşı olacağını kesin bir dille ona söylemek ise, çocuğunuzun korkusunun gittikçe daha da büyümesine neden olabilir!

Çocukların ebeveynlerini huzursuz gördüklerinde daha da fazla korktuklarını unutmayın. Eğer çocuğunuzu korkutan bir şeyle ilgili huzursuzsanız (şimşek ve gök gürültüsü gibi) sakin gözükmeye çalışın. Çocuğunuz korkunuzun kokusunu alır ve bu kendisini daha da korunmasız hissetmesine ve korkmasına neden olur.

Korkuyla Başa Çıkmak: Gerçek Hayattan Bir Soru

Çocuklar geceleri neden daha fazla korkar?

Yetişkinler bile geceleri kendilerini daha rahatsız hisseder. Zihnimiz karanlığı endişeli düşünceler ve korku dolu fantezilerle doldurur. Çocuklar da böyledir, üstelik korkuları tek başlarına kalmak zorunda olduklarında daha da artar!

Ona destek olmak için kullanabileceğiniz bazı yöntemler şöyle: Güven artırıcılar, dedikodu, rol yapılan oyunlar, mola, daha fazla fiziksel kontakt (sarılma, masaj), nefes alma egzersizleri, övgü (bunların hepsini 9. Konuda bulabilirsiniz) ve ayrılık öncesinde alacağınız önlemler (13. Konu).

Tarih Öncesi Ebeveynlik İş Başında

Stella'nın, karıncalardan korkan küçük kızın hikâyesine geri dönelim. Dört gece boyunca durum daha da kötüye gittikten ve Stella bu geceler boyunca anne-babasıyla birlikte uyuduktan sonra annesi Fran beni aradı. İşte izlediğimiz taktik:

- *Rol yapma.* Gün içinde Fran kızıyla böcek oyunları oynadı. Fran en sevdiği oyuncağını bulamayan "kötü kalpli" böceğin ve kaybolan küçük, korkmuş böceğin taklidini yaptı. Stella ise böceğe "Git!" diyen ve ona kendi arkadaşlarıyla oynamasını söyleyen küçük kız oldu.
- *Üç yaş mantığı.* Fran böceklerle ilgili bir kitap buldu. Stella ile böceklerin nerede yaşadığını (toprakta; insanların evinde

ya da yatağında değil) ve ne yediklerini (bitki; çocukların tadını beğenmiyorlar! Çocukların tadı iğrenç!) öğrenmek için bu kitabı beraberce okudular. Kitap bir böceğin ne kadar küçük, çocuğun ise ne kadar büyük olduğunu gösteriyordu.

- *Sakin bir uyku vakti.* Fran'a yatma vaktinden bir saat önce ışıkları ve sesleri kısmasını, yarın yapacakları eğlenceli şeylerden konuşarak Stella'ya masaj yapmasını öğütledim. Ninni de söyledikten sonra Stella'nın bütün bebeklerine iyi geceler dilediler ve onlara "Stella'nın koruyucuları" adını taktılar. Küçük bir gece ışığı ise gecenin karanlığını biraz azaltıyordu.
- *Sihrin gücü.* Fran geceyi Stella'ya koruyucu "süper giysilerini" giydirerek tamamladı. Bunlar onu korkutucu olan *her şeyden* koruyacaktı. (Fran'a karıncalardan hiç söz etmemesini söyledim, konuyu açan taraf olmanın ne anlamı var?) Fran ayaklardan başlayarak kızının tenine dokundu ve ona dar görünmez bir kıyafet giydiriyormuş gibi yaptı. Bir yandan da "Anne seni seviyor. Baba seni seviyor Stella. Stella hep güvende, güvende, güvende" diyen bir şarkı söylüyordu. Fran odayı daha güvenli yapmak için etrafa biraz da "gizli süper sprey" sıktı. (Suyla doldurduğunuz küçük bir sprey üzerine güler yüz resmi yapıştırın.)

Kekelemek ve Konuşurken Takılmak

Üç yaşındaki Polly, kendi kendine giyinmek ve köpeğe mamasını vermek gibi, son dönemde öğrendiği her şeyden gurur duyuyordu. Kendini artık "büyük çocuk" gibi görmeye başlamıştı ve ablalarının yaptığı her şeyi yapmaya çalışıyordu. Anne-babası Thomas ve Hope, kızlarının bazen konuşmakta zorlandığını görünce bu yüzden şaşırdı. "Köpeği beslemek için benim sır-sır-sır-sıram! Pe-Pete'in sır-sır-sır-sırası değil!" diye kekeliyordu.

Bazen içindekileri dışa vurmak ve düşünceli olmak iyidir. Çocuğunuzun tehlikeli bir yere tırmanmasını ya da kardeşine vurmasını engelleyebilir. Ama üç yaşındaki çocuklar bazen çok fazla düşünürler. Bunu konuşurken yapmaya başladıklarında sonuç kekeleme olabilir. Bunlar doğal olarak daha birkaç ay önce çocuklarının ilk sözcüklerini duyan anne-babalar için alarm verici işaretler olacaktır. Ama endişelenmeyin. Bu sorun genelde zannedildiğinden çok daha basit bir şeydir!

Gece Terörü: Uyurgezerliğin Kuzeni

Bazı çocuklar geceleri kötü bir rüya gördükleri için ağlayarak uyanır. Ama "gece terörü" dediğimiz olay (uyku terörü olarak da bilinir) çok daha şiddetli geçer: Çocuğunuz ağlar, çığlık atar, kötü bir rüyadan uyanmış gibi yapar, ama hâlâ uykudadır! Dolayısıyla ona dokunmanızın ve rahatlatmaya çalışmanızın da farkına varmayacaktır. Gece terörü genelde uykuya daldıktan iki-dört saat sonra, çocuğunuz derin uykudan daha hafif olan REM uykusuna geçerken yaşanır. (Bu evrede uykuda konuşma ya da uyurgezerlik de meydana gelebilir.)

Çocuğunuz uyanık değildir, ama baygın halde de yatmıyordur. Bu yüzden çocuğunuzu gece terörünün tam ortasında yakalarsanız bilinçaltına hitap etmeye çalışın. Işıkları kısın, onu kollarınıza alıp hafifçe sallayın ve sakin sakin sevdiği bir şarkıyı tekrarlayın.

Eğer gece terörleri çok sık yaşanıyorsa onu uykuya her yatırdığınızda bir sakinleştirme rutini takip etmenizi tavsiye ediyorum. Ona sevdiği bir ninniyi söylerken bir yandan da hayali "koruyucu giysisini" giydirin. Bu sihirli elbiseyi her gece baştan aşağı giydirin. Hatta bazı yerlerini tekrar tekrar "düzelterek" ona elbisenin tam oturması gerektiğinden bahsedin. Bu rutini ne kadar fazla tekrarlarsanız, çocuğunuzun küçük zihnine her şeyin yolunda olacağı mesajını o kadar fazla vermiş olursunuz. Eğer çocuğunuz bunlara rağmen gece terörü yaşıyorsa ninni ve koruyucu giysi rutinini tekrarlamak bilinç altına ulaşmak için de daha etkili bir yöntem olacaktır.

Bazı Çocuklar Neden Kekeler

Çok fazla düşünürler. Çocuklar üçüncü yaş günlerinden itibaren konuşmakla ilgili daha bilinçli hâle gelirler. Ne söylemek üzere olduklarını düşünmeye başlarlar, bu da sözcüklerin nasıl çıktığını etkileyebilir. Siz de otomatik bir hareketle ilgili çok fazla düşünmeye çalışırsanız aynı şeyi yaşarsınız. Atlamayı düşünün. Eğer "Bir ayağını kaldır, öne doğru at, hop..." diye düşünürseniz yavaşlar hatta düşersiniz.

Konuşmak da (yürümek, bisiklete binmek, piyano çalmak gibi) en iyi bilinçdışınız devredeyken (beyincik) çalışır. Burada bilinciniz yalnızca bir müdür gibi görev alır. Yani nereye yürüyeceğinize karar verir, ama nasıl yürüyeceğinize ya da konuşacağınıza karışmaz.

Kekeleme zaman zaman stres ve sıkıntı belirtisi olsa da çoğunlukla çocuğunuzun çok fazla düşünmesinden kaynaklanır!

Çok hızlı düşünür ya da yürürler. Bazen çocuğunuzun çok hızlı düşündüğünü, ağzının beyninin hızına yetişemediğini fark edersiniz! Sizinle iletişime girme telaşıyla sözcükler ağzından çok hızlı veya bozularak çıkabilir.

Diğer yandan, çocuğunuz bazen kekelemeyi, bir düşünceyi, ne söylemek istediğine karar verene kadar aklında tutmak için kullanır. Sonuç, ağızdan bozuk plak gibi çıkan sözcüklerdir: "Yemekten sonra çizgi- çizgi- çizgi-film izleyebilir miyim?"

Kekeleyen birini görürler. Çocuklar taklit konusunda çok başarılıdır. Bazen kekelemeleri televizyonda ya da okulda gördükleri birinin taklididir.

Kekelemeyle Tarih Öncesi Ebeveynlik Yöntemiyle Baş Etmenin Yolu

Çoğu çocuk yalnızca iki-üç hafta boyunca kekeler (veya birkaç ay) sonra da bu alışkanlığı tamamen unuturlar. Ama kekelemeden daha hızlı kurtulmak için yapabileceğiniz şeyler de var:

Abartmayın. Çocuğunuzun konuşurken yapacağı diğer hatalar gibi kekelemesiyle de dalga geçmemelisiniz. Bu alanda hâlâ amatör olduğunu unutmayın! Çocuğunuza yardım etmek istiyorsanız kekelemesini, tıpkı her cümlede yaptığı dilbilgisi hataları gibi, görmezden gelin. Eğer çok hassas bir çocuğunuz varsa kekelemesine ses çıkarmadığınız hâlde yüz ifadenizin değiştiğini fark edebilir. Eğer tepki göstermeden duramıyorsanız, kekelemeye karşı alabileceğiniz en iyi tavır başka yöne bakmak veya arkanızı dönmek olacaktır.

Güvenini artırın, heyecanını azaltın. Çocuğunuzun rahatlamasını ve stres altında olmadan konuşmasını sağlamak için güvenini artırın ve heyecanını azaltmaya çalışın. Güven artırıcı egzersizlerin ve nazik övgülerin sayısını artırın (9. Konu); Özel Zaman'lara ve dışarıda oynanan oyunlara ağırlık verin (10. Konu). Rahatlaması için de çocuğunuza masaj yapın ve nefes egzersizlerinin (10. Konu) üzerinden geçin.

İlaç İçmek: Mecburiyeti Oyuna Dönüştürün

Doktor çocuğunuza ilaç verdiğinde ona tadının nasıl olduğunu sorun. Ne yazık ki, yanıt çoğu zaman "iğrenç!" olacaktır. Anne-babaların çoğu bu durumda ilacı meyve suyuna karıştırarak vermek gibi yöntemlere başvurur. Bu yöntem bazen işe yarar, ama üç yaşındaki çocuklar bu oyunu fark eder, çünkü bütün içeceğin tadı "İğrenç!" hâle gelir. Eğer ilacı daha koyu renkli ve güçlü bir tadı olan yiyeceklerle (kafeinsiz kola, üzüm suyu) karıştırırsanız başarı oranınız artar. Ama hassas, temkinli ve inatçı çocuğunuz içeceği bir kez koklayıp "Hayır, teşekkür ederim!" derse şaşırmayın.

Bunun yerine Dr. Harvey'nin ünlü yöntemini deneyin. Çocuğunuzu ilacını içmek için çağırmadan önce iki bardağa biraz kafeinsiz kola koyun. Bunlardan birine ilacı karıştırın. Aynı miktarda ilacı kaşığa da koyun. Çocuğunuzu çağırıp "Eğer ilacını içersen kolayla acı tadını geçirebilirsin!" deyin.

Çocuğunuz "Tamam" derse ilacı verip üzerine ilaçsız kolayı içirin. Eğer reddederse "Önce ilacını iç, sonra kolanı vereceğim" diye tekrarlayın. *Sonra hâlâ* itiraz ederse somurtarak "Tamam! Sen kazandın! Uff!! *Hep* sen kazanıyorsun! Ben hiç kazanamıyorum! Tamam, kolanı içebilirsin. Ben de bu ilacı kaldırayım" deyin. İç çekip üzülüyormuşsunuz gibi yaparak içinde kola olan bardağı çocuğunuza verin. Bu sırada kaşıktaki ilacı şişeye geri dökerek kendinizi ona meşgul gösterin.

Bu noktada çocuğunuz kazandığını hissettiği için kolasını zevkle içmeye başlayacaktır. İlacı içine karıştırdığınızı bilmiyor! Bittiğinde sakın şeytanca bir zevkle "Kandırdım!" demeye kalkmayın! Çocuğunuzun kazanmış gibi hissetmesine izin verin. Bir dahaki ilaçta "kazanmak" için tekrar şansınızı deneyebilirsiniz.

Kardeş: Yeni Bir Oyun Arkadaşı mı, Yoksa Tahtına Rakip mi?

Nicole ve Stephen'in üç yaşındaki oğulları Sam, insan içindeki ilk huysuzluk krizini kız kardeşi doğduktan hemen sonra geçirdi. Nicole "Bebek geldiğinden beri bir me-

lek, bir de şeytan tarafı var!" diyor. "Bebeği tatlı tatlı okşamaya başlıyor, sonra birdenbire dişlerini göstererek sırıtıp onu cimciriyor!"

Eşinizin bir akşam eve gelip, "Bak tatlım! Oynaman için yeni bir koca getirdim! Bir süre vaktimin çoğunu ona harcamak zorunda olacağım ama sonra ikiniz çok eğleneceksiniz" dediğini düşünün. Yanıtınız ne olurdu? *Hımm, zannetmiyorum!*

Yeni bir bebek, ilk çocuğunuzun (veya beş yaş altındaki çocuklarınız için) yaşadığı en şok edici olaydır! Siz çocuk sahibi olmaya karar verdiğinizde aşağı yukarı neyle karşılaşacağınızı biliyordunuz. Ama çocuğunuz için tüm bunlar tamamen yeni!

Birçok anne-baba yeni doğan bebeklerine, ilk çocukları kadar ilgi gösteremedikleri için kendilerini suçlu hissederler. *Bunu düşünerek tek saniyenizi bile harcamayın!* Büyük çocuğunuz tabii ki *sizden* daha fazla ilgi aldı, ama yeni bebeğiniz sizden alamadığı ilginin beş katını ağabeyinden veya ablasından alacak. Hiç kimse çocuğunuzu ablası kadar çok güldüremez ve ona ablası kadar çok şey öğretemez.

Anne-babalara her zaman şunu hatırlatıyorum: *İlk çocuk yetişkinler dünyasında yaşar, ama ikincisi çocuk dünyasında büyür.* İki çocuğunuz varsa onlar size yalnızca sevgi, öpücük ve *yiyecek* için ihtiyaç duyuyorlar demektir!

Bir-Dört Yaş Arası Çocuklar "Büyük Abla" ya da "Büyük Ağabey" Olmakta Neden Zorlanıyor?

Kendinizi çocuğunuzun yerine koyarsanız, yeni bebek doğduğunda bundan en mutsuz olan kişinin o olmasının ne kadar normal olduğunu fark edersiniz.

Çocuklar bencildir ve kendilerini kontrol edemezler. Sanırım "yeni koca" senaryosu bu durumda herkesin kendini rekabet içinde hissedeceğini açıkça ortaya koydu. Çocuğunuz o kadar bencil ki, siz onu her unuttuğunuzda ya da yeni bebekle her ilgilendiğinizde yaralarına tuz basmış oluyorsunuz. Dahası, sağ beyninde henüz tam olarak gelişmemiş olan kendi kendini kontrol mekanizması patlamalarını engellemesini zorlaştırıyorsunuz. Bu yüzden "büyük çocuğunuzun" terk edilmişlik duyguları kendini ısırık, cimcirme, tokatla gösterebilir!

Duyguları birbiriyle korkunç şekilde çatışıyor. Çocuğunuzun kuralları her geçen gün daha iyi kavraması, ısırmanın ve vurmanın yanlış olduğunu anlamasını sağlıyor. Ayrıca sizi memnun etme içgüdüsü çok güçlü ve bu yolla bebeğe kötü davranırsa cezalandırılabileceğini biliyor. Ama agresif arzuları bastırılamayacak kadar şiddetli olabilir. Bazen bu güçlü duygular kendini kekeleme, tırnak yeme, kâbus görme, ayrılmakta zorluk çekme, mastürbasyon ya da korku olarak gösterebilir. Bu yüzden çocuğunuzun kendini bebeği cimcirmekten ya da onu biraz sert öpmekten geri alamamasına şaşırmayın.

Bebek Gelmeden Önce

Hamile olduğunuzu öğrendiğiniz anda çocuğunuza yeni kardeşin ne kadar harika olacağından bahsetmeye başlamayın. Bunun en basit sonucu, çocuğunuzun yeni bebeği beklemekten sıkılması olacaktır! (Zaman algısının çok güçlü olmadığını unutmayın.) Daha da kötüsü, bu süre içinde kıskançlığı ve terk edilme korkusu daha da büyüyebilir. Çocuğunuza "Anne'nin karnındaki bebekten" bahsetmek için doğuma iki ay kalana kadar bekleyin. Anne-babalara çocuklarını yeni bir kardeş için hazırlarken şunları yapmalarını tavsiye ediyorum:

- Çocuğunuza (bebeğinizin cinsiyetine göre kız ya da erkek) oyuncak bir bebek alarak onu tutmayı, beslemeyi ve ellerini doğru yıkamayı öğrenmesi için egzersiz yapmasını sağlayın.
- Karnınızdaki bebeğe çocuğunuzun başarılarıyla ilgili "dedikodu" yapın. Bu yöntemi uygulamaya bebeğiniz doğduktan sonra da devam edebilirsiniz.
- Çocuğunuza derin nefes almayı öğretin (10. Konudaki Açılış Kapanış Törenleri).
- Beşikten yatağa geçiş zamanını dikkatli ayarlayın. Eğer bebek doğmadan iki-üç ay öncesine kadar beşiği bırakmadıysa, çocuğunuzu yatağa geçirmek için bebek doğduktan sonra ez az iki-üç ay geçmesini bekleyin. Böylece kendini yerinden olmuş hissetmez.
- Çocuğunuza "bebeğin hediyesi" olan güzel bir oyuncak alın. Ayrıca evde, misafirlerin verdiğini söyleyeceğiniz küçük hediyeler de bulundurun. Böylece bebeğe hediye geldiğinde çocuğunuza da gelmiş olur.
- Çocuğunuzun aşılarını vaktinde olduğuna emin olun.

Çocuğunuzun Bebeğe Ayak Uydurması için Tarih Öncesi Ebeveynlik Yöntemi

Çocuğunuzun güçlü yanlarını ön plana çıkarırsanız, zayıflıklarıyla daha az mücadele etmek zorunda kalırsınız.

Özel Zaman'dan yararlanın. Özel Zamanı'nın yoğunluğunu artırma vakti şimdi! Günde en az iki Özel Zaman yapın. Bu geç kalmış ilgiyi göstermenin (ki bu bebek geldiğinde sık sık yaşanacak bir durum) en iyi yoludur. Eğer mümkünse çocuğunuza "Anne Özel Zamanı ve Baba Özel Zamanı"nı ayrı ayrı verin. Zaman zaman Özel Zaman'lar düzenleyin. Mesela; baş başa, hiçbir rakip -yani bebek- olmadan dondurma yemeye gidin!

İyi davranışlarını yakalayın. Tarih öncesinden kalma Köylü'nüz dikkat çekmeye ve ödül (Yıldız Tabloları, ele konan "çek" işaretleri) almaya bayılır.

"Ekstra"lar konusunda bonkör olun. Daha detaylı bir gece rutini oluşturun ve yatmadan önce bol bol onaylama, güç verme egzersizi yapın.

Evde hareket edin! Güreşmek ya da yastık savaşı yapmak gibi aktiviteler çocuğunuzun negatif enerjisini uygun bir şekilde atmasını sağlar. Ayrıca bunların küçük bebeklerin yapamayacağı, "büyük çocuk" oyunları olduğunu bilirler. Bu oyunları Açılış-Kapanış törenleriyle başlatmayı ve bitirmeyi unutmayın. Böylece çocuğunuz nasıl sakinleşeceğini de öğrenmiş olur!

Siniri başka tarafa yönlendirin. Çocuğunuz bebeğe karşı biraz kötü davrandığında eleştirmek yerine ona doğru yolu gösterin. "Küçük kardeşin böyle narince sevilmeyi çok seviyor, sen de bunu çok iyi yapıyorsun!" diyerek olumlu konuşun. Daha sonra babasına, çocuğunuzun narin dokunuşlarının "dedikodusunu" yapın.

Eğer çocuğunuz konuşma konusunda ilerlediyse, ona yeni çocuğu sözcükleriyle eğlendirebileceğini ve sakinleştirebileceğini söyleyin. Üç yaşında bir çocuğun kardeşiyle, annesinin ona yaptığı gibi Yumurcak-ça konuşmasını izlemeye bayılıyorum!

Üç yaşındaki Will, kız kardeşi Estelle ile sorun yaşıyordu. Onu çok sık tuttuğunda ya da yanlışlıkla canını yaktığında küçük bebek hemen ağlıyordu. Ama yaptığı komik yüzlere ilk kez güldüğünde Will çok çok mutlu oldu!

Yardımlarını isteyin. Üç yaş civarındaki çocuklar rol yapmaya bayılırlar. Çocuğunuza ihtiyaç olduğunda, size bez getirmesi gibi bir iş verin. İki yaş üzerinde bir çocuğa verebileceğiniz diğer bir harika iş de kartondan hazırlayacağınız bir kimlik kartına "Küçük oyuncak polisi" yazmanız olabilir. Bu kimliği çocuğunuza verip küçük oyuncakları çevreden toplamasının ne kadar önemli olduğunu ona anlatın. Oyuncağın boyutunu boş bir tuvalet kağıdı kartonundan geçip geçmediğine bakarak kontrol edebilir.

Kadere bırakmayın. Çocuğunuz bebekle iyi geçiniyor gibi gözükse de zaman zaman içgüdülerini durdurmakta zorlanabilir ve bebeğinizi tırmalayabilir, ona vurabilir. Dahası bebeğin, oyuncak bebekten daha ağır ve gerçek olduğunu anlamadan onu taşımaya kalkışabilir. Çocuğunuzu bir yaşın altındaki bir bebekle asla yalnız bırakmayın.

Çocuğunuzun geri adım atmasına müsaade edin. Artık çocuğunuzun tuvaleti kullanmak ve yatakta uyumak gibi davranışlarına daha önce hiç olmadığı kadar ihtiyacınız var. Ama onun da şu anda rahatça hareket edebilmeye ihtiyacı var. Ona "Şu anda bebek mi, büyük çocuk mu olmak istiyorsun? Hadi kucağıma gel koca bebek, biraz bana sarılabilirsin" deyin.

Beklentileriniz uygun olsun. Misafirlerinizi bebeğe övgüler yağdırmadan önce çocuğunuza ilgi göstermeleri yönünde uyarın. Ayrıca bebeğinize, çocuğunuzdan daha az vakit harcadığınız için kötü hissetmeyin. Çünkü bu yeni düzende asıl kaybeden çocuğunuz.

Herkesin Sağlıklı Olmasını Sağlamak

Hastalıkları önlemek için çocuğunuz parktan ya da anaokulundan döndüğünde giysilerini değiştirin. Ellerini de günde en az birkaç kez yıkadığına emin olun. Anti-bakteriyel bir sabuna ihtiyacınız yok. Ellerini sabunla, bol bol köpürterek yıkadığına emin olmanız yeterli.

Rekabeti önleyemezsiniz. Çünkü artık evde, her ikisi de sizi dünyanın merkezi olarak gören iki çocuk var ve her ikisi de sizin ilginizi mümkün olduğu kadar çok istiyor. Neyse ki, bu konuda anlatılan tavsiyeleri uygulayarak, çocuklarınız kendi aralarında anlaşabilecek yaşa gelene kadar evdeki huzuru koruyabilirsiniz.

SONSÖZ

Yaşasın Uygarlık: Çocuğunuz Artık Dört Yaşında, Mutlu ve Güvenli

"Asıl mükâfat yolculuğun kendisidir."

Tao'cu bir deyiş

Tebrikler! Başardınız. Milyonlarca yıllık evrimsel gelişme gözlerinizin önünde üç yıl içinde tamamlandı. Bu sırada çocuğunuzun hayatı boyunca yaşayacağı en büyüleyici, heyecanlı değişikliklere de bizzat tanık oldunuz!

Ufaklığınız ilk sözcüklerini söylemeye ve ilk adımlarını atmaya çalışan bir yaşındaki Şempanze-Çocuk'tan, 18 aylık Diz Yüksekliğinde Bir Neandertal'e dönüştü. Bu sırada yeni kazandığı bağımsızlığını ilan etme çabası içinde huysuzluk nöbetlerinin kurbanı oldu. İki yaşına geldiğinde Akıllı Mağara-Çocuğu oldu; artık dilin, hijyenin ve sosyal ilişkilerin basit kurallarını biliyor. Sonunda da insanlara, oyuna, sanata, mizaha ve arkadaşlığa değer veren bir Yetenekli Köylü oldu.

Eminim geçen üç ay içinde bazı günler size bitmeyecek gibi gözüktü. Yalnızca tuvalet eğitimi bile milyonlarca yılınızı almış olabilir! Ama bu binlerce yıllık gelişmeyi arkanıza bıraktığınız şu günlerde her şey göz açıp kapayana kadar geçmiş gibi gözükmüyor mu?

Şimdi çocuğunuzun dördüncü yaş gününü kutluyorsunuz; yani, ufaklığınız erken çocukluk döneminin çılgın günlerini bırakıp çocukluk dönemine (ve uygarlığa) merhaba diyor.

Elbette daha yapacak çok şey var. Çocuğunuz artık (en azından yorgun, aç, kızgın olmadığı zaman) "büyük çocuk" sayılacak. Ama henüz tam anlamıyla "büyük çocuk" sayılmaz. İnsanoğlunun "Modern İnsan" seviyesine gelene kadar geçirdiği kalan 10 bin yıllık gelişimini çocukluğunun geri kalanında tamamlamaya çalışacak.

Ama çocuğunuza haksızlık etmeyin. O artık bir ilkel sayılmaz. Daha ziyade, kendi köy krallığının kraliçesi/kralı! Dört yaşındaki çocuklar kendi dünyalarını çok iyi tanır ve bunu yeni kültürel olgularla geliştirmeye bayılır: Yazma, doğru ve yanlış, sabır, sorumluluk. Eğer erken çocukluk dönemini (birdört yaş arası) eğlenceli bulduysanız, yalnızca bekleyin! Bu yıl çocuğunuzun mizah anlayışı iyice gelişecek. (Kusmuk ve kaka şakaları da yaklaşıyor!) Dünyaya olan merakında ise âdeta bir patlama yaşanacak. (Neden? Neden? Neden?) Arkadaşlarına ve aile üyelerine ise doyamayacak ("Anne, doğum günümde parti yapalım. *Lütfen!*").

Çocuğunuzun dört yaşına geldiğindeki bazı özellikleri şunlar olacak:

- **Semboller kullanmaya başlar.** İnsanoğlu bundan 8 bin yıl önce kâğıtlara şekiller çizerek (hiyeroglif) ilk yazıyı keşfetti. Çocuğunuz anaokuluna giderken sayı saymayı, alfabeyi ve hatta kendi ismini yazmayı öğrenecek.
- **Hem dili, hem de mantığını etkili bir şekilde kullanacak.** Dört yaşındaki çocuklar 1500 civarında sözcük kullanır ve 3-4 bin sözcüğü anlayabilirler. Artık o kadar net konuşur ve düşünürler ki, karmaşık olay akışı olan ilginç hikâyeler uydurabilirler. Oyun parkında ise en popüler çocuklar komik ve akıllı olanlardır.
- **Artık daha sofistike bir mizah anlayışları vardır.** Bir sözcüğün (biri mantık dışı olan) iki anlamı olabileceğini bilir ve kelime oyunlarında bunu bol bol kullanır.
- **Güveni artar.** Yeni dil yeteneklerini ve kuralları nasıl kullanabilecekleriyle ilgili bilgileriyle (buna yalan ve kopya da dâhil) patronluk taslar ve güçlerini kanıtlamaya çalışırlar.
- **Arkadaşlarını çok sever, insanların onunla ilgili düşündüğünü umursarlar.** Birçok dört yaşındaki çocuk için asıl hakaret "Salak!" değil, "Sen benim arkadaşım değilsin!" olur. Anne ve baba dışındaki kişilerin, özellikle de arkadaşlarının fikirleri ilk kez önem kazanır!
- **Çevresindeki her şeyin anlamını bulmaya çalışır.** Her şeyin!
- **Açgözlü hâle gelir.** Televizyonda, mağazada, okulda, arkadaşının evinde gördüğü her şeyi ister.

Peki tüm bunlar sizin Tarih Öncesi Ebeveynlik yöntemlerini bırakacağınız anlamına mı geliyor? Hem evet, hem de hayır. Bahsettiğimiz temel kurallar tüm çocukluk yılları boyunca size yardımcı olacak. Bunlar, Tarih Öncesi Ebeveynlik tekniğinin temelindeki kurallardır: Gerçekçi beklentilere sahip olmak, çocuğunuzun huyunu anlamak, sevgi dolu rutinler oluşturmak, çocuğunuza sabırlı olmayı öğretmek, duygularını yansıtmak, kızgın bir çocuğun duygularını anlamak ve kabul etmek, davranışı şekillendirmek için pozitif yöntemler kullanmak, sevgi dolu sınırlamalar koymak, her iki tarafın da kazanacağı bir durum yaratmak için özveride bulunmak. Karşılaşacağınız spesifik durumlar ve bunları çözmek için kullanacağınız dil değişecek. Ama bu temel kurallar yine de size yol gösterecektir.

Çocuğunuz dört yaşına geldiğinde artık Yumurcak-ça konuşmanızdan rahatsız olabilir. Çünkü bundan utanır. Hatta bunu bebek konuşmasına benzediğini bile söyleyebilir. Dört yaşındaki Liam, annesi Beth'e "Öyle konuşma!" diye çıkışabilir. Ancak bu itirazlar, çocuğunuzun beyninin artık iyice olgunlaştığını göz önünde bulundurursak çok da anlamsız değil. Yine de Yumurcak-ça'yı çocuğunuz dört yaş pastasını kestiği anda rafa kaldırmayın. Yumurcak-ça'yı birkaç yıl daha, çocuğunuz gerçekten duygusal ya da kızgın olduğu anlarda kullanmak zorunda kalabilirsiniz. Böyle yoğun anlarda hepimizin evrim merdivenlerinde geriye gittiğini unutmayın!

Fast-Food Kuralı'nı ise çocuğunuzla daha uzun yıllar kullanacaksınız. Hepimiz (büyük çocuklar, gençler, yetişkinler) anlaşıldığımızdan emin olmak ve sevildiğimizi hissetmek için karşımızdakinin duygularımızı dile getirmesini isteriz.

Çocuğunuz büyüdüğü hâlde elçilik görevinizi de devam ettirmek zorunda olacaksınız. Bu ebeveynliğin tamamıyla ilgili iyi bir benzetmedir. Ancak artık çok da uzakta olmayan ve dili sizinkine benzeyen bir ülkede görev yapacaksınız.

Büyük Çocuk Ülkesi'ne gelen misafirinizle eğlenirken, geriye bakıp mahallenin en mutlu yumurcağıyla yaşadığınız günleri mutlu hatırlayacağınızı umuyorum. Dilerim tavsiyelerim bu zor yılları daha az karmaşık ve daha sevgi dolu geçirmenizi sağlamıştır. Şimdi ise çocukluğun en güzel yılları geldi: Ergenliğe kadar rahatsınız! Önünüzdeki on yılın kendine has zorlukları olacaktır, ama bir-dört yaş arasını mutlu atlattıysanız, mahallenin en mutlu çocuğunu yetiştirmek için de hazır olduğunuza eminim!

EK

Her Ebeveynin Bilmesi Gereken On Kural: Mutlu Bir Yumurcak Yetiştirmenin Yolu

1. **Çocuğunuzu bir mağara adamı gibi görmek işe yarar.** Homurdanmaları ve ellerini her şeye atmaları bir-dört yaş arası çocukların oldukça ilkel gözükmesine neden olur. Aslında, kulağa ne kadar garip gelirse gelsin, evrimsel gelişim açısından Neandertal'lerle büyük benzerlikler taşırlar! Çocuğunuz bu dönemde, ilk insanın 5 milyon yılda tamamladığı 5 ana adımı atacak: Yürümek, konuşmak, nesneleri elleriyle idare etmek, olayların nedenini anlayabilmek ve arkadaş edinebilmek.
2. **Tarih öncesi çocuğunuza "elçi" olun.** Çocuğunuzun (özellikle kızgınken) Taş Devri'nden kalma insanlara ne kadar benzediğini fark ettiğinizde işinizin yalnızca "ebeveynlikten" çok daha zor olduğunu fark edeceksiniz. Siz 21. yüzyıldan Neandertal'lere gönderilmiş bir elçisiniz! İyi bir elçi olarak çocuğunuzu sevgi ve saygıyla yönlendirmeli, zorlayıcı ya da fazla yumuşak olmaktan da kaçınmalısınız.

3. **Fast-Food Kuralı'nı uygulayın.** Bu kural basittir: Çocuğunuz kızgın olduğunda hamburgercilerde sipariş alan gençleri taklit etmelisiniz. *"Fiyatı"* (ne istediğinizi) söylemeden önce daima *"siparişi"* (çocuğunuzun isteğini) tekrar etmelisiniz. Bir krizin ortasındaki ufaklıklar onu anladığınızdan emin olmadığı müddetçe sizin mesajınızı (nedenlerinizi, sakinleştirme çabanızı, uyarılarınızı) anlayamaz. Bu yüzden çocuğunuz kızgın olduğunda *kendi* fikirlerinizi söylemeden önce, onun ne yaptığını ve sizce nasıl hissettiğini tarif edin.
4. **Yumurcak-ça konuşun.** Bir-dört yaş arası çocuklar zaten olgun değildir, ama kızgın olduklarında daha da ilkelleşirler. Bu yüzden huysuzlaşan çocuğunuzla konuşurken daima sözcüklerinizi Yumurcak-ça'ya çevirin. Her şeyi Yumurcak-ça'ya şu basit yöntemlerle çevirebilirsiniz:
   - Kısa cümleler.
   - Defalarca tekrar.
   - Tutkulu bir ses tonu.
   - Abartılı vücut dili ve ses tonu (büyük gülümsemeler, kaş çatma, parmak sallama).
5. **Çocuğunuzun huyunu bilin.** Tüm çocuklar aynı aşamalardan geçse de her birinin dünyaya farklı bir bakışı vardır. Çocuğunuz uyumlu mu? Temkinli mi? Hareketli mi? Karşınızdakinin huyunu bilirseniz, *sizin* çocuğunuz için en etkili ebeveynlik yöntemlerini geliştirmiş olursunuz.
6. **Metanetinizi kaybetmeyin.** Tarih öncesinden kalma dostunuzun kendini kaybetmesi, sizin de ona ayak uydurmanız gerektiği anlamına gelmiyor. Aşağıdaki, sık rastlanan sorunlardan birini yaşıyorsanız bile sakin olun:
   - *Kızgınlık:* Tüm çocuklar ebeveynlerini sinirlendirebilir.

- *Başarısız hissetmek:* Tüm anne-babalar günlük mücadelenin içinde zaman zaman kendini başarısız hisseder.
- *Geçmişin fısıltıları:* Çocuğunuzun davranışları, kendi çocukluğunuzdan kalan kötü hatıraları su yüzüne çıkarabilir.
- *Huylarınızın benzeşmemesi:* Karakteriniz çocuğunuzunkiyle tamamen zıt olabilir.
- *Biraz destek:* Birçok aile çocuklarını komşularının ve akrabalarının desteği olmadan büyütmeye çalışıyor. Bunun önüne geçmeye çalışın.

7. **İyi davranışı "saygı ve ödüllerle" teşvik edin.** Bu ödüller çocuğunuzun en iyi şekilde davranmasını garantiler:
   - *Saygı:* Çocuğunuzla iyi bir ilişkinin sırrı, saygıdan geçer. Disiplin verirken çocuğunuza saygı duymak ve gururunu kırmamak çok önemlidir. Bu ikisi utanç, aşağılanma gibi yaralayıcı duyguların oluşmasını da engeller.
   - *İnandırıcı övgü:* Çocuğunuzun özgüvenini övgü, biraz abartılı tebrik ve bolca ilgi, sevgi dolu cümleyle besleyin. Daima çocuğunuzun karakterini değil, yaptığı şeyi övün ya da eleştirin. Ayrıca çocuğunuzu övdüğünüzde bunu geri almayın (övgüyü mahvetmeyin).
   - *Yan kapı mesajları:* Çocuğunuz kulak misafiri olduğu şeylere, ona direkt söylenen şeylere göre daha fazla inanır! Bu güçlü yöntemi üç şekilde kullanabilirsiniz: **1)** "Dedikodu" yapın; çocuğunuzun onun hakkında bir başka kişiye ya da oyuncağa söylediğiniz şeyleri duymasını sağlayın. **2)** Masal anlatın; içine önemli bir mesaj gizlediğiniz, eğlenceli hikâyeler çocuğunuzun gerekli dersi almasını kolaylaştırır. **3)** Ters psikoloji yöntemi uygulayın; çocuğunuzu, yapmasını istediğiniz şeyin tam *tersini* söyleyerek doğru davranışa teşvik edin!

- *Güven artırıcılar:* "Güven artırıcı" egzersizlerle (ona inandığınızı gösterecek basit yöntemler) ve "Salağı oynayarak" (kendinizle dalga geçerek çocuğunuza güven vermenin yolu) çocuğunuzun gururlu ve güvenli olmasını sağlayın.
- *Ödüller:* Eline işareti koymak, sticker yapıştırmak ya da arada sırada çikolata gibi ödüller vermek işbirliği dişlisini yağlar.

8. **İlgi Zamanı'na önem verin.** İlgi zamanı, çocuğunuza zaman ayırdığınız küçük rutinlerdir. Bazı ilgi zamanı tavsiyeleri şöyle sıralanabilir:
   - Masaj yapmak.
   - *Özel Zaman:* Sevgi ve yoğun bir ilgiyi beş dakikaya sıkıştırmanın en iyi yolu.
   - *Onaylama:* Çocuğunu yatırdığınızda birçok pozitif ve umut dolu sözcük paylaşın.
   - *Açılış-Kapanış Törenleri:* Rahatlatıcı, sağlıklı nefes egzersizleri.
   - *Oyun:* Her türlü oyun. Ama dışarıda oynanan oyunlara, yaratıcı oyunlara ve okumaya ağırlık verin.
   - Çocuğunuzun özel bir ilgi kurabileceği oyuncak, battaniye ya da diğer nesneler.
9. **Çocuğunuzun davranışlarını istediğiniz yöne çekmek için nazik bir disiplin yöntemi uygulayın ("dolambaçlı yol").** Çocuğunuzun görevi, sınırları zorlamak; sizinki ise, bunların sağlamlığından emin olmak.
   - Davranışıyla ilgili uygun beklentileriniz olmalı.
   - Mümkünse çatışmaları alternatif sunarak veya özveride bulunarak atlatın.
   - Uygulayabileceğinizi bildiğiniz yasaklar koyun.

- Yasakları kısaca, ciddi bir ses tonuyla ve Yumurcak-ça söyleyin. (Karşılaştırma yapmaktan, abartmaktan ve çocuğunuza isim takmaktan kaçının.)

10. Eğer gerekiyorsa ceza vermekten korkmayın ("barikatlar"). Dolambaçlı yollar çocuğunuzun kurallara uymasını sağlamıyorsa, bir-dört yaş arasına uygun bir ceza vermenin vakti gelmiş olabilir. En çok işe yarayan ve çocuklara uygun olanlar şöyle:

- Umursamamak ("görmezden gelmek").
- Haklarını elinden almak (çocuğunuzun istediği şeyi elinden alıp kaldırmak).
- Molalar vermek (kısa bir süre yalnız başına kalmasını sağlamak).

"Harvey, birçok çocuk gelişimi kitabının değinmediği konular üzerine yazıyor. Her annenin ihtiyacı olan şey aslında işe yarayan araçlardır. Ve Harvey'ninkiler işe yarıyor!"

Michelle Pfeiffer, Aktrist/Yapımcı

Saygıdeğer bir çocuk doktoru ve çocuk gelişimi uzmanı olan Doktor Harvey Karp bütün ebeveynlere en huysuz bebeği bile mahallenin en mutlu bebeğine nasıl dönüştüreceklerini öğretebilir! Mantıklı tavsiyeleri sayesinde ebeveynler, büyük ebeveynler, hemşireler ve dadılar bebeklerinin ağlamasını durdurmayı ve onların daha uzun süre uyumasını sağlamayı öğrenecek.